suhrkamp taschenbuch 3960

Eine Tochter verführt den Liebhaber ihrer Mutter (Isabel Allende). Nicht jede Wortarbeiterin wird eine erfolgreiche Schriftstellerin (Anna Gavalda). Sekt oder Champagner? Für eine reiche New Yorkerin stellt sich diese Frage nicht (Dorothy Parker). Eine Frau findet sich einfach schön (Silvina Ocampo), auch ohne den neuen Pullover aus Kaschmir (Doris Dörrie). Eine Stiefmutter macht einem persischen Mädchen das Leben schwer (Fattaneh Haj Seyed Javadi). Eine ruinierte Strickjacke läßt den lang gehegten Haß zwischen zwei Schwestern wieder aufleben (Patricia Highsmith). Eine Frau im besten Alter kann schnell mit Chers Mutter verwechselt werden (Lily Brett).

Autorinnen aus aller Frauen Länder zeigen uns Facetten eines Frauenlebens und laden ein zu einer spannenden Reise durch die Welt der Frauen.

Frauenwelten

Ein Lesebuch

Herausgegeben von
Susanne Gretter

Suhrkamp

Umschlagfoto: Detlef Odenhausen

suhrkamp taschenbuch 3960
Erste Auflage 2007

Quellennachweise am Schluß des Bandes
Suhrkamp Taschenbuch Verlag

Satz: Hümmer GmbH, Waldbüttelbrunn
Druck: Ebner & Spiegel, Ulm
Umschlag: Göllner, Michels, Zegarzewski
ISBN 978-3-518-45960-7

1 2 3 4 5 6 – 12 11 10 09 08 07

Inhalt

Das verlorene Paradies

Undine Gruenter

Übungsstunde

Noch vor einem Jahr machten wir Schattenspiele, wenn wir rund um den Tisch saßen und uns langweilten, weil draußen Regen war und die Ferien uns zwischen den Fingern zerrannen. Jean-Paul war schon vierzehn, und wir wußten, er ließ sich ein wenig herab zu uns Kleinen, aber weil wir Mädchen waren, ließ er es durchgehen, und so hüpften lauter Kaninchen als Schatten seiner Finger über die Wand, hüpften, hoppelten, sprangen, schlugen Haken oder starben im Straßengraben. Andrée war dreizehn, aber sie spielte die Altkluge, an Schulwissen dem älteren Bruder weit überlegen, und stellte ihm Fangfragen, wann die Pyramiden von Gizeh gebaut wurden oder in welcher Epoche Honfleur Exporthafen war. Sie trug jetzt eine runde Nickelbrille und steife Zöpfe und übte sich in der Rolle einer puritanischen Gouvernante, die sich, war der Zeitpunkt gekommen, als eine Julia Roberts entpuppen würde. Jedenfalls sprach sie viel über *Charakter* und *Persönlichkeit* einer Filmrolle und wußte noch nicht, daß sie im nächsten Jahr in Lisieux bei der Bank arbeiten würde, in den Ferien. Von Charakter oder den Pyramiden würde sie nichts mehr sagen, statt dessen redete sie von der *hohen Schule der Praxis*. Jean-Paul wäre in diesem Jahr der Sieger, auch mit Brille, aber ohne Verpflichtung zur Arbeit, mit einem Haufen Bücher in seinem Dachstübchen und freien Ferientagen, an denen er mit der Badehose zu seinen Freunden verschwände. Aber noch vor einem Jahr liefen wir, wenn der Regen vorbei war, in den Hof, Andrée sagte automatisch, paßt auf, daß ihr nicht in die Rosen von Mama rennt, und wir spielten mit den Kindern von nebenan eine Art Versteckspiel, dessen Auftakt wir abwechselnd ansagten:

War einmal ein kleiner Kreis
Standen Mädchen auf dem Eis
Kam ein Vogel ganz in Weiß
Streute aus den harten Reis

In dem Reis da stand geschrieben:

»Du bist da und du bist hier
Und am dritten Ort ist keiner
Ich bin fort und du bist weg
Wo wir sind das weiß nur einer«

Das alles war voriges Jahr, und dieses Jahr ist alles anders, und dieses Jahr hat man mich wieder ans Meer nach Trouville geschickt, das Haus der Tante Silvie ist groß genug, und ich könne dort so schön spielen, da wir alle im gleichen Alter sind. Aber wir sind nicht mehr im gleichen Alter, Jean-Paul lehnt es ab, mit kleinen Mädchen zu spielen, und verschwindet mit seinen Büchern und seiner Badehose, und Andrée ist unter der Woche in Lisieux, wo sie den Bankangestellten belegte Brote und Bier aus der Brasserie holt und Briefe sortiert. Natürlich läßt sie am Abend nur Namen wie IBM und Cannon fallen und Formeln von Computerprogrammen, die auf uns wie ägyptische Hieroglyphen wirken.

Amüsier dich gut, sagt die Tante am Morgen, wenn sie in ihren Laden geht, sie hat einen kleinen Bric-à-Brac-Laden in der Rue des Bains mit alten Büchern und Gläsern, Besteck, Spiegeln, Schmuck und Spielzeug, und da Saison ist, sitzt sie dort, und das Haus ist leer. Es ist ein Eckhaus, mitten in der Stadt zwischen der Rue des Bains und der Rue Général-de-Gaulle. Das Haus ist weiß gestrichen, im ersten Stock ist seitlich eine Balustradenterrasse und vor der Tür der Hof mit den Ziegelpflastern und Kletterrosen, Korbweiden und Hortensien. Neben der Tür steht in schmiedeeiserner Schrift *Ville Méridienne*. Ein paar Häuser weiter ist die Post von Trouville, ein alter Schinken aus den dreißiger Jahren, die Schalterhalle so groß wie die Hauptpost in einem Pariser Arrondissement. Gegenüber die Lieferantenzufahrt auf der Rückseite von MONOPRIX und die Milchglasscheiben vor den Lagerräumen. Das ist alles, was über die Straße zu sagen ist, meist wirkt sie still, schattig und verlassen, denn die Leute, die einen Brief einwerfen, sind nie zu sehen. Ich bin also allein, mir selbst überlassen, wie man sagt, und aus Höflichkeit verabrede ich mich auch weiter mit den Kindern von nebenan, die noch auf den Ponys am Strand reiten und stundenlang im Meer planschen und Muscheln sammeln. Aber es gibt Tage, an denen sie etwas anderes vorhaben, und Tage, an denen ich sie nach ein paar Schwimmrunden im Meer unter einem Vorwand verlasse. Erst gegen Abend, wenn die Tante den Laden schließt, der letzte Kunde hat ihr gerade einen Satz Käsemesser mit Elfenbeingriffen abgekauft, findet sie uns wieder vereint auf der Straße vor, wo wir Federball spielen, bevor wir zum Essen gerufen werden.

An solchen Tagen bin ich Stunden um Stunden allein im Haus, und ich könnte nicht sagen, wie ich sie verbringe, obwohl ich wie nach einem verabredeten Plan vorgehe. Ich bleibe meist im Parterre in dem doppelten Salon mit dem Durchgang. Die Hälfte liegt zur Straße, mit gerafften Vorhängen, Kanapee, ein paar Sesselchen und einem kleinen Sekretär. Im anderen Teil stehen Tisch und Stühle und eine Kommode, da wird gegessen. Neben dem Durchgang hängt ein schmaler Spiegel, in dem das Kanapee und das Eckfenster zur Straße zu sehen sind. Diese wenigen, zierlichen Möbel und ein kleiner Gebetsteppich, den Tante aus Ägypten mitgebracht hat, verwandeln das Zimmer, wenn ich allein bin, in eine Puppenstube, eine kleine Theaterbühne, und ich spiele die Figuren, mit denen ich Andrée eines Tages am Ende der Ferien überraschen will. *Agonie:* ich lege mich auf das Sofa, die Beine hoch über die Seitenlehne drapiert, den Kopf ein wenig herabpendelnd, zwischen den Brüsten den Handspiegel, auf dem ein dumpfer Fleck den letzten Hauch symbolisiert, die Augen geschlossen. Es ist schwierig, Totenblässe zu bewahren, das Herabhängen des Kopfes treibt Blut ins Gesicht, und das Puterrot einer Sterbenden muß durch angehaltenen Atem in Schach gehalten werden. *Atem:* ich stelle mich auf das Sofa, immer in meinem kurzen Röckchen, im *démi-plié*, vierte Position, linker Fuß mit Spitze nach links außen parallel zu rechtem Fuß mit Spitze nach rechts außen, die Arme halbhoch erhoben, fast zum Bogen geschlossen. Bis dahin besteht die Übung aus Atemanhalten. Dann aus langsamem Ausatmen und gleichzeitigem In-die-Höhe-Wachsen des Körpers, die Rechte oder Linke hält abwechselnd einen Drahtring, in dem sich langsam eine Seifenblase so vergrößert, bis sie sich löst und als torkelnder kleiner Ballon durch das Zimmer schwebt. *Geheimnis:* ich sitze, ohne mich anzulehnen, ein wenig seitlich auf dem Sofa, um den Kopf das Tuch einer alten Frau, das Gesicht in uralte Falten gelegt, und spähe in den Handspiegel. Variation: ich sitze in ähnlicher Position auf dem Kanapee, ein wenig zurückgelehnt, die Arme über die Rücken- und Seitenlehne gelegt, auf den Augen eine kleine Höhensonnenbrille mit schwarzen Plastikkappen und Rändern aus weißem Schaumgummi. *Gewalt:* ich stehe auf dem Kanapee, halte den Handspiegel wie einen Schild vor die Brust, Spiegelseite nach außen. Die Beine, wie in Schienen, ein wenig gegrätscht und im Knie angewinkelt. Ausfallstellung. Auf die Spiegelfläche ist mit schwarzer Farbe eine Maske aufgemalt, Schreckensfratze einer Bestie, speiender Mund, rollende Augen, drohende Augenbrauen. Variation: auf dem Sofa stehend mit gesenktem

Kopf und hocherhobenen, nach vorne gebogenen Armen. Angriffsstellung. Gespreizte Finger mit langen schwarzen Krallen. *Rätsel:* ein schwarz-weiß gewürfeltes Dominotuch stellt ein Schachbrett dar. In der Mitte des Zimmers, auf dem Parkett ausgebreitet. In schwarzem Trikot und Strümpfen, mit schwarzem Reifen um die Taille, an dem kurzer Tüll befestigt ist, stelle ich die schwarze Dame dar. Die Arme in zwei Stufen übereinander vor die Brust gehalten. In der linken Hand ein weißer Läufer, in der rechten Hand ein weißes Pferd. Schachmatt oder Remis ist die Position. Variation: Hände eng an den Körper gelegt. Um die Stirn eine weiße Binde. *Stillstand:* um den Kopf ein Reifen mit von der Stirn abstehendem Steg: am Ende des Stegs ist an langem Faden die kleine Taschenuhr befestigt, die immer auf dem Sekretär liegt. Die Uhr stammt aus dem 19. Jahrhundert und geht nicht. Ich, stehend vor dem Wandspiegel, geschlossene Augen. *Erotik:* Haltung ähnlich wie bei Agonie. Gespreizte Beine, über die Lehne des Kanapees gelegt, etwas herabhängender Kopf. Augen verdreht. Regloser Leib, wie im Krampf. Das Röckchen hochgeschlagen bis an die Ränder des Höschens. Variation: kein Höschen, Röckchen hochgeschlagen bis zur Taille. *Licht:* die Stühle des Eßzimmers sind im Durchgang so aufgestellt, daß sie eine perspektivisch sich verengende Allee darstellen. Ich stehe im ersten Drittel der Strecke, im langen weißen Nachthemd, vor der Brust eine Messinglampe mit Glaszylinder: die Petroleumflamme brennt. Variation: nackt.

Manchmal überlege ich, ob ich die Kordeln an den Vorhängen lösen soll, um eine künstliche Nacht herzustellen. Auch die Vorhänge, die im Rahmen des Durchgangs zur Seite gerafft sind, möchte ich schließen und einen Stuhl zwischen sie stellen, den Stuhl eines imaginären Zuschauers. Aber am Ende entscheide ich mich dafür, das dämmrige Licht zu lassen, das im Parterre herrscht, da die Nachbarhäuser das Tageslicht filtern und den Sonneneinfall verstellen. Und am Ende höre ich manchmal nach einer einzigen Übung auf, stelle meine Figur ein wenig ab, in die Ecke, wo sie niemand stört, und verlasse allein das stille Haus, das zu klein ist, um unheimlich zu wirken, nur ein kleiner Schauplatz ist für melancholische Briefe, die auf dem Sekretär liegen, und für die beiden Drucke, die im Eßzimmer über der Kommode hängen. Der untere zeigt einen Zimmerdurchbruch, durch den ein Kanapee zu sehen ist, auf dem eine weiße, nackte Frau liegt, wie tot. Ein Mann in Mantel und Hut steht, mit dem Rücken zur Nackten, im Vordergrund neben dem Trichter eines alten Grammophons. Er lauscht der Musik, zum Aufbruch angezogen, aber selbstvergessen vor sich auf das Parkett blickend. Durch das Fenster blickt von der Straße ein Gendarm mit schwarzem Schnurrbart, und im Zimmer, vor dem Rahmen des Durchbruchs, steht eine kleine Gaslaterne. Keiner von uns Kindern weiß, ob der Mann der Mörder ist oder der unschuldig am Tatort Überraschte. Warum er nicht entsetzt die Hände über dem Kopf zusammenschlägt, statt dessen der Musik lauscht, vertieft, wie in einen Orchestersessel vergraben. Warum die Straßenlaterne im Zimmer steht? Die Figuren wirken wie die simplen Illustrationen aus einem Detektivroman. Ist das Ganze ein Traum? Bei Tag, bei Gaslicht? Und die Laterne im Zimmer das Zeichen, daß die Szene der Traum des Mörders oder des Unschuldigen ist? Auf dem anderen Druck sitzt ein Mädchen auf einem Kanapee, dessen Stoffverkleidung zum Teil hochgeschlagen ist, so daß man Stangen und Federn des Gestells sieht. Auf der Lehne sitzt eine Katze, die Schwanzspitze um die Pfoten gelegt. Das Mädchen, mit vorne geteiltem, zur Seite geschlagenem Rock, hält der Katze eine Zuckerzange mit einem mausähnlichen Stück Stoff hin. Man sieht Strümpfe, einen weißen, einen, da er im Schatten liegt, fast schwarzen, sie sind bis über die Knie hochgezogen. Alles liegt klar vor Augen, wie auf dem Silbertablett serviert, das neben dem Sofa steht, mit einer Zuckerzange und Teegeschirr. Jean-Paul hat vorgeschlagen, die Bilder *Zwei Fallen* zu nennen, obwohl sie von verschiedenen Malern stammen. Titel und Künstler stehen auf der Rückseite – ich glaube, sie heißen so ähnlich wie Magritte oder Balthus, und Tante hat sie in der Galerie gegenüber gekauft, sie ist mit dem Besitzer befreundet und hängt sich nicht, wie sie sagt, die Wände voll Landschaftsbilder oder Seestücke aus der Umgebung. Einmal, als ich, den Strohhut schon auf dem Kopf, ins Eßzimmer zurückkam, um mein Portemonnaie zu holen, das ich auf der Kommode vergessen hatte, sah ich, es war keine Laterne da und auch keine Zuckerzange mit Mausfell.

Häufig also, wenn Tante glaubt, ich spiele mit den Kindern der Nachbarn am Strand, verlasse ich allein das Haus, mit Sonnenbrille, Strohhut und Basttäschchen, und gehe zu MONOPRIX. Ob es so viel amüsanter ist, durch die leeren und kühlen Verkaufshallen zu gehen als im gleißenden Licht, geblendet von Sonne und Wasser, am Strand zu toben, weiß ich nicht genau. Es ist eher ein wenig öde und einsam und trotzdem seltsam und aufregend, als könne man diesen tausend verschiedenen Sächelchen auf die Spur kommen. Im Erdgeschoß kann man Cremetuben, mit dem Namen *Miel doré* zum Beispiel, aufschrauben und mit einem Spachtel auf die Hand auftragen, um die Farbe zu prüfen. Neulich habe ich ein wenig in Andrées Zimmer spioniert, hinter dem Spiegel auf ihrem Toilettentisch steht ein Fläschchen *Sable fin* von Vichy, sie würde nie zugeben, daß sie sich schminkt, da sie von Natur aus die schönste, feinporigste Haut hat und Schönheiten sich nicht schminken. Man kann Lippenstifte aufdrehen, die wie Puppen aufgereiht zur Probe in ihren Haltern stehen – himbeer- und pflaumenfarbene, blaßrosa und grelles Pink, Kupfer und Schokolade. Auch pfauenfarbene Augenschatten lassen sich als glitzernde Puder in der Höhlung zwischen Daumen und Zeigefinger auf dem Handrücken verreiben wie auf einer Palette. Da blickt mich von unten ein verriebenes Auge an, blaues oder Pfauenauge. Ein Sortiment von Pinseln für Puder und Rouge steht in Bechern, steckt in durchsichtigen Plastikhüllen. Oh, der Verpackungsterror, höre ich Tante, wenn sie die Hüllen nicht aufkriegt. Eine kleine Malerausrüstung, Besteck für ein Badezimmer, das wie eine Sammlung aussieht, wie die Sammlung von Staubwedeln, die wie ein Chrysanthemenstrauß in Tante Silvies Küche steht. Man kann, wenn der Hausdetektiv nicht argwöhnisch um einen Käufer streicht, eine dieser harmlosen Figuren mit kleinen Schnurrbärten und schäbigen Windjacken, Probeflakons mit Toilettenwasser aufschrauben und verwerfen. Lavendel von Mont-Saint-Michel – ja, Loulou von Cacharel – vielleicht, Anaïs – nein. Zahnbürsten, Haarbürsten, Nagelbürsten betrachten oder prüfen, Wattebäusche auf ihre Farben hin begutachten und – da steht der Hausdetektiv in der Nähe und starrt, Hände auf dem Rücken, eine Flasche mit blauem Haarwasser an. Man könnte – stehlen, doch ich weiß nicht einmal, was ich kaufen möchte, möchte nur alles sehen, probieren und keinen Verkäufer im Nacken. Oder doch: diese kleine Haarspange, eine weiße Plastikschleife in Schmetterlingsform, die nehm ich, sie paßt zu meiner Sonnenbrille. Vielleicht würde ich doch eine Bürste stehlen oder ein wenig Sonnencreme, weil es ein Abenteuer ist und der Schnurrbart des Hausdetektivs bei all seiner Witterung zuviel mit sich selbst beschäftigt ist. Aber ich weiß ein großes Geheimnis: einmal haben sie Andrée geschnappt und in die Mangel genommen wegen einem Päckchen Kaugummi. Um ein Haar hätten sie eine Anzeige losgelassen, wegen 7 Francs und 60 Centimes. Andrée malte mir aus, daß ihr

Leben zerstört war, um ein Haar, nahe am Abgrund, so nah – sie zeigte zwei Fingerbreit – sei sie gewesen, wegen eines Päckchens Kaugummi. Denn als Vorbestrafte könne man nie mehr einen ordentlichen Beruf ergreifen, und welcher Mann nähme schon eine in jungen Jahren Verurteilte? Ich bin mir nicht sicher, ob nicht ab und zu doch noch ein Päckchen Strümpfe in ihre Tasche gewandert ist, sie trägt immer passende zu ihren T-Shirts und hat sogar rosa Netzsöckchen. Die steifen Zöpfe sind jetzt durchflochten mit passendem Band – ich glaube, sie hält sich für Brigitte Bardot, wenn die wie vierzehn aussieht –, und sie malt sich einen kleinen Leberfleck über die Oberlippe. Ich streife die Dessous und die Nachthemden, niedliche, aber meist praktische Sachen, nichts Aufregendes, und nehme die Rolltreppe in den ersten Stock. Wie ich unten die Lebensmittelabteilung links liegenlasse, weil ich kein Kind mehr bin und aus dem Interesse für Bonbons und Schokolade, Cremespeisen und Kuchen herausgewachsen, meide ich hier die Abteilung mit Schreibwaren. Das Entzücken über Stifte, Hefte mit bunten Hüllen, Spitzer und Tintenkiller hat mich schon länger verlassen, und die Spielzeugtiere betrachte ich nur, um den Grad an Häßlichkeit zu konstatieren, mit denen die Kleinen heute ruhiggestellt werden. Ich gehe schnurstracks in die Abteilung für Haushaltswaren, um meine Sammlungen zu vervollständigen. Ich sehe mir die Pichets an, Achtel-, Viertel-, Halbliterkaraffen aus Glas, und stelle sie auf, meist zu dritt, mit einer Pfingstrose, einem Strauß Pinsel, einem Haufen von Centimes, die kein Mansch ausgibt und die ich in allen Ecken und Taschen zu Hause sammle. Sets – sehr verlockend die Dessins, aber ein blauweißes Muster mit Rankenlinien paßt nicht in Tantes Eßzimmer, nicht mal gerahmt neben die Drucke. Geflochtene Papierkörbe, Dosen aus Plexiglas, in denen man getrocknete Sträuße einsargen kann, Wassergläser, die auch im Badezimmer anstelle der monotonen Zahnputzbecher verwendet werden können – was machst du hier, fragt die Stimme der Nachbarin neulich, und ich weiß keine Ausrede, bis mir einfällt, ich suche ein Abschiedsgeschenk für Tante Silvie. Aber sie hat solche Sachen in ihrem Laden, sagt sie, und viel hübschere. Ich werfe einen resignierten Blick auf meine Reiche und Sammlungen und sage, dann kaufe ich Tante vielleicht ein Seidentuch. Und gehe, im Rücken ihren mißtrauischen Blick, gehe schnell in Richtung Treppe, das türkisfarbene Licht hinten in der Pulloverabteilung für Herren aus dem Augenwinkel streifend, Licht wie in einer Tiefkühltruhe, in das ich am Schluß meiner Expedition hätte eintauchen mögen wie in eine untermeerische Landschaft. Dazu der Geruch nach Kartons und Styropor und billigem Putzmittel, die Tür zum Notausgang steht auf, und man sieht die durcheinandergeworfenen Warenpakete, die niemand auspackt. Die Kassiererin sitzt an der Kasse neben der Treppe und liest in einem Werbeprospekt, und die Stimme im Lautsprecher kündigt Ananas an für 99 Centimes. An der Wache vorbei, durch die Tür und die Rampe hinunter, und draußen die Hitze, das Licht und die Autoschlange an der Ampel.

Zu Hause setze ich meinen Hut ab, lege Sonnenbrille und Basttasche auf die Garderobe im Flur, und als ich mich im Spiegel sehe, möchte ich am liebsten gleich losheulen, so verzogen sind schon Mundwinkel und Brauen, und dabei habe ich keine neue Figur im Kopf. Das Haus ist still und dämmrig wie immer, ich gehe in den Salon und setze mich auf das Sofa, ein vages Gefühl von Öde und Langeweile und Einsamkeit, dabei sind dies die letzten Tage der Ferien, und vielleicht wünsche ich mir die Schule zurück, den ewigen Trott, die Ballettstunde und den Geschichtsunterricht mit ägyptischen Hieroglyphen. Ich werde müde und strecke mich aus auf dem Sofa, vor dem Fenster streicht die Katze der Nachbarin mit steif in die Höhe gerecktem Schwanz über das Sims. Ich nehme die kleine Nackenrolle und schiebe sie mir unter den Kopf, und dann schließe ich die Augen. Sehe mich hier liegen vor einem Jahr, Andrée und Jean-Paul waren im Haus, ich war müde vom Üben, die Szene, die ich Andrée später bieten wollte, Andrée mit den steifen Zöpfen und der Nickelbrille, hieß *Paradies*. Ich lag nackt auf dem Sofa, die Fußnägel blutrotlackiert und einen grünen Apfel um den Hals gehängt. Der Trick bestand aus einem Stück Stoff, das man blitzschnell um die Taille wikkeln konnte, den Zipfel über die Schulter werfen. Ohne Stoff hieß die Figur *Paradies*, mit *Das verlorene Paradies*. Adam mußte man sich denken. Ich lag nackt auf dem Sofa, den Apfel wie einen Mühlstein um den Hals gehängt. Lautlos trat Andrée ins Zimmer, nahm das Fußbänkchen, setzte sich mir zu Füßen, schnitt den Apfel ab von der Schnur. Der Apfel rollte in einen Winkel des Sofas, und als Andrée sich über meinen Bauch beugte, um ihn zu suchen, ihre Hand lag leicht auf meinem Schenkel, sah ich ihn hinter dem Vorhang. Nur der Kopf guckte um die Ecke, ich sah Jean-Paul hinter dem Vorhang im Durchgang stehen, und als Andrée mich in die Schulter biß, den geteilten Apfel in der Hand, legte er das Ohr an die Falten des Vorhangs.

Isabel Allende

Verdorbenes Kind

Mit elf Jahren war Elena Mejías noch ein unterernährtes Würmchen mit der glanzlosen Haut der einsamen. Kinder, mit ein paar verspäteten Milchzahnlücken im Mund, mausfarbenem Haar und überall hervortretenden Knochen, die zu groß für sie schienen und besonders an Knien und Ellbogen herauszuwachsen drohten. Nichts in ihrem Äußeren verriet ihre hitzigen Träume, nichts kündete die Frau an, die sie später sein würde. Unbeachtet ging sie zwischen den billigen Möbeln und den ausgeblichenen Vorhängen in der Pension ihrer Mutter umher. Sie war nur ein trübsinniges kleines Etwas, das zwischen den staubigen Geranien und den großen Farnen im Patio spielte oder mit den Platten für das Abendessen zwischen Küchenherd und Speisezimmer hin und her lief. Selten bemerkte sie ein Gast, und wenn er es tat, dann nur, um ihr aufzutragen, sie solle die Kakerlakennester mit Insektengift besprühen oder den Tank im Bad füllen, wenn das kreischende Pumpengerippe sich weigerte, das Wasser bis in den zweiten Stock hinaufzubefördern. Ihre Mutter, erschöpft von der Hitze und der Hausarbeit, hatte weder Sinn für Zärtlichkeiten noch die Zeit, ihre Tochter zu beobachten, und so merkte sie gar nicht, wann Elena anfing, sich in ein anderes Geschöpf zu verwandeln. In den ersten Jahren ihres Lebens war sie ein stilles, schüchternes Kind gewesen, das sich mit geheimnisvollen Spielen unterhielt, in den Zimmerecken mit sich selber sprach und am Daumen lutschte. Sie verließ das Haus nur, um in die Schule oder auf den Markt zu gehen, sie schien gleichgültig gegen die Kinder ihres Alters, die in lärmenden Rudeln auf der Straße spielten.

Elenas Verwandlung begann mit der Ankunft von Juan José Bernal, dem Meister des Belcanto, wie er sich selber nannte und wie ein Plakat ihn ankündigte, das er an die Wand seines Zimmers heftete. Die Pensionsgäste waren in der Mehrheit Studenten oder kleine Verwaltungsangestellte. Damen und Herren von Stand, wie ihre Mutter sagte, die sich rühmte, nicht all und jeden unter ihrem Dach aufzunehmen, sondern nur anständige Leute, von denen man wußte, wo sie beschäftigt waren, die gute Manieren hatten, zahlungsfähig genug waren, um ihre Miete einen Monat im voraus auf den Tisch zu legen, und die bereit waren, sich an die Regeln der Pension zu halten, die eher denen eines Priesterseminars glichen als denen einer Beherbergungseinrichtung. Eine Witwe muß auf ihren guten Ruf achten und sich Respekt zu verschaffen wissen, ich möchte nicht, daß aus meiner Pension ein Schlupfwinkel für Vagabunden und verkommene Elemente wird, wiederholte die Mutter oft, damit niemand – und schon gar nicht Elena – es vergäße. Eine der Aufgaben des Kindes war es, die Gäste zu beobachten und der Mutter jede verdächtige Kleinigkeit zu berichten. Diese Spitzelei hatte das Unkörperliche des Mädchens noch verstärkt, sie tauchte ein in das Dunkel der Zimmer, war still vorhanden und erschien plötzlich, als kehrte sie soeben aus einer unsichtbaren Dimension zurück. Mutter und Tochter versahen gemeinsam die zahlreichen Arbeiten in der Pension, jede schweigend in ihre gewohnten Pflichten vertieft, ohne die Notwendigkeit, sich einander mitzuteilen. Sie sprachen überhaupt wenig, allenfalls in der freien Stunde der Siesta, und dann sprachen sie über die Gäste. Bisweilen versuchte Elena, das graue Leben dieser vorüberziehenden Frauen und Männer auszuschmücken, die kamen und gingen, ohne eine Erinnerung zu hinterlassen, sie schrieb ihnen außergewöhnliche Erlebnisse zu, gab ihnen Farbe, indem sie sie mit einer heimlichen Liebe oder einer

Tragödie bedachte, aber ihre Mutter hatte einen sicheren Instinkt, ihren Phantastereien auf die Spur zu kommen. Ebenso wie sie es erriet, wenn ihre Tochter ihr eine Information vorenthielt. Sie hatte einen durch nichts zu erschütternden praktischen Sinn und eine ganz klare Vorstellung, was unter ihrem Dach vor sich ging, sie wußte genau, was jeder zu jeder Stunde des Tages oder der Nacht tat, wieviel Zucker noch in der Speisekammer war, für wen das Telefon läutete oder wo die Schere hingekommen war. Sie war einmal eine fröhliche, hübsche Frau gewesen, ihre plumpen Kleider konnten kaum die Ungeduld eines noch jungen Körpers bändigen, aber sie hatte sich so viele Jahre mit schäbigen Kleinigkeiten abgeben müssen, daß die Frische ihres Geistes und ihre Lust am Leben vertrocknet waren.

Als jedoch Juan José Bernal kam und nach einem Zimmer fragte, veränderte sich für sie alles, und auch für Elena. Die Mutter, bezaubert von der anmaßenden klangvollen Stimme des Meisters des Belcanto und der Andeutung von Berühmtheit, die aus dem Plakat sprach, handelte gegen ihre eigenen Regeln und nahm ihn in die Pension auf, obwohl er in nichts ihrem Idealbild eines Gastes entsprach. Bernal sagte, er singe des Nachts und müsse deshalb am Tage schlafen, er habe im Augenblick kein Engagement und könne also nicht einen Monat im voraus bezahlen, und er sei peinlich genau in seinen Eßgewohnheiten und seiner Hygiene, er sei Vegetarier, und er brauche zwei Duschen am Tag. Entgeistert sah Elena, wie ihre Mutter den neuen Gast ohne weiteres ins Buch eintrug und ihn zu seinem Zimmer führte, wobei sie sich damit abplagte, seinen schweren Koffer zu schleppen, während er den Gitarrenkasten und die Papprolle trug, in der sein kostbares Plakat steckte. Unauffällig gegen die Wand gedrückt, folgte ihnen das Kind treppauf und bemerkte den gespannten Ausdruck im Gesicht des neuen Gastes, mit dem er die schweißfeuchten Pobakken ihrer Mutter anstarrte, die sich unter der daran klebenden Baumwollschürze abzeichneten. Als sie das Zimmer betraten, schaltete Elena den Ventilator an, und die großen Flügel begannen sich mit dem Knirschen rostigen Eisens zu drehen.

Von diesem Tag an änderte sich einiges in den Gewohnheiten des Hauses. Es gab mehr Arbeit, denn Bernal schlief in den Stunden, in denen die übrigen Gäste außer Haus waren, er hielt das Bad stundenlang besetzt, verschlang eine überwältigende Menge Grünfutter, das sie getrennt zubereiten mußten, benutzte fortwährend das Telefon und holte sich das Bügeleisen, um seine modischen Hemden zu bügeln, ohne daß die Wirtin der Pension ihm die Sonderleistungen aufgerechnet hätte. Elena kam in der Siestasonne aus der Schule, wenn der Tag unter einem schrecklichen weißen Licht dahinwelkte, aber zu dieser Stunde lag er noch in seinem ersten Schlaf. Auf Anweisung ihrer Mutter zog sie die Schuhe aus, um die künstliche Ruhe nicht zu verletzen, in der das Haus gefangen schien. Inzwischen war es ihr aufgefallen, daß die Mutter sich von Tag zu Tag veränderte. Im Grunde hatte sie die Zeichen von Anfang an bemerkt, sehr viel eher, als die Gäste der Pension hinter dem Rücken der Wirtin zu tuscheln anfingen. Das erste war der Geruch, ein beständiger Blumenduft, der von der Frau ausging und hinter ihr in den Zimmern hängenblieb. Elena kannte jeden Winkel des Hauses, und dank ihrer Gewohnheit, alles auszuspionieren, fand sie das Parfumfläschchen hinter den Reispaketen und den Konservengläsern in der Speisekammer. Dann entdeckte sie den dunklen Lidstrich, den Tupfer Rot auf den Lippen, die neue Unterwäsche, das plötzliche Lächeln, wenn Bernal gegen Abend endlich herunterkam, frisch gebadet, mit noch feuchtem Haar, und sich in der Küche an den Tisch setzte, um seine sonderbaren Fakirgerichte herunterzuschlingen. Die Mutter setzte sich ihm gegenüber, und er erzählte Episoden aus seinem Künstlerleben und begeisterte sich an seinen eigenen Heldenstückchen mit einem Lachen, das ganz tief aus dem Bauch kam.

In den ersten Wochen haßte Elena diesen Mann, der das ganze Haus und die ganze Aufmerksamkeit ihrer Mutter für sich beanspruchte. Alles an ihm stieß sie ab, sein mit Brillantine geöltes Haar, seine lackierten Fingernägel, seinen Tick, mit einem Hölzchen in den Zähnen zu stochern, seine Pedanterie und die Unverschämtheit, mit der er sich bedienen ließ. Sie fragte sich, was ihre Mutter in ihm sehen mochte, er war doch nur ein blöder Angeber, ein Sänger in elenden Vergnügungslokalen, von dem niemand je gehört hatte, oder vielleicht war er auch nur ein Gauner, wie Señorita Sofía, eine der ältesten Pensionsgäste, flüsternd vermutet hatte. Aber dann, an einem heißen Sonntagabend, als es nichts mehr zu tun gab und die Stunden zwischen den Wänden festzukleben schienen, kam Juan José Bernal mit seiner Gitarre in den Patio, setzte sich auf die Bank unter dem Feigenbaum und begann die Saiten anzuschlagen. Der Klang zog die Gäste an, die einer nach dem andern auftauchten, zuerst ein wenig schüchtern, ohne recht zu begreifen, was da vor sich ging, die aber dann begeistert die Stühle aus dem Speisezimmer heranschleppten und es sich rund um den Meister des Belcanto bequem machten. Bernal hatte eine recht gewöhnliche Stimme, aber er war in Geberlaune und sang mit viel Witz. Er kannte all die alten Boleros und Rancheras der mexikanischen Volksmusik und auch ein paar mit Derbheiten und Flüchen gemischte Guerillerolieder, bei denen die Frauen erröteten. Zum erstenmal, soweit das Kind zurückdenken konnte, gab es im Haus eine Festlichkeit. Als es dunkelte, zündeten sie zwei Paraffinlampen an und hängten sie in die Bäume, und die Mutter brachte Bier und die Flasche Rum, die für Erkältungen reserviert war. Elena reichte zitternd die Gläser herum, sie spürte die zornigen Worte dieser Lieder und das Klagen der Gitarre in jeder Faser ihres Körpers wie ein Fieber. Ihre Mutter schlug mit dem Fuß den Takt. Plötzlich sprang sie auf, ergriff Elena bei den Händen, und beide begannen zu tanzen, und sofort taten die andern es ihnen nach, selbst Señorita Sofía, die sich schrecklich zierte und immerfort erregt lachen mußte. Eine lange Zeit folgte Elena dem Rhythmus, den Bernals Stimme angab, sie drückte sich an den Körper ihrer Mutter, sog den neuen Blumenduft ein und war vollkommen glücklich. Dann jedoch merkte sie, daß die Mutter sie sanft von sich schob, sich von ihr löste, um allein weiterzutanzen. Mit geschlossenen Augen und zurückgeworfenem Kopf wiegte sich die Frau wie ein Leintuch, das im leichten Wind trocknet. Elena ging auf ihren Platz, und auch die andern nahmen nach und nach ihre Stühle wieder ein und ließen die Wirtin der Pension allein in der Mitte des Patios, in ihren Tanz versunken.

Seit diesem Abend betrachtete das Kind Bernal mit neuen Augen. Sie vergaß, daß sie seine Brillantine, seine Zahnstocher und seine Anmaßung verabscheute, und wenn sie ihn vorübergehen sah oder ihn sprechen hörte, dachte sie wieder an die Lieder jenes überraschenden Festes und spürte wieder das Glühen auf der Haut und die Verwirrung im Herzen, ein Fieber, das sie nicht in Worte zu fassen wußte. Sie beobachtete ihn verstohlen von fern, und so entdeckte sie, was sie vorher nicht wahrzunehmen verstanden hatte, seine breiten Schultern, seinen starken Nacken, den sinnlichen Bogen seiner kräftigen Lippen, die Anmut seiner langen, schmalen Hände. Ein unerträgliches Verlangen durchdrang sie, sich ihm zu nähern und das Gesicht an seine braune Brust zu pressen, auf das Schwingen des Atems in seinen Lungen und auf den Schlag seines Herzens zu hören, seinen Geruch einzusaugen, einen Geruch, von dem sie wußte, daß er herb und durchdringend war wie gegerbtes Leder oder Tabak. Sie stellte sich vor, wie sie in seinen Haaren spielte, über die Muskeln des Rückens und der Beine strich, die Form seiner Füße erkundete, wie sie sich in Rauch verwandelte, um durch den Mund in ihn einzuziehen und ihn ganz und gar auszufüllen. Aber wenn er den Blick hob und dem ihren begegnete, rannte Elena davon und versteckte sich im dichtesten Gebüsch des Patios. Bernal hatte sich all ihrer Gedanken bemächtigt, das Kind konnte es kaum ertragen, wie unbeweglich die Zeit verharrte, wenn sie fern von ihm war. In der Schule bewegte sie sich wie im Traum, blind und taub gegen alles außer den Bildern in ihrem Innern, wo sie nur ihn sah. Was tat er wohl in diesem Augenblick? Vielleicht schlief er, bäuchlings auf dem Bett bei geschlossenen Rolläden, das Zimmer im Dämmerlicht, die heiße Luft von den Flügeln des Ventilators bewegt, ein Schweißrinnsal zieht sich seine Wirbelsäule entlang, das Gesicht ist im Kopfkissen vergraben. Beim ersten Ton der Schulglocke rannte sie nach Hause, betend, er möge noch nicht aufgestanden sein und sie die Zeit haben, sich zu waschen, ein sauberes Kleid anzuziehen und sich in die Küche zu setzen, um auf ihn zu warten, wobei sie so tun würde, als machte sie ihre Aufgaben, damit die Mutter sie nicht gleich mit Hausarbeiten überhäufte. Und wenn sie ihn dann pfeifend aus dem Bad kommen hörte, war sie halbtot vor Ungeduld und Furcht und ganz sicher, daß sie vor Wonne sterben würde, wenn er sie berühren oder auch nur ansprechen sollte, und sie sehnte sich danach, daß das geschehen möge, war aber gleichzeitig vorbereitet, sich zwischen den Möbeln unsichtbar zu machen, denn sie konnte ohne ihn nicht leben, konnte jedoch ebensowenig seiner verbrennenden Gegenwart standhalten. Verstohlen folgte sie ihm im Haus überallhin, bediente ihn mit jeder Kleinigkeit, erriet seine Wünsche und brachte ihm, was er brauchte, ehe er darum bat, aber sie bewegte sich immer in ihrem Schattenbereich, um ihre Anwesenheit nicht zu verraten.

In den Nächten konnte Elena nicht schlafen, weil er nicht im Hause war. Sie stieg aus ihrer Hängematte und strich wie ein Gespenst durch das erste Stockwerk, bis sie allen Mut zusammennahm und endlich Bernals Zimmer betrat. Sie schloß die Tür hinter sich und schob den Rolladen ein wenig hoch, damit von draußen Licht hereindrang und das Ritual beleuchtete, das sie erfunden hatte, um sich dessen zu bemächtigen, was als Teil der Seele dieses Mannes seiner Habe eingeprägt war. In der schwarzen Scheibe des Spiegels, die schimmerte wie eine Schlammlache, betrachtete sie sich lange, denn hier hatte er hineingeblickt, und die Spuren der beiden Bilder konnten zu einer Umarmung verschmelzen. Sie näherte sich dem Glas mit weit offenen Augen, sah sich selbst mit seinen Augen, küßte ihre eigenen Lippen mit einem harten, kalten Kuß, den sie sich heiß vorstellte wie von einem Männermund. Sie spürte die Oberfläche des Spiegels an ihrer Brust, und die winzigen Erdbeeren ihrer Brustwarzen stellten sich auf und lösten einen dumpfen Schmerz aus, der durch sie hinlief und an einem Punkt genau zwischen ihren Beinen innehielt. Sie suchte diesen Schmerz wieder und wieder. Aus dem Schrank nahm sie ein Hemd und Bernals Schuhe und zog sie sich an. Sie tat ein paar Schritte durch das Zimmer, sehr vorsichtig, um kein Geräusch zu machen. So gekleidet, stöberte sie in seinen Schubfächern, kämmte sich mit seinem Kamm, lutschte an seiner Zahnbürste, leckte an seiner Rasiercreme, streichelte seine schmutzige Wäsche. Dann, ohne zu wissen, warum sie es tat, zog sie sein Hemd, die Schuhe und ihr Nachthemd aus und legte sich nackt auf Bernals Bett, atmete gierig seinen Geruch und rief seine Wärme herbei, um sich darin einzuhüllen. Sie berührte sich am ganzen

Körper, beginnend mit der Form ihres Schädels, den durchsichtigen Knorpeln der Ohren, den zarten Wölbungen der Augen, der Höhle des Mundes, und so immer weiter hinab zeichnete sie die Knochen nach, die Falten, die eckigen und die gebogenen Linien dieses unbedeutenden Ganzen, das sie selber war, und wünschte, sie wäre riesig, schwer und massig wie ein Wal. Sie stellte sich vor, sie gösse eine Flüssigkeit in sich hinein, zäh und süß wie Honig, sie schwölle an und wüchse zur Größe einer gigantischen Puppe, bis sie mit ihrem strotzenden Körper das ganze Bett, das ganze Zimmer, das ganze Haus ausfüllte. Erschöpft und weinend schlief sie dann für ein paar Minuten ein.

Eines Samstagmorgens sah Elena durch das Fenster, wie Bernal von hinten an die Mutter herantrat, die sich über den Bottich beugte und Wäsche schrubbte. Der Mann legte ihr die Hand um die Taille, und die Frau bewegte sich nicht, als wäre das Gewicht dieser Hand ein Teil ihres Körpers. Selbst auf die Entfernung erkannte Elena das Besitzergreifende seiner Geste, die hingebungsvolle Haltung ihrer Mutter, die Vertrautheit der beiden, diesen Strom, der sie in einem ungeheuerlichen Geheimnis einte. Das Mädchen war plötzlich über und über in Schweiß gebadet, sie konnte kaum atmen, ihr Herz war ein verschreckter Vogel in ihrer Brust, Hände und Füße kribbelten, das Blut schoß ihr in die Fingerspitzen, als wollte es sie sprengen. Von diesem Tag an spionierte sie ihrer Mutter nach.

Einen nach dem andern entdeckte sie die gesuchten Beweise, anfangs waren es nur Blicke, eine allzu lange Begrüßung, ein verschwörerisches Lächeln, der Verdacht, daß sich unter dem Tisch ihre Beine trafen und daß sie Vorwände erfanden, um miteinander allein zu sein. Endlich in einer Nacht, als Elena aus Bernals Zimmer zurückkehrte, wo sie ihr verliebtes Ritual abgehalten hatte, hörte sie ein Geräusch wie unterirdisch murmelndes Wasser, das aus dem Zimmer ihrer Mutter kam, und da begriff sie, daß in der ganzen Zeit, da sie glaubte, Bernal verdiene sich mit nächtlichem Singen seinen Lebensunterhalt, er auf der anderen Seite des Flurs gewesen war, und während sie sein heraufbeschworenes Bild im Spiegel küßte und die Spur seines Schlafes aus den Laken einsog, war er bei ihrer Mutter gewesen. Mit der in vielen Jahren gelernten Geschicklichkeit, sich unsichtbar zu machen, durchschritt sie die geschlossene Tür und erblickte die beiden in ihrer Lust. Der Lampenschirm mit dem Fransenrand gab einen warmen Schein, der die Liebenden auf dem Bett beleuchtete. Die Mutter hatte sich in ein rundes, rosenfarbenes, stöhnendes, üppiges Geschöpf verwandelt, eine wogende Seeanemone, ganz Fangarme und Saugnäpfe, ganz Mund und Hände und Beine und Öffnungen, und wand und wand sich, mit Bernals großem Leib verhaftet, der dagegen starr erschien, schwerfällig, sich wie im Krampf bewegte, ein Holzkloben, von unerklärlichen Stößen geschüttelt. Das Mädchen hatte bisher noch nie einen nackten Mann gesehen, und die großen Unterschiede bestürzten sie. Der männliche Körper kam ihr brutal vor, und sie brauchte einige Zeit, um den Schock zu überwinden und sich zum Zuschauen zu zwingen. Bald jedoch wurde sie von dem Zauber der Szene gepackt, und nun konnte sie aufmerksam beobachten, um von ihrer Mutter die Gesten zu lernen, die es vermocht hatten, Bernal zu entflammen, mächtigere Gesten als die ihrer eigenen Verliebtheit, als all ihre Gebete, ihre Träume und schweigenden Rufe, als all ihr Zauberritual, mit dem sie ihn an ihre Seite ziehen wollte. Sie war sicher, daß in diesen Liebkosungen und diesem Flüstern der Schlüssel des Geheimnisses lag, und wenn es ihr gelänge, sich diesen anzueignen, würde Juan José Bernal mit ihr in ihrer Hängematte schlafen, die jede Nacht im Schrankzimmer an zwei Haken aufgehängt wurde.

Elena verbrachte die folgenden Tage in einem Dämmerzustand. Sie verlor jedes Interesse an ihrer Umgebung, selbst an Bernal, der in ihren Gefühlen vorübergehend in einem Sonderfach aufgespart wurde, und versenkte sich in eine phantastische Welt, die völlig an die Stelle der lebendigen Wirklichkeit rückte. Aus reiner Gewohnheit erledigte sie ihre täglichen Aufgaben, aber ihre Seele war abwesend bei allem, was sie tat. Als die Mutter ihre Appetitlosigkeit bemerkte, schrieb sie sie der nahenden Pubertät zu, obwohl doch Elena ganz offensichtlich noch zu jung dafür war, und nahm sich die Zeit, sich zu ihr zu setzen und sie über den mißlichen Umstand, als Frau geboren zu sein, aufzuklären. Das Kind lauschte in störrischem Schweigen der langweiligen Rede über leibliche Verdammnis und Monatsblutungen und war überzeugt, daß ihr so etwas nie zustoßen würde.

Nach fast einer Woche, an einem Mittwoch, fühlte sich Elena zum erstenmal wieder hungrig. Sie ging mit einem Büchsenöffner und einem Löffel in die Speisekammer und verschlang den Inhalt von drei Erbsendosen, worauf sie einem holländischen Käse das rote Wachskleid abzog und ihn aß wie einen Apfel. Dann lief sie in den Patio und erbrach einen grünen Mischmasch über die Geranien. Die Leibschmerzen und der bittere Geschmack im Mund riefen sie in die Wirklichkeit zurück. In dieser Nacht schlief sie ruhig, in ihrer Hängematte zusammengerollt, und lutschte am Daumen wie einst im Kinderbett. Am Donnerstag erwachte sie fröhlich, half ihrer Mutter, den Kaffee für die Gäste zu brühen, und frühstückte mit ihr in der Küche, bevor sie in die Schule ging. Während des Unterrichts jedoch klagte sie über Magenkrämpfe und krümmte sich so ausdrucksvoll und bat so oft, auf die Toilette zu dürfen, daß die Lehrerin ihr schließlich erlaubte, nach Hause zu gehen.

Elena machte einen langen Umweg, um die Straßen ihres Viertels zu meiden, und näherte sich dem Haus von der Rückseite. Sie schaffte es, über die Mauer zu klettern und in den Patio zu springen, es ging leichter, als sie erwartet hatte. Sie hatte sich ausgerechnet, daß ihre Mutter um diese Zeit auf dem Markt war, und da es am Donnerstag frischen Fisch gab, würde sie nicht so bald zurückkehren. Im Haus waren nur Juan José Bernal und Señorita Sofía, die schon eine Woche nicht zur Arbeit ging, weil ihre Arthritis sie plagte.

Elena versteckte die Bücher und die Schuhe unter einem Stapel Decken und schlich sich ins Haus. An die Wand gepreßt stieg sie die Treppe hinauf und hielt den Atem an, bis sie das Radio aus dem Zimmer von Señorita Sofía hörte und sich sicherer fühlte. Bernals Tür gab sofort nach. Innen war es dunkel, und einen Augenblick konnte sie nichts sehen, weil sie aus dem grellen Sonnenlicht draußen kam, aber sie kannte das Zimmer ja aus dem Gedächtnis, sie war so oft darin umhergegangen, daß sie wußte, wo jeder Gegenstand war, an welcher Stelle der Fußboden knarrte und wieviel Schritte von der Tür entfernt das Bett stand. Dennoch wartete sie, bis ihre Augen sich an das Halbdunkel gewöhnt hatten und die Umrisse der Möbel hervortraten. Nach kurzer Zeit konnte sie auch den Mann auf dem Bett erkennen. Er lag nicht auf dem Bauch, wie sie ihn sich so oft vorgestellt hatte, sondern auf dem Rücken, nicht zugedeckt, nur mit einer Unterhose bekleidet, einen Arm ausgestreckt, den andern über der Brust, eine Haarsträhne über den Augen. Elena spürte, wie plötzlich alle Angst und Ungeduld, die sich in den letzten Tagen in ihr angesammelt hatten, von ihr abfielen, wie sie frei und rein zurückblieb mit der Ruhe eines Menschen, der weiß, was er zu tun hat. Ihr war, als hätte sie diesen Augenblick schon viele Male erlebt; sie sagte sich, sie habe nichts zu fürchten, es gehe um ein Ritual, das nur etwas anders sei als die früheren.

Langsam zog sie ihre Schuluniform aus, aber sie traute sich nicht, auch ihren Baumwollschlüpfer abzustreifen. Sie näherte sich dem Bett. Nun konnte sie Bernal besser sehen. Sie setzte sich auf den Rand, ganz nahe bei der Hand des Mannes, und achtete darauf, daß ihr Gewicht nicht einmal eine Delle in das Laken drückte, sie beugte sich sacht vor, bis ihr Gesicht nur wenige Zentimeter über dem seinen schwebte und sie seinen warmen Atem und den süßlichen Geruch seines Körpers spürte, und mit unendlicher Vorsicht streckte sie sich neben ihm aus und zog behutsam jedes Bein einzeln nach, um ihn nicht zu wecken. Sie wartete, auf die Stille lauschend, bis sie sich entschloß, ihm mit einem fast unmerklichen Streicheln die Hand auf den Bauch zu legen. Diese Berührung jagte eine Sturzsee durch ihren Körper, die sie zu ersticken drohte, sie glaubte, das Klopfen ihres Herzens müßte durch das ganze Haus hallen und den Mann wecken. Sie brauchte mehrere Minuten, um sich zu fassen, und erst als sie sah, daß er sich nicht rührte, lockerte sich die Spannung, und sie legte ihm die Hand mit dem ganzen Gewicht des Armes auf, der doch so leicht war, daß er Bernals Ruhe nicht störte. Sie erinnerte sich an die Gesten, die sie bei ihrer Mutter gesehen hatte, und während sie die Finger unter seinen Hosengummi schob, suchte sie den Mund des Mannes und küßte ihn, wie sie es so oft vor dem Spiegel getan hatte. Bernal stöhnte im Schlaf und legte einen Arm um das Kind, seine andere Hand fing die ihre ein, um sie zu führen, und sein Mund öffnete sich, um den Kuß zu erwidern, wobei er den Namen der Geliebten murmelte. Elena verstand, wen er meinte, aber statt zurückzuweichen, preßte sie sich noch fester an ihn. Bernal faßte sie um die Mitte, hob sie auf sich herauf und setzte sie auf seinem Körper zurecht, während er schon die ersten Liebesbewegungen machte. Plötzlich jedoch, als er die ungewöhnliche Zerbrechlichkeit dieses Vogelgeripples auf seiner Brust fühlte, durchfuhr ein Funken Bewußtsein den wolligen Nebel des Schlafes, und er öffnete die Augen. Elena spürte, wie sein Körper sich spannte, sie fand sich bei den Hüften gepackt und mit solcher Gewalt zurückgestoßen, daß sie auf dem Fußboden landete, aber sie stand auf und warf sich wieder über ihn, um ihn erneut zu umarmen. Bernal schlug ihr ins Gesicht und sprang aus dem Bett, geängstigt von Gott weiß welchen ehemaligen Verboten und Angstträumen.

»Verdorbenes Kind! Verdorbenes Kind!« schrie er.

Die Tür ging auf, und im Rahmen erschien Señorita Sofía.

Elena verbrachte die folgenden drei Jahre auf dem Internat einer Klosterschule, drei weitere auf der Universität in der Hauptstadt, und danach arbeitete sie in einer Bank. Inzwischen hatte die Mutter ihren Liebhaber geheiratet und mit ihm die Pension weitergeführt, bis sie genügend erspart hatten, um sich in ein kleines Landhaus zurückzuziehen, wo sie Nelken und Chrysanthemen anbauten, die sie in der Stadt verkauften. Der Meister des Belcanto spannte sein Plakat in einen vergoldeten Rahmen, aber er sang nicht mehr auf nächtlichen Veranstaltungen, und keiner vermißte ihn. Niemals begleitete er seine Frau, wenn sie die Tochter besuchte, er fragte auch nicht nach ihr, um die Zweifel in seinem eigenen Gemüt nicht aufzurühren, aber er dachte oft an sie. Das Bild des Kindes war für ihn unversehrt, die Jahre hatten ihm nichts anhaben können, es war noch immer das Bild des lüsternen, von der Liebe übermannten kleinen Geschöpfes, das er zurückgestoßen hatte. Je mehr Jahre vergingen, um so zwingender wurde die Erinnerung an diese leichte Gestalt, diese kindliche Hand auf seinem Leib, diese Babyzunge in seinem Mund, bis sie zur Besessenheit wurde. Wenn er den schweren Körper seiner Frau umarmte, mußte er seine Sinne auf diese erinnerten Empfindungen sammeln, um den immer träger werdenden Trieb zur Lust zu wecken. Als er älter wurde, ging er in die Läden mit Kinderwäsche und kaufte Baumwollschlüpfer, um sie und sich selbst wieder und wieder begehrlich zu streicheln. Später schämte er sich jedesmal dieser ungezügelten Gefühle und verbrannte die Schlüpfer oder vergrub sie im Patio in dem nutzlosen Versuch, sie zu vergessen. Er gewöhnte sich an, um die Schulen und durch die Parks zu streichen und von weitem die kleinen Mädchen zu beobachten, die ihm für ein paar kurze Augenblicke das ungeheuerliche Erlebnis dieses unvergeßlichen Donnerstags zurückbrachten.

Elena war siebenundzwanzig, als sie zum erstenmal ihre Mutter besuchte. Sie wollte ihren Verlobten vorstellen, einen Armeeoffizier, der jahrelang geduldig um ihre Hand angehalten hatte. Die jungen Leute kamen an einem Novembernachmittag an, er in Zivil, um nicht in Militärgala zu protzen, und sie mit Geschenken beladen. Bernal hatte diesem Besuch mit der Beklommenheit eines Jungen entgegengesehen. Er hatte sich immer wieder im Spiegel betrachtet, hatte forschend sein eigenes Bild gemustert und sich gefragt, ob Elena die Veränderungen sehen werde oder ob in ihrer Vorstellung der Meister des Belcanto dem Verschleiß durch die Zeit widerstanden hatte. Er hatte sich auf die Begegnung vorbereitet, indem er jedes Wort sorgfältig überlegte und sich alle nur denkbaren Antworten ausmalte. Nur eines wäre ihm niemals eingefallen: daß statt des feurigen kleinen Geschöpfes, dessentwegen er jahrelang Qualen ausgestanden hatte, eine fade, schüchterne Frau vor ihm stehen würde. Bernal fühlte sich betrogen.

Am Abend, als die Hochstimmung der Ankunft sich gelegt und Mutter und Tochter sich die letzten Neuigkeiten erzählt hatten, stellten sie Stühle in den Patio, um die Kühle zu genießen. Der Duft der Nelken hing schwer in der Luft. Bernal regte an, einen Schluck Wein zu trinken, und Elena folgte ihm ins Haus, um die Gläser zu holen. Ein paar Minuten waren sie allein in der engen Küche. Und da hielt der Mann, der so lange auf diese Gelegenheit gewartet hatte, die Frau am Arm zurück und fing an zu reden. Er sagte ihr, alles sei ein schrecklicher Irrtum gewesen, an jenem Morgen habe er geschlafen und nicht gewußt, was er tat, niemals habe er sie zu Boden werfen oder so beschimpfen wollen, sie solle doch Mitleid haben und ihm verzeihen, vielleicht werde es ihm dann gelingen, seinen Verstand zurückzugewinnen, denn in all diesen Jahren habe das brennende Verlangen nach ihr ihn unaufhörlich verfolgt, ihm das Blut verbrannt und den Geist verfinstert.

Elena betrachtete ihn verstört und wußte nicht, was sie antworten sollte. Von welchem verdorbenen Kind sprach er? Für sie lag die Kindheit weit zurück, und das Leid dieser ersten, abgewiesenen Liebe war in einem versiegelten Fach in ihrem Gedächtnis eingesperrt. Sie hatte keinerlei Erinnerung an jenen fernen Donnerstag.

Ljudmila Ulitzkaja

Ende der Geschichte

Mitte Dezember. Am Ende des Jahres. Am Ende der Kräfte. Dunkelheit und Wind. Das Leben stockt irgendwie, alles steckt an einer unguten Stelle fest wie ein Rad im Straßengraben, dreht sich auf der Stelle. Im Kopf kreisen zwei Gedichtzeilen: »Es war in unseres Lebensweges Mitte, als ich mich fand in einem dunklen Walde ...«

Absolute Dunkelheit und nicht der geringste Lichtblick. Schäm dich, Shenja, schäm dich. Im kleinen Zimmer schlafen zwei Jungen, Sascha und Grischa. Deine Söhne. Da auf dem Tisch liegt deine Arbeit. Setz dich hin, schreib. Da, der Spiegel – er zeigt eine fünfunddreißigjährige Frau mit großen, leicht nach unten abgeschrägten Augen, einer üppigen Brust, ebenfalls leicht abwärts geneigt, und schönen Beinen mit schlanken Fesseln; sie hat vor kurzem den nicht mal schlechtesten Ehemann rausgeworfen, übrigens nicht den ersten, sondern bereits den zweiten. Außerdem zeigt der Spiegel einen Teil der kleinen, aber sehr schönen Wohnung in einem der besten Viertel Moskaus, nämlich auf der Powarskaja-Straße, im Hof, das halbrunde Fenster geht auf den Vorgarten hinaus. Später wurden sie natürlich hier ausquartiert, aber damals, Mitte der Achtziger, wohnten sie noch gut.

Auch Shenjas Familie war wunderbar. Eine große Familie mit Tanten, Onkeln, Cousins und Cousinen jeden Grades, allesamt hochgebildete, angesehene Leute: Wer Arzt war, galt als guter Arzt, wer Wissenschaftler war, als vielversprechend, wer Künstler war, als renommiert. Na ja, der Künstler war natürlich kein Glasunow. Aber er bekam Aufträge von Verlagen, war ein guter Buchausstatter, fast einer der besten. In seiner Zunft genoß er Ansehen. Von ihm wird noch die Rede sein.

Außer Cousins und Cousinen ersten und zweiten Grades wuchs inzwischen schon eine Generation zahlreicher Nichten und Neffen heran – Katjas, Maschas, Daschas, Saschas, Mischas und Grischas. Darunter auch eine gewisse Ljalja, dreizehn Jahre alt. Sie hatte bereits einen Busen. Allerdings auch noch Pickel. Und eine lange Nase, und die für immer. Nun, die konnte man ja später korrigieren lassen. Aber erst später. Ihre Beine waren ebenfalls lang. Schöne Beine. Doch das bemerkte noch niemand. Aber in ihr tobten bereits die Leidenschaften. Das Mädchen hatte eine irrsinnige Affäre mit ihrem Onkel, dem Grafiker. Eines Tages hatte die langnasige Ljalja ihre Cousine zweiten Grades Dascha besuchen wollen und deren Vater angetroffen. Er saß zu Hause, in seinem abgelegenen Zimmer, und zeichnete. Wunderhübsche Bilder – Vögel in Käfigen, zu irgendwelchen Gedichten. Wie gesagt, er war Buchillustrator. Schwarzes Haar, gewellt und lang. Bis zu den Schultern. Eine blaue Jacke, darunter ein blau-rot kariertes Hemd. Unterm Hemd ein Halstuch mit winzigen Blümchen, nicht größer als ein Komma waren die Blümchen. Oder nein, es waren keine Blümchen und auch keine Kommas, sondern eher Gürkchen. Aber ganz kleine, winzige ... Sie verliebte sich.

Nun kommt also das Mädchen Ljalja zu ihrer erwachsenen Verwandten Shenja, der zu besagter Dezemberzeit so gar nicht nach ihrer entfernten Nichte zumute ist. Aber Shenja ist die Cousine des Künstlers. Ersten Grades. Und das Mädchen Ljalja gesteht ihre Liebe. Und erzählt Shenja die ganze Geschichte: Wie sie Dascha besuchen wollte, und er saß im hinteren Zimmer und malte Vögelchen und hatte ein Tuch mit Gürkchen drauf um den Hals. Und wie sie später noch einmal hinging und nicht zu Dascha wollte, wie sie bei ihm im Zimmer saß. Er malte, und sie saß still daneben. Schweigend.

Jeden Dienstag und Donnerstag hat Mila, die Frau des Künstlers, vormittags Sprechstunde, ab acht. Montags, mittwochs und freitags am Nachmittag. Sie ist Frauenärztin. Dascha geht jeden Tag in die Schule. Sie fährt auf den Prospekt Mira, in die französische Schule. Sie geht fünf vor halb sieben aus dem Haus. Dienstags und donnerstags, aber nicht jede Woche, sondern eine Woche am Dienstag, eine Woche am Donnerstag, kommt Ljalja um halb neun in das hintere Zimmer. Mal schwänzt sie Geschichte und Englisch, mal eine Doppelstunde Literatur. Ja, sie ist erst dreizehn. Na und? Was tun? Was kann man schon dagegen tun? Wenn es wahnsinnige Liebe ist. Er betet sie an. Seine Hände zittern, wenn er sie auszieht. Das ist umwerfend. Der erste Mann in ihrem Leben. Sie ist überzeugt, daß es nie einen anderen geben wird. Schwanger werden? Nein, davor hab ich keine Angst. Das heißt, daran habe ich noch gar nicht so gedacht. Aber man kann ja die Pille nehmen. Kannst du nicht Mila anrufen, daß sie dir die verschreibt, für dich ...

Shenja ist außer sich. Ljalja ist genauso alt wie Sascha. Beide sind dreizehn, aber sie ist ein Mädchen. Das sind offenbar verschiedene Zeitrechnungen. Sascha hat nur die Astronomie im Kopf. Er liest Bücher, bei denen Shenja nicht einmal die Kapitelüberschriften versteht. Und diese kleine Idiotin denkt an Liebe und macht ausgerechnet sie, Shenja, zur Vertrauten ihrer Herzensgeheimnisse. Ein schönes Geheimnis: Ein anständiger vierzigjähriger Mann hat ein Verhältnis mit seiner minderjährigen Nichte, einer Freundin seiner Tochter, und trifft sich mit ihr in seiner eigenen Wohnung, während seine Frau drei Häuser weiter ihre Sprechstunde abhält und strenggenommen jeden Moment reinplatzen kann, auf eine Tasse Tee zum Beispiel. Und Ljaljas Eltern? Ihre Mutter, Shenjas Cousine Stella mit dem dicken Hintern, was denkt die sich eigentlich? Daß die

Tochter in die Schule gegangen ist, die abgewetzte Schultasche schwingend? Und ihr Papa Konstantin Michailowitsch, der bescheuerte Mathematiker, was denkt der sich? Was die verstorbene Tante Emma, die leibliche Schwester von Shenjas leiblichem Vater, dazu sagen würde, das ist gar nicht auszudenken.

Ljalja schwänzt die ersten Stunden. Manchmal kommt sie, wenn Sascha und Grischa in der Schule sind, zu Shenja Kaffee trinken. Wenn der Künstler keine Zeit hat oder sie einfach keine Lust, in der Schulbank zu sitzen. Rausschmeißen kann Shenja das Mädchen nicht – womöglich springt sie dann aus dem Fenster? Shenja hört ergeben zu. Und ist verzweifelt. Als ob sie nicht genug eigene Probleme hätte: Sie hat ihren Mann rausgeschmissen, weil sie sich in einen weit entfernten Herrn verliebt hat. Er ist mit Leib und Seele Theatermann. Regisseur. In einer wunderschönen, beinahe ausländischen Stadt. Ruft jeden Tag an und fleht sie an zu kommen. Und nun auch noch diese Ljalja.

»Ljaletschka, meine Liebe, dieses Verhältnis muß sofort aufhören. Du hast den Verstand verloren!«

»Aber warum denn, Shenja? Ich liebe ihn wahnsinnig. Und er liebt mich auch.«

Shenja glaubt ihr das – denn Ljalja ist in letzter Zeit sehr viel schöner geworden. Sie hat schöne Augen, groß und grau, die Wimpern sind schwarz angemalt. Die Nase ist lang, aber schmal, mit einem edlen Höcker. Die Haut ist wesentlich reiner geworden. Und der Hals – ein wundervoller Hals von seltener Schönheit: schlank, sich nach oben hin noch verjüngend, und wie schön der Kopf auf diesem geschmeidigen Stiel sitzt ... Verdammt!

»Ljaletschka, meine Liebe, wenn du nicht an dich denkst, dann denk doch wenigstens an ihn: Ist dir klar, was passiert, wenn das rauskommt? Er wird auf der Stelle eingesperrt! Sag bloß, du hast kein Mitleid mit ihm? Acht Jahre Gefängnis!«

»Nein, Shenja, nein. Keiner wird ihn einsperren. Wenn Mila das rauskriegt, schmeißt sie ihn natürlich raus, das ja. Und läßt ihm keine Kopeke. Dann muß er zahlen. Sie ist furchtbar geldgierig. Er verdient sehr viel. Aber wenn er in den Knast kommt, kann er keine Alimente zahlen. Nein, nein, sie wird keinen Skandal wollen. Im Gegenteil, sie wird alles unter den Teppich kehren«, malt Ljalja kalt und berechnend die Zukunft aus, und Shenja erkennt, so ungeheuerlich das ist, daß sie wohl recht hat: Milka ist wirklich furchtbar geldgierig.

»Und deine Eltern, meinst du, die machen sich keine Sorgen? Überleg mal, wie denen zumute ist, wenn sie das erfahren!« versucht Shenja es von einer anderen Seite.

»Die sollen lieber den Mund halten. Meine liebe Mama schläft mit Onkel Wassja.« Shenja macht große Augen. »Weißt du das etwa nicht? Papas Bruder, mein Onkel Wassja. Mama ist verrückt nach ihm, schon immer. Ich weiß nur nicht genau, ob sie sich schon in ihn verliebt hat, bevor sie Papa geheiratet hat, oder erst danach. Und was Papa angeht, dem kann sowieso alles egal sein, der ist doch überhaupt kein Mann. Verstehst du, was ich meine? Den interessieren doch nur seine Formeln, sonst gar nichts. Auch nicht Mischka und ich.«

Mein Gott, was tun mit diesem minderjährigen Ungeheuer? Schließlich ist sie erst dreizehn. Ein Kind, das Schutz braucht. Und unser Künstler, der ist auch gut! Dieser asketische Ästhet! Samtjackett! Halstuch! Gepflegte Hände! Für die Maniküre kommt extra eine Frau ins Haus. Er hat in Shenjas Beisein mal gesagt, für seine Arbeit brauche er tadellose Hände, wie ein Pianist. Eigentlich wirkt er eher schwul. Aber nein, offensichtlich ist er pädophil.

Andererseits, Ljalja ist kein Kind mehr. Bei den Juden wurden früher die Mädchen mit zwölfeinhalb Jahren verheiratet. Rein körperlich ist sie längst erwachsen. Und im

Kopf ist sie mehr als erwachsen – wie sie das mit Mila erklärt hat, das würde nicht jede Frau so klar sehen.

Aber was soll sie, Shenja, tun? Sie ist die einzige Erwachsene, die in die Geschichte eingeweiht ist. Also trägt sie die Verantwortung. Und sie kann sich mit niemandem beraten. Auch zu ihren Eltern kann sie damit nicht gehen. Mama kriegt einen Herzinfarkt!

Ljalja kommt fast jede Woche zu Shenja, erzählt vom Künstler, und alles, was sie sagt, überzeugt Shenja davon, daß diese alptraumhafte Verbindung ziemlich stabil ist – wenn ein verheirateter Mann das Risiko eingeht, seine minderjährige Geliebte jede Woche bei sich zu Hause zu empfangen, dann hat er wirklich den Kopf verloren. Verhütungspillen, ziemlich teure übrigens, hat Shenja natürlich ohne Milas Hilfe gekauft, sie Ljalja gegeben und ihr eingeschärft, sie unbedingt jeden Tag zu nehmen. Dennoch empfindet Shenja einen großen moralischen Druck. Ihr ist klar, daß sie etwas unternehmen muß, bevor es zum Skandal kommt, weiß aber nicht, von welcher Seite sie es anpacken soll. Schließlich entscheidet sie: Das einzige, was sie unter diesen Umständen tun kann, ist, mit dem verdammten Künstler zu reden.

Ihr Regisseur ruft an, bittet sie, wenigstens für einen Tag zu kommen. Er steht kurz vor einer Premiere, arbeitet zwölf Stunden am Tag ... Aber wenn sie jetzt in die wundervolle, warme, helle Stadt fliegt, dann ist es aus, dann ist sie verloren! Und wenn sie nicht hinfliegt?

Sie muß etwas tun mit dieser verrückten Ljalja-Geschichte. Dabei geht es gar nicht so sehr um den unvermeidlichen Skandal. Aber schließlich zerstört hier ein Erwachsener das Leben eines Kindes. Herrgott, was für ein Glück, daß sie Söhne hat. Was gibt es da schon groß für Probleme? Saschas Astronomieaufgaben. Und Grischa muß man mit Gewalt von den Büchern wegzerren, sonst liest er die ganze Nacht, mit einer Taschenlampe unter der Bettdecke. Manchmal prügeln sich die beiden. Aber in letzter Zeit immer seltener.

Endlich entschließt sich Shenja, Ljaljas Geliebten anzurufen. Sie tut es an einem Nachmittag, an dem Mila Sprechstunde hat. Er freut sich sehr, lädt sie sofort ein vorbeizukommen, es sei ja zum Glück nicht weit. Shenja sagt, besuchen komme sie ihn lieber ein andermal, diesmal müßten sie sich an einem neutralen Ort treffen, nicht zu Hause.

Sie treffen sich vor dem Kino »Chudoshestwenny«, er schlägt vor, ins Café »Praga« zu gehen.

»Ist was passiert, Shenja? Du siehst so mitgenommen aus«, erkundigt sich der Künstler freundlich, und Shenja fällt ein, daß er immer sehr anständig zu seinen Verwandten war. Einmal hat er einer ziemlich entfernten Cousine geholfen, die eine schwierige Operation machen lassen mußte, ein andermal einem Rotzlöffel aus der Verwandtschaft nach einem mißglückten Autodiebstahl einen Anwalt bezahlt. So kompliziert ist der Mensch beschaffen, so viel Verschiedenes hat er in sich.

»Entschuldige, aber ich muß etwas Unangenehmes mit dir besprechen. Es geht um deine Geliebte«, beginnt Shenja schroff, weil sie befürchtet, die Flamme der Empörung über diese häßliche Geschichte könne sonst erlöschen.

Er schweigt lange. Hartnäckig. Unter der dünnen Haut pulsieren die Adern. Er ist gar nicht so schön, wie ihr früher schien. Oder die Schönheit ist mit den Jahren verblaßt.

»Shenja, ich bin erwachsen, du bist nicht meine Mutter und nicht meine Großmutter. Warum soll ich dir also Rechenschaft ablegen?«

»Darum, Arkadi«, explodiert Shenja, »weil wir uns für alles, was wir tun, am Ende verantworten müssen. Und wenn du erwachsen bist, dann mußt auch du für deine Situation die Verantwortung übernehmen ...«

Er nimmt einen großen Schluck aus der kleinen Kaffeetasse. Dann stellt er die Tasse fast auf die Tischkante.

»Sag mal, Shenja, hat dich jemand geschickt, oder ist das auf deinem Mist gewachsen?«

»Was redest du da? Wer soll mich denn geschickt haben? Deine Frau? Oder Ljaljas Eltern? Oder vielleicht Ljalja selber? Natürlich ist das auf meinem Mist gewachsen, wie du sagst. Ljalja, das Dummchen, hat mir alles erzählt. Natürlich wäre es mir lieber, ich wüßte nichts davon. Aber da ich es weiß, habe ich Angst. Um dich und um sie. Das ist alles.«

Er entspannt sich auf einmal und ändert seinen Ton.

»Ich wußte, ehrlich gesagt, gar nicht, daß ihr Kontakt habt. Interessant.«

»Glaub mir, mir wäre es lieber, ich hätte keinen Kontakt zu ihr, schon gar nicht aus so einem Anlaß ...«

»Shenja, erklär mir bitte, was du von mir willst. Diese Geschichte dauert schon mehrere Jahre. Und wir beide, du und ich, entschuldige, aber wir stehen uns nicht nahe genug, um so intime Dinge meines Privatlebens zu erörtern.«

Da begreift Shenja, daß alles nicht so einfach ist, daß hinter diesen Worten mehr steht, als sie weiß. Arkadi wirkt teils schuldbewußt, teils aber auch leidend.

»Ich hatte das so verstanden, daß die Geschichte erst vor kurzem angefangen hat, nun sagst du, das läuft schon mehrere Jahre«, sagt Shenja und verflucht sich dafür, diese Aufklärung angezettelt zu haben.

»Wenn du den Detektiv spielen willst, dann bist du darin nicht besonders gut. Die Sache geht, ehrlich gesagt, schon seit drei Jahren.« Er zuckt die Achseln. »Ich verstehe nur nicht, warum Ljalja das mit dir erörtern mußte. Milka weiß Bescheid, und sie ist mit allem einverstanden, Hauptsache, keine Scheidung.«

Er stößt mit dem Ellbogen gegen die Tasse, sie fliegt vom Tisch, zerschellt auf dem Boden. Er bückt sich, ohne aufzustehen, sammelt mit seinem langen Arm die Splitter ein und häuft sie vor sich auf. Dann sortiert er die weißen Bruchstücke, als wolle er die Tasse wieder zusammenfügen. Er hebt den Kopf. Nein, er ist doch schön. Diese auseinanderstehenden Brauen, die grünen Augen.

Das dritte Jahr? Er hat sich also mit einer Zehnjährigen eingelassen? Und redet darüber so alltäglich ... Die Männer sind doch Wesen von einem anderen Stern.

»Hör mal, Arkadi, das verstehe ich wirklich nicht. Das sagst du so einfach? Das will mir nicht in den Kopf – ein erwachsener Mann schläft mit einem zehnjährigen Mädchen ...«

Er reißt die Augen auf.

»Wovon redest du, Shenja? Was für ein Mädchen?«

»Ljalja ist vor anderthalb Monaten dreizehn geworden! Was ist sie denn sonst – eine Mieze, eine Alte, ein Weib?«

»Von wem reden wir, Shenja?«

»Von Ljalja Rubaschowa.«

»Rubaschowa?« Arkadi ist aufrichtig erstaunt.

Er markiert den Ahnungslosen. Oder ...

»Na, Ljalka. Die Tochter von Stella Kogan und Kostja Rubaschow.«

»Ach, Stella! Die habe ich schon hundert Jahre nicht gesehen. Ja, stimmt, sie hatten eine Tochter, glaube ich. Was hat das mit mir zu tun? Kannst du mir das mal vernünftig erklären?«

Das ist alles. Ende der Geschichte. Er versteht. Erschrickt. Lacht. Äußert den Wunsch, einen Blick auf das Mädchen zu werfen, das sich eine Affäre mit ihm ausgedacht hat – er erinnert sich nicht an sie. Es kommen schließlich viele Mädchen ins Haus, Freundinnen von Daschka.

Dann lacht auch Shenja, der ein Stein vom Herzen gefallen ist.

»Aber dir ist doch klar, mein Lieber, daß ich dich doch ertappt habe, mit deiner Geliebten?«

»In gewisser Weise schon. Eine Geliebte habe ich tatsächlich. Sie ist zwar nicht zehn und auch nicht dreizehn, aber Probleme gibt's natürlich, wie du dir denken kannst. Darum war ich furchtbar sauer, als du ...«

Der Kellner räumt die Porzellanscherben weg und ruft eine Putzfrau, die unter dem Tisch wischt.

Shenja wartete auf Ljaljas nächsten Besuch. Sie hörte sich ihre üblichen Ergüsse an. Ließ sie ausreden. Dann sagte sie:

»Ljalja, ich bin sehr froh, daß du die ganze Zeit zu mir gekommen bist und mir deine Erlebnisse mitgeteilt hast. Es war dir bestimmt sehr wichtig, mir diese Geschichte vorzuschwindeln, die es nicht gegeben hat. Du hast das alles noch vor dir: Liebe, Sex, einen Künstler ...«

Shenja konnte ihre vorbereitete Rede nicht zu Ende bringen. Ljalja war schon im Flur. Sie sagte kein Wort, griff nach ihrer Schultasche und verschwand für viele Jahre.

Aber auch Shenja stand der Sinn nicht nach ihr. Der Winter, der in der Dunkelheit festzustecken schien, war endlich über den toten Punkt hinweg. Der Regisseur brachte seine Premiere hinter sich und kam nach Moskau. Er war fröhlich und traurig zugleich und ständig umringt von zahlreichen Verehrern – Moskauer Georgiern, die sich erhaben nach Tiflis sehnten, und anderen Intellektuellen, die verliebt waren in Georgien und seinen freiheits- und weinliebenden Geist. Zwei Wochen war Shenja glücklich, und *der dunkle Wald in ihres Lebensweges Mitte* wurde heller, der März war wie ein April, warm und hell, wie erleuchtet vom Widerschein der fernen Stadt am Ufer der wilden Kura. Sie kam zur Ruhe. Nicht weil sie zwei Wochen lang glücklich war, sondern weil sie im Grunde ihres Herzens erkannt hatte, daß ein Fest nicht ewig währen kann; dieser Mann war ihrem Leben widerfahren wie ein riesiges Geschenk, so riesig, daß man es wohl eine Weile halten, aber nicht für immer mit sich nehmen konnte. Shenja erzählte ihm die Geschichte des Mädchens Ljalja, er lachte erst, dann sagte er, das sei ein geniales Sujet. Schließlich reiste er wieder ab, Shenja besuchte ihn in Georgien, und er kam noch ein paarmal nach Moskau. Dann war mit einem Schlag alles vorbei, als wäre es nie geschehen. Und Shenja lebte weiter vor sich hin. Sie versöhnte sich sogar mit ihrem zweiten Mann, den sie, wie sich im Laufe der Zeit herausgestellt hatte, einfach nicht verlassen konnte: Er gehörte so unverrückbar zu ihrem Leben wie die Kinder.

Von Ljalja hörte sie lange nichts: Bei Geburtstagen ließ sie sich nicht blicken, und auf Beerdigungen war keine Gelegenheit zu Gesprächen.

Erst viele Jahre später trafen sie sich bei einer Familienfeier, Ljalja war inzwischen eine erwachsene, sehr schöne junge Frau, verheiratet mit einem Pianisten. Sie hatte ihre kleine Tochter mit. Die Vierjährige trat auf Shenja zu und erklärte, sie sei eine Prinzessin.

Das ist alles. Ende der Geschichte.

Hochzeitstag

Silvina Ocampo

Die Hochzeit

Daß ein Mädchen in Robertas Alter mir Beachtung schenkte, mit mir spazierenging, mich in ihr Vertrauen zog, war ein Glück, das keiner meiner Freundinnen widerfuhr. Ich stand vollkommen unter ihrem Einfluß, und ich liebte sie, nicht weil sie mir Bonbons kaufte oder Glasmurmeln oder Buntstifte, sondern weil sie manchmal so mit mir redete, als wäre ich erwachsen, und manchmal, als wären sie und ich siebenjährige Mädchen.

Es ist schon mysteriös, welche Macht Roberta über mich ausübte: Sie sagte, ich erriete ihre Gedanken, ihre Wünsche. Sie hatte Durst: Ich reichte ihr ein Glas Wasser, ohne daß sie mich darum gebeten hätte. Sie war erhitzt: Ich fächelte ihr Luft zu oder brachte ihr ein mit Kölnisch Wasser befeuchtetes Taschentuch. Sie hatte Kopfschmerzen: Ich bot ihr ein Aspirin an oder eine Tasse Kaffee. Sie fand eine Blume schön: Ich gab sie ihr. Wenn sie mir befohlen hätte: »Gabriela, spring aus dem Fenster« oder »leg deine Hand in die Glut« oder »lauf auf die Gleise, damit dich der Zug überollt«, ich hätte es auf der Stelle getan.

Wir lebten alle in den Außenbezirken von Córdoba. Arminda López war eine meiner Nachbarinnen, und Roberta Carma wohnte im Haus gegenüber. Arminda López und Roberta Carma liebten einander wie Cousinen, die sie auch waren, aber manchmal fielen zwischen ihnen scharfe Worte: Grund waren immer ihre Unterhaltungen über Kleider oder Unterwäsche oder Frisuren oder Freunde, die sie hatten. Nie dachten sie an ihre Arbeit. Einen halben Block von unseren Häusern entfernt lag der Friseurladen ›Die schöne Welle‹. Dorthin nahm mich Roberta einmal im Monat mit.

Während man ihr das Haar mit Wasserstoffsuperoxyd und Ammoniak blond färbte, spielte ich mit den Handschuhen des Friseurs, mit dem Zerstäuber, mit den Kämmen, mit den Haarnadeln, mit der Trockenhaube, die aussah wie der Helm eines Kriegers, und mit einer alten Perücke, die der Friseur mir in seiner Gutmütigkeit überließ. Diese Perücke gefiel mir mehr als sonst irgend etwas auf der Welt, mehr als die Ausflüge nach Ongamira oder in die Sierra zum Zuckerhut, mehr als die gewürzten Obsttörtchen oder als jenes bläulich schimmernde Pferd, das ich auf dem brachliegenden Grundstück bestieg, um ein Mal um den Block zu reiten, ohne Zügel und Sattelzeug, und das mich vom Lernen abhielt.

Die Verlobung von Arminda López lenkte mich mehr ab als der Friseurladen und die Ausflüge. Ich bekam schlechte Noten in jenen Tagen, die schlechtesten meines Lebens.

Roberta nahm mich zu einem Stadtbummel mit; wir fuhren mit der Straßenbahn zum Café Oriental. Dort tranken wir Kakao mit Vanille, und irgendein Junge kam zu uns, um sich mit ihr zu unterhalten. Auf der Rückfahrt in der Straßenbahn sagte sie zu mir, daß Arminda mehr Glück habe als sie, denn mit zwanzig Jahren müsse eine Frau sich verlieben oder sich in den Fluß stürzen.

»Was für ein Fluß?« fragte ich, von solcher Vertraulichkeit verwirrt.

»Du verstehst nicht. Wie solltest du auch. Du bist eben noch sehr klein.«

»Wenn ich heirate, lasse ich mir einen wunderschönen Haarkranz machen«, hatte Arminda gesagt, »meine Frisur wird für Furore sorgen.«

Roberta lachte und widersprach:

»Wie altmodisch. Haarkränze trägt man doch nicht mehr.«

»Da irrst du dich. Man trägt sie wieder«, antwortete Arminda.

»Du wirst ja sehen, ob ich nicht Furore mache.«

Die Hochzeit wurde lang und in allen Einzelheiten vorbereitet. Das Brautkleid war prächtig. Eine Spitzenarbeit ihrer Großmutter mütterlicherseits zierte den Umhang, eine Klöppelarbeit der Großmutter väterlicherseits (damit sie sich nicht zurückgesetzt fühlte) den Kopfschmuck. Die Schneiderin ließ Arminda das Kleid fünfmal anprobieren. Auf den Knien und mit dem Mund voller Stecknadeln rundete die Schneiderin den Rocksaum ab oder fügte noch ein paar Klammern zum Ansatz des Schleiers hinzu. Fünfmal durchschritt Arminda am Arm ihres Vaters den Hof des Hauses, trat in ihr Schlafzimmer und blieb vor einem Spiegel stehen, um sich anzusehen, wie die Falten des Rockes in der Bewegung ihrer Schritte wirkten. Die Frisur war womöglich das, was Arminda am meisten beschäftigte. Von ihr hatte sie ein Leben lang geträumt. Sie ließ sich einen besonders großen Haarkranz machen, wofür ein Zopf benutzt wurde, den man ihr mit fünfzehn Jahren abgeschnitten hatte. Ein goldenes und sehr feines Haarnetz mit kleinen Perlen hielt den Kranz, den der Friseur schon in seinem Geschäft ausstellte. Die Frisur glich, ihrem Vater zufolge, einer Perücke.

Am Vorabend der Hochzeit, am zweiten Januar, zeigte das Thermometer vierzig Grad. Es war so heiß, daß wir unser Haar nicht anfeuchten mußten, um es zu kämmen, und uns das Gesicht nicht mit Wasser zu waschen brauchten, um den Schmutz loszuwerden.

Kraftlos saßen Roberta und ich im Hof. Die Nacht brach herein. Der Himmel, von bleigrauer Farbe, erschreckte uns. Das Unwetter löste sich nur in Blitzen und Unmengen von Insekten. Eine riesige Spinne verharrte auf der Kletterpflanze im Hof: Es schien mir so, als sähe sie uns an. Ich nahm einen Besenstiel, um sie zu töten, aber ich hielt inne; ich weiß nicht, weshalb. Roberta rief aus:

»Sie bedeutet Hoffnung. Eine französische Dame hat mir einmal erzählt: *Die Spinne am Abend ist die Hoffnung.*«

»Nun, wenn sie die Hoffnung ist, werden wir sie in einer kleinen Schachtel verwahren«, sagte ich zu ihr.

Vor Müdigkeit ging Roberta wie eine Schlafwandlerin (sie ist sehr gutmütig) in ihr Zimmer, um eine Schachtel zu suchen.

»Sei vorsichtig. Sie sind giftig«, sagte sie zu mir.

»Und wenn sie mich beißt?«

»Die Spinnen sind wie die Menschen: Sie beißen, um sich zu verteidigen. Tust du ihnen nichts, tun sie dir auch nichts.«

Ich stellte die offene Schachtel vor die Spinne, die sich mit einem Satz hineinstürzte. Dann machte ich den Deckel zu und durchlöcherte ihn mit einer Nadel.

»Was wirst du mit ihr machen?« wollte Roberta wissen.

»Sie aufheben.«

»Verlier sie nicht«, antwortete mir Roberta.

Von dieser Minute an lief ich mit der Schachtel in der Tasche herum. Am nächsten Vormittag gingen wir in den Friseurladen. Es war Sonntag. Auf der Straße wurden bunte Decken und Blumen verkauft. Diese fröhlichen Farben schienen die bevorstehende Hochzeit zu feiern. Wir mußten auf den Friseur warten, der zur Messe ging, während Roberta den Kopf unter der Trockenhaube hatte.

»Du siehst aus wie ein Krieger«, rief ich ihr zu.

Sie hörte mich nicht und las weiter in ihrem Meßbuch. Da verfiel ich darauf, mit dem Haarkranz von Arminda zu spielen, der in Reichweite lag. Ich zog die Haarnadeln heraus, die den kompakten Kranz in dem wunderschönen Haarnetz festhielten. Es kam mir so vor, als ob Roberta zu mir herübersah, aber sie war so geistesabwesend, daß sie nur ins Leere schaute, während sie einen fest ansah.

»Soll ich die Spinne hineintun?« fragte ich und zeigte ihr den Haarkranz.

Der Lärm der elektrischen Trockenhaube verhinderte sicherlich, daß sie meine Stimme hörte. Sie antwortete mir nicht, aber sie neigte den Kopf, als stimmte sie mir zu. Ich öffnete die Schachtel, drehte sie über dem Inneren des Haarkranzes um, wo die Spinne hineinfiel. Schnell legte ich das Haar wieder zurecht und brachte das feine Netz wieder an, welches es umgab, und die Haarnadeln, damit man mich nicht ertappte. Zweifellos machte ich das mit Geschick, denn der Friseur bemerkte nichts Ungewöhnliches an jenem Kunstwerk, wie er selbst den Kranz der Braut bezeichnete.

»Das alles wird zwischen uns ein Geheimnis bleiben«, sagte Roberta, als wir aus dem Friseurladen gingen, und verdrehte mir dabei den Arm, bis ich aufschrie. Ich konnte mich nicht erinnern, welche Geheimnisse sie mir an jenem Tag anvertraut hatte, und antwortete ihr, wie ich es bei den Erwachsenen gehört hatte:

»Ich werde schweigen wie ein Grab.«

Roberta zog ein gelbes Kleid mit Volants an, und ich ein federweißes, gestärktes, mit einem Einsatz aus Stickerei. In der Kirche sah ich nicht zum Bräutigam hin, weil Roberta mir sagte, daß man ihn nicht ansehen dürfe. Die Braut war sehr hübsch, mit einem weißen Schleier voller Orangenblüten. So bleich, wie sie war, sah sie aus wie ein Engel. Dann fiel sie leblos zu Boden. Von weitem glich sie einem Vorhang, der herabgefallen war. Viele Leute kamen ihr zu Hilfe, fächelten ihr Luft zu, holten Wasser im Presbyterium, gaben ihr Klapse ins Gesicht. Eine Zeitlang glaubte man, sie sei gestorben, dann glaubte man wieder eine Zeitlang, sie lebte. Man brachte sie nach Hause, eiskalt wie Marmor. Sie wollten sie weder ausziehen noch ihr den Haarkranz abnehmen, als man sie tot in den Sarg legte. Furchtsam, verstört, beschämt klagte ich mich während der zwei Tage dauernden Totenwache an, die Urheberin ihres Todes gewesen zu sein.

»Womit hast du sie denn getötet, du Rotznase?« fragte mich ein entfernter Verwandter von Arminda, der unaufhörlich Kaffee trank.

»Mit einer Spinne«, sagte ich.

Meine Eltern hielten eine geheime Zusammenkunft ab, um zu entscheiden, ob sie einen Arzt rufen müßten. Niemand glaubte mir je. Roberta faßte eine Abneigung gegen mich, ich glaube, ich flößte ihr Ekel ein, und sie ging nie wieder mit mir irgendwohin.

Angeles Mastretta

Cristina Martínez

Hübsch war Cristina Martínez nicht, aber irgend etwas an ihren dünnen Beinen und ihrer atemlosen Sprechweise muß es gewesen sein, das sie dennoch interessant machte. Nur hielten Pueblas heiratswillige junge Männer leider nicht nach interessanten Mädchen Ausschau, und so wurde Cristina zwanzig Jahre alt, ohne daß ihr auch nur eine einzige sozial angemessene Freundschaft angetragen worden wäre. Als sie gar einundzwanzig wurde, waren ihre vier Schwestern sämtlich entweder glücklich oder unglücklich verheiratet, und auf Cristina lastete nun ständig die demütigende Aussicht, daß sie wahrscheinlich zur alten Jungfer werden würde. Nicht mehr lange, und ihre kleinen Neffen und Nichten würden sie die Sitzengebliebene nennen, und sie hegte Zweifel, ob sie das überstehen würde. Da trat, kurz nach ihrem Geburtstagsfest, auf dem ihre Mutter, als Cristina die Kerzen ausblies, in Tränen ausgebrochen war, ein gewisser Señor Arqueros auf den Plan.

Eines Vormittags kam Cristina von einer Fahrt in die Innenstadt zurück, wo sie Perlmuttknöpfe und einen Meter Spitze eingekauft hatte, und erzählte, sie habe im Juweliergeschäft La Princesa die Bekanntschaft eines Spaniers aus sichtlich gutem Hause gemacht. In das Geschäft sei sie wegen der Brillanten im Schaufenster hineingegangen, und sie habe sich erkundigt, wieviel ihr Wunschtraum, ein Verlobungsring, koste. Den genannten Preis habe sie angemessen gefunden, und sie habe sich nur beklagt, daß sie kein Mann sei und ihn sich nicht jetzt schon kaufen könne, um ihn irgendwann später einmal zu tragen.

»Männer dürfen den Ring schon vor der Braut haben,

ja, sie können sich die Braut sogar passend zum Ring aussuchen. Wir hingegen müssen warten und immer warten. Manche verwarten so ihr Leben, und andere wieder sind für ihr Lebtag mit einem Ring geschlagen, den sie gar nicht mögen. Findest du nicht auch?« fragte Cristina ihre Mutter beim Mittagessen.

»Kind, hör endlich auf, mit den Männern zu hadern«, ermahnte sie ihre Mutter. »Wer soll denn für dich sorgen, wenn ich einmal tot bin?«

»Ich. Zerbrich dir nicht den Kopf, Mutter. Ich sorge schon für mich selber.«

Am späten Nachmittag erschien ein Bote aus dem Juweliergeschäft bei ihnen und gab den Ring ab, den Cristina sich angesteckt und an der ausgestreckten Hand unter ähnlichen Reden, wie sie sie am Mittagstisch bei ihrer Mutter geführt hatte, von allen Seiten bewundert hatte. Außer dem Ring wurde auch noch ein an Cristina adressierter versiegelter Umschlag abgegeben.

Beides schickte, mit dem Ausdruck seiner aufrichtigen Bewunderung und Verehrung, Herr Arqueros, und er schrieb auch, wie sehr er es bedauere, nicht selbst der Überbringer sein zu können. Doch leider laufe sein Schiff schon morgen in Veracruz aus, und um es rechtzeitig zu erreichen, müsse er noch am selben Tag und die ganze Nacht über reisen. Er hielt in dem Brief um ihre Hand an: »Ihre Ansichten vom Leben, von Männern und Frauen, Ihre bezaubernde Stimme, Ihr freimütiger Gang haben mich in Bann geschlagen. Da ich auf Jahre hin nicht mehr nach Mexiko kommen werde, erlaube ich mir, Sie zu bitten, daß Sie zu mir nach Spanien kommen. Mein Freund Emilio Suárez wird demnächst bei Ihren Eltern vorstellig werden. Ich baue auf ihn, und ich hoffe auf Sie.«

Freund Emilio Suárez hatte Cristina in ihren Jungmädchenträumen beschäftigt. Er war zwölf Jahre älter als sie und auch jetzt, wo Cristina einundzwanzig war, noch immer ledig. Sein Reichtum war üppig wie ein Urwald im Regen, er selbst aber so unnahbar wie im Januar die Berge. Alle jungen Mädchen in der Stadt hatten um ihn geworben, doch selbst die erfolgreichsten konnten sich nur rühmen, einmal unter den Arkaden mit ihm Eis gegessen zu haben. Bei Cristina klopfte er nun an und trug ihr im Auftrag eines Freundes eine Fernheirat an, bei der er gern den abwesenden Bräutigam vertreten wollte.

Cristinas Mutter weigerte sich, ihrer Tochter zu glauben, daß sie den Spanier nur ein einziges Mal getroffen habe, und Suárez war mit dem Bescheid, man werde es sich durch den Kopf gehen lassen, kaum aus der Türe, da überschüttete sie Cristina auch schon mit Vorwürfen, sich wie ein Flittchen benommen zu haben. Da ihr Kind sie aber so fassungslos ansah, bat sie es am Ende um Verzeihung und den Himmel – in dem ihr Mann weilte – um sein Einverständnis zu der Ungeheuerlichkeit, ihre Tochter einem Fremden und Ausländer zur Frau zu geben.

Als Cristina aus der ersten Überraschtheit und Beklemmung herausfand, betrachtete sie ihren Trauring und begann sofort zu trauern, um ihre Schwestern, ihre Mutter, ihre Freundinnen, um ihre Wohngegend, die Kathedrale, den Platz davor, die Vulkane, den Himmel, den Truthahn in scharfer Kakaosoße, um die fleischbelegten Tortillas, um die Nationalhymne, die Straße nach México, um Coetzalán und Cholula, das Grab ihres lieben Vaters, das getöpferte Kochgeschirr, den heißen Kakao aus frisch zerstoßener Schokolade, die mexikanische Musik, den Duft der Tacos, den San-Francisco-Fluß, das Ferienhaus ihrer Freundin Elena und die Pferdekoppeln ihres Onkels Abelardo, den Mond im Oktober und den Mond im März, die Februarsonne, ihr würdig getragenes Junggesellendasein und um Emilio Suárez, der sie ihr Leben lang gesehen und verdammt nochmal nie auf ihre bezaubernde Stimme und ihren freimütigen Gang geachtet hatte.

Am nächsten Tag berichtete sie, den blitzenden Ring am Finger, Bekannten und Verwandten von der Nachricht. Ein halbes Jahr später wurde vor einem Pfarrer, einem Notar und vor Emilio Suárez' Augen die Ehe mit Señor Arqueros geschlossen. Es gab eine Brautmesse, ein Bankett und einen Ball mit den dazugehörigen Abschiedsszenen, und es wurde alles mit dem gleichen Eifer veranstaltet, als wäre der Bräutigam diesseits des Atlantiks. Es hieß sogar, es hätte schon lange keine so strahlende Braut mehr gegeben.

Zwei Tage danach schiffte sich Cristina in Veracruz ein und nahm Kurs auf den spanischen Hafen, in den ihr Señor Arqueros, höflich, wie er war, entgegenkommen wollte, um sie von dort in ihr neues Leben unter seinen Tanten im heimatlichen Valladolid zu geleiten.

Aus Valladolid schickte Cristina auch ihren ersten Brief; darin schrieb sie, welches Heimweh sie habe und wie glücklich sie sei. Die Gegend schilderte sie nur knapp, das beengte Städtchen, die darum gedrängten Felder, doch dafür legte sie ihrer Mutter ein Rezept bei, ein Braten in einer besonderen Rotweinsoße, der in Valladolid so gegessen würde, und für ihre Schwestern zwei Gedichte von einem gewissen García Lorca, die sie aufgewühlt hätten. Ihren Mann lernte sie im Zusammenleben als einen gewissenhaften und arbeitsamen Menschen kennen, der über das fremdartige Spanisch seiner Frau, ihre Geistergeschichten, über ihr Erröten bei jedem »Coño!« der Spanier und ihr Entsetzen, daß hierzulande beim kleinsten Anlaß auf Gott gepfiffen und ungeniert bei der heiligen Hostie geschworen wurde, immer wieder aufs neue lachen konnte.

Ein Jahr gingen Briefe hin und her, bis der eine eintraf, in dem Cristina ihrer Familie den plötzlichen Tod von Señor Arqueros mitteilte. Der Brief war knapp gehalten und dem

Anschein nach bar aller Gefühle. »Mein Gott, was muß sie leiden!« sagte ihre zweitjüngste Schwester, die zu heftigen Gefühlsausbrüchen und stürmischen Leidenschaften neigte. Alles verfiel in Trauer über Cristinas Trauer und wartete darauf, daß Cristina ihren ärgsten Schmerz verwinden und sich dann etwas näher über ihre Zukunftspläne äußern würde. Auch an einem Sonntag nach dem gemeinsamen Essen wurde darüber gesprochen, als plötzlich die Tür aufging und Cristina hereintrat.

Sie hatte für alle Geschenke mit, und ehe sie nicht verteilt waren, wurde sie von ihren Nichten und Neffen nicht freigegeben. Cristina hatte rundere Waden bekommen, und sie stöckelte auf hochhackigen schwarzen Schuhen, und schwarz waren auch Rock, Strümpfe, Bluse, Hut, Jackett und der Schleier, den hochzuschlagen sie noch nicht die Zeit gefunden hatte. Erst als die Bescherung zu Ende war, warf sie den Schleier samt Hut beiseite und sagte lächelnd:

»So, da wäre ich wieder.«

Vom gleichen Tag an war sie die Witwe Arqueros. Der Kummer, eine alte Jungfer zu sein, blieb ihr erspart, und sonstigen Anlaß zu Kummer verscheuchte sie mit ihrem verstimmten Klavier und ihrer packenden Stimme. Man brauchte sie nicht lange zu bitten, sich ans Klavier zu setzen und etwas vorzutragen. Ihr Repertoire umfaßte alle erdenklichen Walzer, Polkas, Corridos, Arien und Pasodobles. Zu einigen Chopinschen Préludes verfaßte sie auch Texte und besang darin vergangene Liebesgeschichten, von denen kein Mensch etwas wußte. War ihre Darbietung beendet, ließ sie sich den Beifall aller Umstehenden gefallen, erhob sich vom Schemel, machte einen tiefen Knicks, streckte ihrem Publikum die Arme entgegen, zeigte mit ihren schönen, gealterten Händen erst auf ihren Brillantring, dann auf sich selber und sagte dann selbstbewußt: »Und eingemottet in Puebla!«

Nur Böswillige tuscheln, diesen Señor Arqueros habe es nie gegeben, sondern Emilio Suárez habe seinerzeit ein einziges Mal in seinem Leben geschwindelt. Gott wisse, mit welchen Mitteln ihn Cristina dazu herumgekriegt hatte. Und das Geld, von dem sie behaupte, ihr Mann habe es ihr hinterlassen, stamme wahrscheinlich aus Schieberware, die sie in ihren Brautausstattungskoffern ins Land geschleust und versilbert habe.

Genau weiß es keiner. Emilio Suárez und Cristina Martínez waren jedenfalls bis an ihr Lebensende Freunde. Was ihnen schwer übelgenommen wurde, denn Freundschaft zwischen Mann und Frau ist ein zu kostbares Gut, als daß es einem verziehen würde.

Kay Boyle

Hochzeitstag

Der rote Teppich, der sich wie ein Blutsturz überallhin bis in den letzten Winkel ergießen sollte, lag zusammengerollt in der Ecke. Die Mutter rief die Treppe hinunter, der Hochzeitskuchen solle hoch gehalten werden und nicht gebeugt wie Hochwürden durch den Dienstboteneingang kommen. Niemand schenkte den drei prächtigen Lagen, aus denen er bestand, auch nur die geringste Aufmerksamkeit. Er verschwand in der Speisekammer, eingebunden in Girlanden aus Wachspapier, und sein Bart lag weiß wie Rauhreif auf seiner Brust.

Dies war das letzte Mittagessen, und sie kamen herein und ihre Knopflöcher schienen vor lauter Veilchen zu platzen, und sie setzten sich traurig, setzten sich, um zu essen. So traurig saßen sie, daß sie in Wut geriet und sie bat, sich bitte aufrecht hinzusetzen, als äßen sie am selben Tisch, als gehörten sie zur selben Familie und nicht als seien sie Menschen an einem Buffet, die nichts miteinander zu tun hätten. Jedes neue Bukett, das ankam, gleich, ob es aus einem geschmückten oder aus einem schlicht weißen Korb seine Blütenpracht ergoß, nahm ihrer Stimme etwas mehr von ihrer Schärfe.

»Hast du dich entschieden, ob du deiner Tochter die kupfernen Töpfe geben willst?« fragte er.

Diese Frage traf die Mutter wie ein Schlag. Sie sank in ihrem Stuhl zusammen und stocherte entkräftet in der mickrigen Portion Erdbeeren herum, die noch auf ihrem Teller übrig war. Aber ein Tropfen zu viel von dieser verhängnisvollen Arroganz, die ihr Erbe war, brachte das Faß zum Überlaufen, denn sie konnte ihn nicht hinunterschlucken und sagte Nein, tausendmal auf jedem Ton der Tonleiter. NEIN, sagte sie. Der Stolz der Küche soll verkratzt, angebrannt, mit Butter verschmiert und stumpf und trübe werden? Der Gedanke an die Töpfe schwellte ihr Herz mit Kummer und Leid. Sie war eine alte Frau, eine arrogante alte Dame war sie, und die Töpfe hingen in der Küche wie sechs Bullaugen, die ihr dünnes Gesicht mit seinem fahlen Haarknoten widerspiegelten. Nicht ein Bissen war seit zwanzig Jahren in ihnen gekocht worden. NEIN schwoll es in ihrem Herzen, quoll es in ihren Augen, bis die beiden sie auf ihrem Stuhl hätten umbringen mögen.

»Weine nicht«, sagte er zu ihr. Er zeigte mit dem Finger direkt auf ihre Nase, daß ihre Augen schlingerten und schielten, als sie ihn würdevoll ansah. Sie saß da und sah ihn stolz an, aufrecht wie eine Nadel, die durch ihr eines geöffnetes Öhr starrt.

»Nicht weinen«, sagte er.

Ein donnerndes NEIN brach über ihnen zusammen, ein bitteres, hartes, ein kindisches Nein. Ein wimmerndes Nein. Euer Vater hat sie in Ehren gehalten. Euer Vater, er hat sie in Ehren gehalten, sagte sie.

Plötzlich wandte sie sich an ihre Tochter.

»Dein Bruder will hier Unfrieden stiften«, sagte sie aufgebracht. »Das merkst du doch, oder? Merkst du nicht, wie er zwischen dir und deinem jungen Mann Unfrieden stiften will?«

Die drei starrten einander an, und ein Ausdruck der Verwirrung kam in das Gesicht der alten Dame. Warum sie verwirrt war, wußte sie nicht. Sie wußte genau, was sie sagen wollte, aber ihr Sohn sah sie noch schonungsloser an, und er sagte:

»Wer wollte diese Hochzeit denn?«

»Bestimmt nicht ich«, sagte die alte Dame, und diese Worte waren das Echo dessen, was beiden auf der Zunge lag.

»Ich hab diese Hochzeit ganz bestimmt nicht gewollt«, wiederholte die alte Dame nachdrücklich, als sie merkte, daß ihr nicht widersprochen wurde. »Die Wahl deiner Schwester hat mich entsetzt.«

»Genug!« schrie ihr Sohn. »Niemand darf das in Frage stellen, die Wahl meiner Schwester!«

Das Roastbeef machte sie wieder zu nahen Verwandten, und sie saßen da und sahen der Mutter beinahe liebevoll zu, während sie die dünnen scharlachroten Streifen auf der Platte schnitt. Es war ein schönes Roastbeef, und es war kaum gegart. Der Sohn schnappte sich immer mehr, und sie häufte ihre Teller voll.

»Ich schneide und schneide«, wimmerte sie, »und kriege selber nichts ab. Habt ihr nicht endlich genug?« sagte sie. Sie sah sie wehklagend an, mit zitternden Lippen.

»Ich nehm meins mit unter den Tisch«, sagte ihr Sohn, »und ich knurre jeden an, der mir nahe kommt.«

An dieser Stelle platzten Bruder und Schwester los, und ihr Lachen schüttelte sie hin und her und rötete sie bis an die Wurzeln ihres hellen Haares. Am Ende warf er seine Serviette über die Glastrichter des Kronleuchters, und seine Schwester folgte ihm aus dem Zimmer. Hinaus liefen sie, um sich vor der Hochzeit dem Frühling zu überlassen, und ihre Mutter stand am Fenster und betete, daß zumindest dieses Ereignis in Würde vorübergehen möge, aber ihr Herz war nicht in ihrem Mund, sondern schlug in Frieden in ihrer Brust fort, wo es hingehörte.

Hier überfiel sie der April, der ihre Herzen mit Weißdorn durchbohrte, sie mit der geschmeidigen Klinge des Windes skalpierte. Hier flogen ihre gelben Mähnen in die Luft, daß sie zottig wie Löwen wurden. Die Seine hatte sich im Wind gedreht und sprang in Büscheln und Bögen direkt weg von Saint-Cloud. Die Wolken brachen und barsten auseinander wie Gletscher; hinunter den Himmel schwebten und stieben sie, und die zwei mit ihren bloßen Köpfen spazierten mitten hinein ins Herz der Eisscholle.

»Es ist nicht zu spät«, sagte er. »Ich meine, es ist nicht zu spät.«

Die Sonne war eine Zumutung, eine Zumutung, denn sie waren Menschen anderer Art, die sich einen einfachen Pfad durch die Wildnis von Paris trampelten, das noch immer den alten Menschen gehörte, sie jedoch waren von neuer Art. Niemand sonst konnte durch eine bloße Drehung des Kopfes dem Leben wieder zu einem neuen Anfang verhelfen, und es war ein Wunder, daß nicht ganz Paris ihretwegen den Atem anhielt, denn wenn irgend jemand den neuen Menschen ins Leben rufen könnte, dann waren es diese beiden. Deshalb hätte man ihnen in ihren jungen Tagen Verantwortung aufbürden sollen, damit sie nicht die Möglichkeit zu entkommen gehabt hätten. Paris war ihre Verantwortung. Niemand sonst kannte diese Art Wonne, niemand sonst setzte den Fuß so auf. Die gelben Köpfe zurückgeworfen, so trampelten sie unbewußt einen neuen Pfad, ohne zu ahnen, was sie taten.

Und wer hätte es ihnen sagen sollen, denn die Bäume, die sie jetzt im Wald erreicht hatten, gaben keine Zeichen. Sie waren allein in dem kleinen Zug, der auf Schienen durch das tote Gestrüpp unter den Ästen fuhr und so schneidig um die Ecken ruckte, daß sie von einer Seite auf die andere geschleudert wurden.

»Es ist noch nicht zu spät, weißt du«, sagte er.

In diesem Augenblick lachten sie. Hier zeigten sich ihre Zähne, genauso groß wie ihre Arroganz, die für ihren stolzen Nasenrücken verantwortlich war. Immer weiter rumpelte der kleine Zug durch die Wälder, daß ihre Rücken und Hinterteile wie Kastagnetten klapperten.

Als der Zug anhielt, stiegen die beiden aus, streichelten die glatten Weiden, kraulten sie hinter den Ohren und sahen eine Zeitlang den Robben zu, die in dem Frühlingslicht nach Fisch schnellten und sprangen, da, wo das Wasser sich kräuselte. »Was ich meine, ist«, sagte er, »daß ich es nicht, daß ich es nicht für zu spät halte.«

In ein kleines Boot stiegen sie, und in einer Minute hatte er sie hinaus in die Mitte des Teiches gerudert. Sie saß da bis oben hin zugeknöpft in ihrem weißen Pelz. Der frische prickelnde Wind ließ das Wasser hin und her schwappen, und ihre Nasenspitze verfärbte sich rosa. Aber er, so ganz anders, hatte seinen Mantel von sich geworfen, hatte ihn unten auf den Boden des Bootes geworfen und die Füße darauf gestellt, und während er ruderte, drückte er den frischen Matsch des Frühlings, der an seinen Sohlen klebte, in jede Naht und Manteltasche. Zurück und vor gingen seine Arme, zurück und vor, und die kleinen gelben Härchen stellten sich auf in dem Wind.

»Welch ein Tag für eine Hochzeit«, sagte er.

Als er das sagte, entstand unter den Vögeln am Ufer ein plötzlicher Tumult, und die Schwäne nahmen ihre Verfolgung auf und streckten und reckten die Hälse nach dem Boot, und ihr weiches Gefieder zerzauste der Wind. Um das Boot herum kreisten die Schwäne, nahmen voller Neugier den neuen Menschen in Augenschein, wobei sie ihre flachen Köpfe im Winkel hoben, um die Schnäbel des neuen Menschen mit ihren scharlachroten Augen zu fixieren.

Hinunter, hinunter konnten Bruder und Schwester bis ganz unten auf den Grund des Teiches sehen. Hinunter an den hartnäckigen schwarzen paddelnden Füßen der Schwäne vorbei und ihren glitschig nassen Bäuchen konnten sie die Höhlen des Teiches sehen, in denen Blumen unter Wasser blühten. Jedes einzelne Schilfgras war dicht mit klaren hellen Lichtblasen übersät, und die Fische wogten unter ihnen her wie kleine Fahnen, tief unten aber klar in dem Wasser. Über ihnen spannte sich der Himmel wie ein Grab, der seltsame unirdische Himmel, der jeden Augenblick in Frühling ausbrechen konnte.

»Es ist nicht zu spät«, sagte er.

Ein langsamer Regen hatte eingesetzt und drückte auf die Obstblüten an den Uferrändern, daß sie augenblicklich schwarze Flecken bekamen. Der Regen fiel, lief und lief ihnen die Wangen hinunter, und sie blickten einander mit glühenden Augen ins Gesicht. Überall, überall gab es andere Länder, in die man konnte. Und wie sollten sie aus dem Boot steigen, mit den Ketten, die sie banden, wie die trauernden Weiden samt Wurzeln aus ihren Herzen reißen, wie die Eisen des Frühlings zerschlagen, die sie fesselten? Wie groß die Scham, die einen brennenden Pfad bis in ihre Zimmer sengte, wo sie sich an- und auszogen! Ihre Herzen trauerten um jeden Pariser Abend und die halbe Stunde vor dem Mittagessen, wenn zwei gekreuzte Strohhalme auf der runden Marmortischplatte, wo auch immer, bedeuteten, ich hab hier was getrunken und bin weiter gegangen.

»Welch ein Tag für eine Hochzeit«, sagte er, als sie erschöpft, erschöpft die Straße heraufkamen und ihre Füße durch den Frühlingsnachmittag schleppten.

Sie fanden ihre Mutter auf Knien im Flur, wo sie gerade den Topfpflanzen Satinschleifen unter das Kinn band. Als sie an ihr vorübergingen, starrte sie grimmig einem Kaktus ins Gesicht. Bevor sie sich ihnen zuwandte, ließ sie einen letzten mißbilligenden Blick auf das Silbertablett an der Eingangstür fallen. Kaum hatte sie ihnen den Rücken zugekehrt, da gab der Sohn ihm einen harten Tritt und schoß es den Flur hinunter, und ohne ein Wort des Protestes setzte sie dem Tablett nach. Sie wußte genau, während sie es aufhielt und fest den Fuß darauf setzte, dieser Ausbruch kündigte tausend weitere Zwischenfälle an, die noch kommen sollten.

Aber friedlich erschienen die Gäste, einer nach dem anderen und immer zu zweit, ließen ihre Karten auf dem Tablett zurück und eilten weiter, um ihrer Gastgeberin die Hand zu drücken. Die Armee war schmuck vertreten, und schließlich den Salon herunter kam die Braut am Arm ihres Bruders, der sie dem Bräutigam übergab. Mit einer derartigen Geste übergab er sie, und es war offenkundig, daß sie keinen Gedanken an ihr Satinkleid verschwendete, auch nicht an die feine Spitze, die den Rücken des Kleides herabfiel. Keinen einzigen Gedanken hatte sie für die Musik, kein Wort für den Geistlichen, außer ja und nein. Dies war das Ende, das Ende, dachten sie. Sie wandte das Gesicht ihrem Bruder zu, und plötzlich entflohen ihre Herzen gemeinsam und schluchzten wie Ringeltauben in ihrer Brust. Dies war das Ende, das Ende, dies war das Ende.

Hinunter den Raum entflohen ihre Füße und suchten auf verschiedenste Weise nach einem Ausweg. Bis an die Kante des Teppichs entflohen die Füße der Schwester, kehrten zurück und folgten nur widerwillig den Schritten des Bruders. Jeder einzelne Ton der Orgelpfeifen bestand darauf, daß sie weiterging. Es ist nicht zu spät, sagte er. Zu spät, zu spät. Der Ring war getauscht, das Buch war geschlossen. Der trostlose, der unfruchtbare Himmel goß weiterhin frischen Regen herunter, Tropfen für Tropfen, ganze Hände voll.

Wie ein Gentleman vom Festland klopfte er sich auf die Schenkel, machte Witze mit den anderen Gentlemen, und in seinen bittersten Augenblicken flogen seine Augen über die Köpfe der Gesellschaft und tauschten mit den ihren einen Gruß. Ihre Füße entflohen auf hundertfältige Weise durch den ganzen Raum, wenn sie von der Punschschale zu ihrem Schlafzimmer und wieder zurück flatterten, und ihr Puderbausch fiel aus ihrem Ausschnitt und wurde von den Tänzern wie eine Chrysantheme auf dem Fußboden hin und her geschossen. Durch die Räume hindurch tanzte sie, machte Pause an dem Punschtisch, und ihre Füße, die weißen Schmetterlingen glichen, entkamen nur durch ein Wunder den zerstörerischen Füßen all ihrer Partner, die sie in den Armen hielten.

Der Punsch war es, der elegant und unfehlbar den Schritten ihres Bruders auf die Spur kam und ihn zum Tanzen verleitete, der ihn an den Gelenken ergriff und sie lockerte und geschmeidig machte, seinen Zwiespalt erriet und ihn im Tanze hüpfen ließ. Er tanzte, das Silbertablett mit den Karten gefährlich in die Höhe haltend, und während er aus einem Raum in den anderen tanzte, streute er die Karten aus – eine Handvoll Offiziere hier, eine Handvoll vollbusige Matronen über die andere Schulter geworfen. Der größte Teil der amerikanischen Kolonie flatterte hinter das Klavier, in dem Augenblick, als die Mutter triumphierend in den Armen des Generals leichten Fußes vorübertanzte. Das Gesicht hielt sie abgewandt von dem verstrickenden Geflecht seines Bartes, aber in ihrem Herzen frohlockte sie. Wenn das alles war, das sie zu fürchten hatte, summte sie: die Karten ließen sich aufheben, kein Glas war bisher zerbrochen. Hinauf und hinunter die sich windenden Straßen, über die schwarzen Kaskaden und die Springbrunnen hinweg, über die Decks der Fischerboote, die friedlich im Hanf der chinesischen Teppiche trieben, tanzte sie. Der Punsch hatte ihre Adern in Wasser verwandelt, und sie spürte ihr Knie heftig gegen das des Generals stoßen, während sie hüpfte. Im Triumphzug in seinen ältlichen Armen schwand sie dahin. Welch ein wirklicher Erfolg, welch ein *wirklicher* Erfolg! Über die orientalischen Gebetsteppiche, durch die persischen Wälder aus Hanf, dahin und dahin.

Nicht koscher

Elena Lappin

Noa und Noah

Noas Entscheidung, kein koscheres Fleisch mehr zu kaufen, ohne ihrem Mann Noah etwas davon zu sagen, war auf den ersten Blick spontan gekommen. Eines Nachmittags kam sie auf dem Heimweg aus dem Park beim Metzger in der Nähe ihres Hauses vorbei, wie fast jeden Tag. Sie hatte schon an den mühseligen Weg zu ihrem nervtötend gesprächigen, neugierigen und unverschämten koscheren Metzger gedacht, daran, wie lange es dauern und welchen Leuten sie wieder »zufällig« begegnen würde, während sie ihre üblichen Stücke Lamm, Huhn und Truthahn »auswählte« (Rindfleisch war von der Speisekarte gestrichen). Ihr wurde schon schlecht, wenn sie bloß daran dachte. Und hier hatte sie nun einen glattrasierten, rotwangigen JOE MCELLIGOTT vor sich (wie die roten und weißen Buchstaben über der Ladenmarkise fröhlich verkündeten), der so stolz und genüßlich diverse rosa Teile von toten Schweinen im Schaufenster darbot, daß Noa geradezu das Wasser im Mund zusammenlief. Und wenn ich jetzt, dachte sie, einfach reingehe und so tue, als wäre ich eine von *ihnen*, wenn ich einfach ein paar Hühnchen und etwas Truthahnhack verlange – sieht doch genauso aus, Noah merkt den Unterschied nie. Und wenn er es nicht weiß, begeht er auch keine Sünde. Ich schon, aber scheiß drauf.

Nicht nur, daß Noah den Unterschied nicht bemerkte, dieses Freitagabendessen machte ihm sogar große Freude. Von dem Hühnchen war er schier begeistert und fragte Noa, ob sie endlich das Rezept seiner Mutter benutzt habe. Das war das höchste Lob aus seinem Munde, denn er betrachtete Noas israelische Küche als zu primitiv. Früher hatte es sie immer aufgeregt, wenn er ihre Kochkünste niedermachte, als wäre sie eine Küchenhilfe, die sich für die Stelle als Ehefrau bewerben wollte. Aber inzwischen dachte sie, was kannst du von einem Schuldeneintreiber anderes erwarten.

Als sie sich vor fast sechs Jahren in Israel kennengelernt hatten, brachte Noah Noa zum Lachen, indem er ständig über die Ähnlichkeit ihrer Namen redete. Es half nichts, daß Noa ihn auf die unterschiedliche hebräische Schreibweise hinwies und darauf, daß ihre Namen auf hebräisch auch deutlich anders ausgesprochen wurden. Seiner endete mit dem harten, gutturalen »ch«, das er einfach fallenließ; in dem Nordlondoner Englisch seiner Herkunft klang »Noah« mit einem hübschen, weichen Vokal aus, genau wie »Noa«, und deshalb, so seine Argumentation, waren sie füreinander bestimmt. Das war so lange ein lustiger Scherz geblieben, bis er, der rothaarige britische Cousin der Stiefschwester ihrer besten Freundin, sie eines Abends in eine dekadente Disco in Tel Aviv geschleppt, beschwipst mit ihr getanzt und danach darauf bestanden hatte, in dem leeren Sommer-Penthouse seiner Eltern mit ihr zu schlafen.

Noa hatte sich eingeschüchtert gefühlt, alles war Chrom und Glas. In der Wohnung ihrer Eltern in Ramat Gan standen vor allem altersschwache dunkle Holzmöbel, bezogen mit muffig riechendem Polyester, auf denen staubige Spitzendeckchen lagen. Noah wirkte auf Noa elegant und rätselhaft. Im Bett redete er ständig, was sie beeindruckte; ihre israelischen Freunde hatten kaum je etwas von sich gegeben, außer ab und zu mal »*ze tov?*«. Die Hälfte dessen, was er sagte, verstand sie nicht, aber alles klang zärtlich, sexy und irgendwie geheimnisvoll.

Wenige Monate später war sie der Star ihres eigenen Hochzeitsvideos, auch wenn sie sich nicht genau daran erinnern konnte, den Vertrag unterschrieben zu haben. Seine

Eltern kümmerten sich um alles, ein Hauch von London durchwehte das Ganze, und ihre armen, alten polnischen Eltern verschwanden beinahe unter dem Gewicht von so viel Chrom und Glas und Gold und Diamanten. Finchley-Gothic versus Post-Holocaust-Moderne, Modell Ramat Gan. Massenweise teigige, blasse, ädrige Beine auf Stilettoabsätzen versus sonnengegerbte, pergamentene Füße in Sandalen. Ihre Freundinnen begriffen nicht ganz, was sie vorhatte, und Noa genausowenig – aber es fühlte sich gut an. Also gab sie ihr früheres, vertrautes Leben auf, heiratete einen kippatragenden Buchhalter und zog nach London. Na und. Sie war zwanzig, und er gab ihr das Gefühl, richtig erwachsen zu sein. Und im Bett trug er seine Kippa ja nicht.

Die ersten beiden Jahre waren beinahe ein Erfolg. Noa konnte so wenig Englisch, daß sie sich weiterhin von ihrem Bild von Noah als jungem, glamourösen Businessman blenden ließ. Ihr Heim in East Finchley war im Besitz der Familie und kam Noa wie ein Palast vor – obwohl sie sich in der Inneneinrichtung, einer fast identischen Nachbildung vom Tel Aviver Penthouse, unwohl fühlte. Zu Noahs Verwunderung verbrachte seine nagelneue Ehefrau mehr Zeit im Bad als irgendwo sonst im Haus; dort konnte sie nämlich ihre Augen in dem blaugrünen Badewasser schließen und sich vorstellen, sie sei am Strand von Tel Aviv. Sie fühlte sich wie eine eingefangene Meerjungfrau, die in ihren natürlichen Lebensraum zurückflüchtete.

Dann fiel ihr eines Tages auf, daß sich ihr Englisch so bedeutend verbessert hatte, daß sie neuerdings mit Noahs Mutter Gerda streiten konnte, und obwohl sie dabei nicht unbedingt siegte, verlor sie auch nicht. Noch besser, Noas Ohren schnappten ab und zu kleine Ausrutscher im Akzent der Schwiegermutter auf; wie sehr sich Gerda auch anstrengte, ihre East-End-Vokale schauten immer wieder unter ihrer unnatürlich zurechtgestutzten Redeweise hervor, wie die dunklen Wurzeln ihres gebleichten Haares. Noa, die sich aus vollem Herzen ihrer neuen Familie nahe fühlen wollte, war von so viel unnötiger Kunstfertigkeit überrascht, und jetzt erschien ihr das eigene Elternhaus als erfrischend warm und unprätentiös.

Als Noa endlich begriff, daß Noah als Junior-Schuldeneintreiber in der Firma seines Vaters arbeitete und sein Lebensziel darin bestand, eines Tages das kleine Büro in Finchley zu leiten und zum *Senior*-Schuldeneintreiber zu werden, erwartete sie schon ein Kind von ihm. Inzwischen hatte sie auch das sexy Gemurmel ihres Mannes entziffert und entzaubert, das sie im Bett unweigerlich begleitete: die Worte Arsenal und Tottenham kamen häufig vor, dazu äußerst unerotische Adjektive, die diverse Spieler beschrieben und ihre Technik beklagten. Als Noa diese unglaubliche Tatsache klar wurde, fragte sie Noah ganz einfach, warum er beim Sex unbedingt an Fußball denken und darüber reden mußte. Ohne im geringsten peinlich berührt zu sein, antwortete er, daß er immer an Fußball denke, und wenn er seine Gedanken beim Sex laut ausspreche, falle es ihm leichter, das Tempo zu verlangsamen. Noa war so verblüfft, daß sie vergaß, danach zu fragen, für welche Mannschaft er eigentlich sei – obwohl sie stark auf Tottenham tippte.

Und woran dachte Noa im Bett? Zunächst an fast gar nichts. Sie versuchte Noah langsam besser kennenzulernen, dessen Lebensweise sie so blindlings übernommen hatte, ohne einen Gedanken daran zu verschwenden, daß er ihr völlig fremd war. Also tat sie, was sie von Anfang an getan hatte: sie beobachtete ihn, bis zur kleinsten Bewegung, bis zum letzten Wort. Solange Noah ihr ein Rätsel blieb, war er jede langweilige Minute ihres langweiligen Lebens mit ihm wert und befand sich außer Gefahr. In dem Augenblick, als sie seinen Geheimcode knackte, war er erledigt, ohne es zu wissen.

»Noah«, sagte sie eines Abends, nachdem sie ihren Sohn zu Bett gebracht hatte. Sie lümmelten vor dem Fernseher herum, sahen aber gar nicht richtig hin. »Was macht eigentlich ein Schuldeneintreiber?«

Der Mann, mit dem sie seit fünf Jahren verheiratet war, schaute von der Sport-Seite der Abendzeitung auf und starrte Noa an. Sie wiederholte die Frage. »Wir ... wir bringen die Leute dazu, ihre Schulden zu bezahlen«, sagte er langsam und warf ihr einen scharfen Blick zu, den sie gut kannte. Er besagte: Halt den Mund und laß mich in Ruhe. Aber nicht diesmal; Noa war gerade gut in Fahrt: »Wie denn? Seid ihr so was wie eine Polizei oder so?«

Noah seufzte. »Natürlich nicht. Wir schreiben nur Briefe und teilen den Leuten mit, was passiert, wenn sie nicht bezahlen.« Er wollte wahnsinnig gerne wieder zu seiner Zeitung zurückkehren. Noas inquisitorische Laune fing an, ihm auf die Nerven zu gehen. Außerdem verriet sie ihre Ignoranz in Dingen, die jeder wußte und keiner in Frage stellte. Gott sei Dank kriegten seine Eltern das nicht zu hören.

»Was seid ihr denn dann?« Noas nächste Frage verblüffte ihn. »Eine Art Mafia?«

Noah kniff seine Augen ein wenig zusammen, bevor er lauter als gewöhnlich sagte: »Nein. Natürlich sind wir das nicht. Allerdings sind wir ermächtigt, jemandem den Gerichtsvollzieher ins Haus zu schicken und gerichtliche Schritte zu erwirken, falls der Kunde sich nicht kooperativ zeigt.«

Noah wußte sich gut zu beherrschen, sehr gut sogar, selbst wenn er stark unter Streß stand. Er wußte, wie man bedrohlich und zugleich distanziert klingen konnte. Vielleicht brachte sein seltsamer Beruf das mit sich. Noa jedoch roch Niederlage in der Luft, und zwar nicht ihre. »Aber Noah«, beharrte sie und betonte den »ch«-Laut, den er so haßte, was sie wohl wußte, »ich sehe es immer noch nicht vor mir. Wie bringt ihr die Leute dazu, ihre Schulden zu bezahlen? Und warum tut ihr das überhaupt? Seid ihr böse oder was? Ich glaube, das seid ihr. Du und dein Vater. Aber du bist schlimmer.«

Noah suchte in den Zügen seiner Frau nach der Spur eines Lächelns. Irgend etwas, das anzeigte, daß sie einen Scherz machen wollte. Immer wenn Noa etwas Seltsames sagte, und das passierte ziemlich häufig, entschuldigte er sie mit ihrem unterentwickelten israelischen Sinn für Humor. Wie beim Kochen lag sie mit ihrem Gespür für das, was annehmbar war, regelmäßig daneben. Noah war müde. Er haßte seinen Beruf. Er haßte das Leben, zu dem er sich gezwungen hatte. Und allmählich haßte er auch seine traumhafte, unbeholfene, verrückte Frau.

»Falls du dich für besonders witzig hältst, vergiß es. Wie üblich hast du nichts Interessantes zu sagen. Und du kannst mich nicht treffen. Ich gehe jetzt schlafen.«

Noa konnte gut zielen. In der Armee war sie eine erstklassige Schützin gewesen. Die Fernbedienung traf Noah zwischen den Schulterblättern. Er fuhr herum, fuchsteufelswild. Der armenische Kerzenleuchter traf ihn in die Eier. Er krümmte sich zusammen, schnappte nach Luft und fluchte. »Du Ziege. Du dämliche Ziege. Du kannst mich mal.«

Noa glitt von der Couch und packte Noah vorsichtig bei seinem roten Schopf. Er versuchte, sie in den Arm zu beißen, doch sie gab ihm statt dessen ihren Mund. Zum allerersten Mal vergaß Noah sogar sein Fußballmantra.

Später, als er schon schlief, ging Noa ins Badezimmer und weinte. Ernst gemeint hab ich es aber doch, dachte sie. Jedes Wort, und ich wollte ihn verletzen. Ich will, daß er wieder der Fremde wird, mit dem ich's getrieben habe. Nur daß diesmal ich sage, wo's langgeht. Du bist mir was schuldig, mein kleiner Schuldeneintreiber, flüsterte sie fast zärtlich und kletterte wieder ins Bett. Der Zahltag naht.

Nach dieser Nacht kehrte ihr Alltag zu seiner Normalität zurück, scheinbar unverändert. Noahs Leben drehte sich weiterhin um das Büro seines Vaters, Fußball und pflichtschuldige Unternehmungen mit seinen Eltern an Wochenenden und in den Ferien. Manchmal war er wild auf Noas Körper, doch ihre Gedanken ließen ihn kalt. Noa war das egal. Sie hatte etwas vor. Daß sie ihren Sohn meistens in rot und weiß kleidete (die Farben von Arsenal), war nur ein kleiner Teil davon.

Es begann mit jenem Besuch in Joe McElligotts Metzgerei und ihrem ersten Kauf von *trejfem* Huhn. Ursprünglich hatte sie möglichst schnell in den Laden und wieder hinaus gehen wollen, damit sie auch ja kein Freund oder Bekannter von Noahs Familie sah. Zwei Dinge jedoch fielen ihr ins Auge und hielten sie auf, fast gleichzeitig: Joe McElligotts reizvoll gerundeter Bizeps unter seinem weißen, leicht blutbefleckten T-Shirt und das Schild an der Kasse, auf dem stand *Wir liefern frei Haus.* Er lächelte sie an und sagte etwas Schmeichelhaftes über ihren hübschen französischen Akzent. Sie lächelte zurück, korrigierte ihn nicht und merkte sich die Preisliste an der Wand. Wenn sie bei *trejfem* Fleisch bliebe, würde sie eine Menge Geld sparen. »Ja, Ma'am, ich liefere selbst. Ohne Aufschlag. Sie können jederzeit anrufen.« Seine plumpen Bäckchen erinnerten sie an den weichen, runden *tusik* ihres Sohnes ... Sie nahm die Visitenkarte, die er ihr hinhielt, und nickte. Joe McSowieso, dachte sie, als sie den Kinderwagen nach draußen schob, weißt du was. Diese französische Kundin will dein Fleisch.

Das Telefon klingelte, kaum daß sie die Tür aufgeschlossen hatte. »Noale«, sagte ihre Mutter leise, als wäre sie im selben Raum. »Ich weiß nicht, was ich tun soll. Dein Vater ...« »Was??! Was ist ihm passiert?« schrie Noa. Funktionierte das Bestrafungssystem so schnell? Sie hatte doch noch gar nichts getan, außer daran zu denken! »Nichts, ihm ist gar nichts passiert. Was mir passiert ist, darum geht es. Er hat nämlich eine andere Frau.« Noa war wie betäubt. Das ergab keinen Sinn. Ihre Eltern waren Ende Sechzig, und alles an ihnen war so vorhersehbar wie das Netzmuster ihrer Gardinen. Sie waren beide Überlebende, aus derselben polnischen Kleinstadt. Sie kannten sich fast seit ihrer Kinderzeit. Jetzt waren sie alt und runzlig und gesundheitlich angeschlagen. Sie hatten ein unsagbar hartes Leben hinter sich, und das war auch ihren ausgezehrten Körpern anzusehen. Sie konnten doch unmöglich andere Menschen und deren Körper begehren!

»Ich weiß nicht, was ich tun soll, Noale. Du kennst doch den Strand, wo wir jeden Tag hinfahren?« Noas Eltern gehörten zu den Kohorten entschlossener alter Männer und Frauen, die jeden Morgen in der Frühe am Strand von Tel Aviv Gymnastik machten. Manchmal hatte sie sie beobachtet. Ihre ledrige Haut erzitterte in winzigen Wellen, während sie in die kalten Fluten hinein und wieder hinaus marschierten und altmodische Freiübungen im Sand vollführten. »Diese Russin, mit der wir uns angefreundet hatten? Die solche blauen Flecken von ihrem Mann hatte. Diese Schickse! Ich habe sie zu mir nach Hause eingeladen und ihr meine alten Teller und einen Küchentisch geschenkt! Meine eigenen Teller! Ruf mich zurück, das wird zu teuer für uns.« Noa rief sie zurück und hörte zu, wie ihre Mutter weinte, fernmündlich. Zuerst leise, wie ein kleines Mädchen, das ein liebgewonnenes Spielzeug verloren hat, dann lauter und lauter, bis ihr Jaulen wie eine ohrenbetäubende Sirene klang, oder wie eine Mutter, die den Tod ihres Kindes beklagt. »Brauchst du mich dort? Willst du herkommen?« fragte Noa behutsam. »Weiß ich noch nicht. Ich muß nachdenken. Gib dem Kleinen einen Kuß von mir.

Ruf mich nächste Woche an.« Sie geht nicht aus den Fugen, dachte Noa erstaunt. Sie will ihn wiederhaben!

Aus irgendeinem Grund beschloß sie, Noah nichts davon zu sagen. Sie konnte seine schlappen Witzchen über ihren Vater, den geriatrischen Lustmolch, schon hören. Als sie das blasse, feuchte Hühnchen auspackte und seine saftigen Schenkel spreizte, schoß ihr ein gräßliches Bild durch den Sinn – ihr Vater, der eine fleischige, haarige russische Dame bestieg. Sie konnte sich seinen Penis nur wie eine Art Besamungsspritze vorstellen, nicht wie ein Instrument der Lust. Nein, eigentlich konnte sie ihn sich gar nicht vorstellen, je länger sie darüber nachdachte. Sie rieb eine dicke Schicht Gewürze und Soßen in die Haut des kalten Hühnchens, um seine wahre Identität zu verhüllen, und schob es in den Ofen. Laß mich nicht hängen, sagte sie zu dem toten Vogel. Benimm dich koscher.

Noahs Eltern schauten am nächsten Tag vorbei, auf dem Nachhauseweg von der Synagoge. Gerda war verblüfft, wie sehr ihr Sohn Noas Hühnchen lobte, und wollte unbedingt von den Resten probieren. Noa war etwas besorgt, widersetzte sich aber nicht. Gerda kostete, schluckte, billigte. Mit einem Hauch Neid erkundigte sie sich bei ihrer ungeschickten Schwiegertochter nach dem Rezept. Geh zu Joe McElligott in der High Street, hätte Noa am liebsten gesagt. Der wird dich schon inspirieren.

Danach war alles ein Kinderspiel. Sie rief Joe an und bestellte, und er lieferte frei Haus. Zunächst nur einmal in der Woche. »Vielen Dank.« »Gern geschehen, Ma'am. Das ist aber ein süßes Baby.« Er kochte selber gern, und sie fingen an, Rezepte auszutauschen. Sie entdeckte, daß Noah alles, was sie nach Joes Anregungen zubereitete, besonders gern mochte. Es gab einen Anschein von Frieden in ihrem Heim. Sie waren eine glückliche, funktionsgestörte Familie. Genau wie alle anderen, die sie kannten.

Joes Bizeps machte sie weiterhin neugierig. Manchmal beobachtete sie Joe unbemerkt durch das Schaufenster, wie er Unmengen blutiger Tierleichen zerhackte und zerteilte, und sein muskulöser Arm war eine energische Verlängerung seines kräftigen Körpers. Wenn sie zu Hause ihre Hände in das rohe Fleisch versenkte, das sie bei ihm gekauft hatte, überrollte sie eine Woge der Lust auf ihren neuen Metzger. Einmal blieb sie etwas länger als sonst am Schaufenster stehen, bis er hochsah und sie erblickte. Ihre Augen trafen sich, ohne ein Lächeln. Zwei Stunden später brachte er ihre Lieferung, vier Tage zu früh. Sie ließ das Fleisch auf den Küchenboden fallen und bugsierte ihn direkt ins Schlafzimmer. Nachher versuchte Joe, sich in rudimentärem Französisch bei ihr zu bedanken. Noa kicherte und sagte ihm die Wahrheit.

Joe setzte sich in ihrem Ehebett auf, das um ein paar Größen geschrumpft zu sein schien. »Aha. Deshalb kaufst du nie Schweinefleisch bei mir. Ich hab mich schon gewundert.« Er gab Noa ein erstklassiges Rezept für Truthahnbraten und versprach, eine Arsenal-Mütze für Noas kleinen Jungen mitzubringen. Nächstes Mal.

Noah war von dem Truthahn begeistert, der Geruch eines anderen Mannes in seinem Bett entging ihm. Allerdings beschwerte er sich über die Mütze, als sie auf dem Kopf seines Sohnes auftauchte. »Noa, Noa. Weißt du nicht, daß wir für die Tottenham Spurs sind? Weg mit diesem Ding.« Doch der Kleine kreischte, als Noah versuchte, ihm die Mütze wegzunehmen, und so blieb sie da, gefolgt von einem kleinen Arsenal-T-Shirt und einer Jacke. Joe war ein Fan.

Noa fand das, was beinahe jedesmal geschah, wenn Joe zu ihr kam, einfach wunderbar. Lange dauerte es nie – das war unmöglich –, aber es war perfekt. Sie belogen die Welt, aber nicht einander. Das diametrale Gegenteil des Lebens, das sie mit Noah führte. Sie liebte sogar Joes Arbeit; sie nannte ihn ihren himmlischen Metzger.

Daß ihre Mutter anrief, hatte sie erwartet, aber nicht das: Sie wollte nach London fliegen und bei Noa bleiben, bis ihr Mann wieder zur Vernunft käme. Wie lang? Eine Woche, einen Monat, ein Jahr – solange es halt dauerte. »Ich werd's ihm zeigen, Noale. Er kann sie haben, aber ohne mich. Ich will auch leben. Wie du. Gib dem Kleinen einen Kuß von mir. Bis Freitag. Kann's kaum erwarten.«

Gerdas Anruf wenige Minuten später ließ sie gefrieren. »Noa, hast du den Metzger gewechselt? Mr. Meyerson hat nach dir gefragt. Er sagt, er hat dich schon seit Ewigkeiten nicht mehr gesehen! Wo kaufst du bloß dein Fleisch ein? Doch hoffentlich nicht bei Schmulik? Der ist ein richtiger *ganef*. Hättest du mich besser vorher gefragt!«

Noa log äußerst geschickt. Nein, Gerda. Nicht bei Schmulik. Dann wechselte sie nicht minder geschickt das Thema und kam auf den Besuch ihrer Mutter. »Nächsten Freitag. Na ja ... wegen meinem Vater. Er betrügt sie. Kannst du dir das vorstellen?«

Gerda konnte kaum die Erregung in ihrer Stimme überspielen. Das war aber pikant. Hätte sie dem alten Weinstock gar nicht zugetraut. Sie bot eifrig ihren Rat an und sagte, sie würde vorbeikommen und auf das Baby aufpassen, wenn Noa nach Heathrow fuhr, um ihre Mutter abzuholen. Noa bedankte sich und nahm an.

Und so kam es, daß Joe an Noas Tür klopfte, seine übliche Fleischlieferung in Händen (diesmal mit ein paar zusätzlichen Schweinskoteletts, um seiner Lieblingskundin eine neue Delikatesse vorzustellen), und sich Auge in Auge mit Gerda wiederfand. Diese musterte ihn streng und fragte, wer er sei. »McElligott, der Metzger, Ma'am«, sagte Joe, etwas erstaunt, aber immer noch lächelnd – warum auch nicht? Soweit er wußte, war ihre Affäre ihr süßes Geheimnis, und Noa hatte ihm nichts von ihren subversiven antikoscheren Aktivitäten erzählt. Er ließ das Päckchen bei Gerda und ging, etwas überrascht wegen Noas Abwesenheit, aber nicht allzu besorgt.

Gerda trug das Fleisch in die Küche, in Zeitlupe wie ein verwirrtes Tier. Hatte sie recht gehört? McSowieso? Ein *goyischer* Metzger? Das konnte nicht sein. Sie öffnete das Päckchen und stieß einen Urschrei aus. Das mußte ein Irrtum sein. Aber Noas Name und Adresse standen auf der Rechnung, die sie drinnen entdeckte. Diese israelische Parvenüschlampe ernährte ihren Sohn mit *trejf*!! Sie hatte ja immer gewußt, daß mit der irgend etwas nicht stimmte. Und ihr Vater! Und das arme Kind! Plötzlich fiel Gerda der köstliche Geschmack von Noas Hühnchen wieder ein. Sie erschauerte. Sie wollte von neuem schreien und Noah anrufen, doch statt dessen weinte und weinte sie, bis sie erschöpft auf der Wohnzimmercouch einschlief.

Auf dem Heimweg vom Flughafen hörte sich Noa die Geschichten ihrer Mutter über »diesen Mann« und »diese Frau« an. Aber er ist doch immer noch mein Vater, dachte sie, wie soll ich ihr das denn sagen? Und wie es scheint, habe ich mehr mit ihm gemeinsam, als mir je bewußt war. Plötzlich sah sie das freundliche Gesicht ihres Vaters vor sich, erinnerte sich an sein scheues Lächeln und seine lieben Augen, seine langsamen, unbeholfenen Bewegungen, wenn er sie in den Arm nahm. Und wenn sein Körper, der sich kaum noch aufrecht halten konnte, noch ein Eigenleben hatte – na und? Alles war so verdammt kompliziert ...

»Ach, ich liebe diesen englischen Regen, Noale. Ich werde eine Zeitlang bleiben. Sollen die doch in der Hitze braten.«

Als sie zu Hause eintrafen, war Noah bereits da, von seiner Mutter herbeizitiert. Gerda ignorierte die Anwesenheit von Noas Mutter und zerrte ihre Schwiegertochter am Ärmel in die Küche. »Das da!!« fauchte sie und zeigte mit einer Mischung aus moralischer Entrüstung und körperlichem Ekel auf das Fleisch, »das da hast du uns vorgesetzt? Wer bist du, der Teufel?«

Noa hatte erwartet, daß es eines Tages knallen würde, aber noch nicht so bald. Nicht heute und nicht so. Gerda durfte nicht die Oberhand behalten. Noa schaute sich im Wohnzimmer um. Noah war bleich, noch bleicher als sonst, und sprachlos. Noas Mutter war unsicher. Sie begriff nicht, was los war, aber sie bemerkte Gerdas Grobheit und kaum gezügelte Wut. Und den herausfordernden Blick auf dem Gesicht ihrer Tochter.

Während sie die Szene betrachtete, die jeden Augenblick in ein Gemetzel ausarten konnte, kehrte Noas Mut genauso schnell zurück, wie er sie verlassen hatte. Gestärkt von den Monaten des fröhlichen Ehebruchs mit Joe, spürte sie, daß sie dem Feind lieber gegenübertreten als in verborgenem Schmerz waten wollte. Sie würde das Eintreiben der Schulden diesen jämmerlichen Gestalten mit ihren häßlichen Penthousewohnungen und ihrer gespreizten Aussprache überlassen, beschloß sie.

»Ich wollte es dir schon lange sagen«, verkündete sie ohne eine Spur von Hysterie und schaute Noah in die Augen, »ich werde nicht bei dir bleiben. Nicht um so zu leben. Wie deine Eltern. Du bist ein *efes* ... Und ... deine Fußballmannschaft ist scheiße.«

Gerda sprang auf und bot sich an, das Fleisch wegzuwerfen, aber ihr Sohn hielt sie zurück und schickte beide Mütter auf einen Spaziergang. Als sie allein waren, ließ sich Noah auf das Sofa fallen und brach in Gelächter aus:

»Noa. Komm her. Du Dummes. Wenn ich außer Haus esse, dann nie koscher. Es ist mir scheißegal. Ich tue nur *ihnen* einen Gefallen damit, aber mir ist es scheißegal. Wußtest du das nicht? Wirklich und ehrlich. Von mir aus kannst du jedes Fleisch kaufen, das du willst. Was gibt's zum Abendessen?« Er streckte die Arme nach ihr aus, doch da klopfte es an der Tür. Joe war zurückgekehrt, in der Hoffnung, Noa diesmal anzutreffen. Und nun saß sie mit ihrem bläßlichen, nach Luft schnappenden Ehemann da. Noa machte einen Schritt auf Joe zu, aber ihr Sohn kam ihr zuvor. Er rannte auf ihn zu, ruderte mit den kleinen Armen und schrie »Ah-senal! Ah-senal!«

Manche Schulden sind es nicht wert, daß man sie eintreibt, dachte Noah, als er den schmachtenden Blick auffing, den Joe seiner Frau zuwarf. »Warten Sie!« sagte er ruhig, als Joe sich zum Gehen wandte. Er verschwand in der Küche und kehrte umgehend mit dem Fleischpäckchen zurück. »Bitte nehmen Sie das wieder mit. Meine Frau und ich werden Vegetarier. Ab heute.«

»Und ich koche«, sagte er, als sie wieder allein waren. »Hast du Lust auf Pasta?«

Noa nickte. Sie war sich nicht sicher, wer diese Runde gewonnen hatte, und es war ihr auch gleich. Es war vorbei, und das fühlte sich gut an. Sie beschloß, dem kleinen Gili eine Tottenham-Mütze zu kaufen.

Ingeborg Bachmann

Im Himmel und auf Erden

Über die Stirne Amelies lief ein roter Schatten. Sie trat vom Spiegel zurück und schloß die Augen. Da war die Spur für einen Augenblick vergangen, die Justins Hand über ihr Gesicht gezogen hatte. Er hatte sie nur einmal geschlagen und sich dann hastig zurückgezogen, um sich nicht zu früh zu verraten. In ihm war ein Sturm entfesselt, den tausend Schläge gegen Amelie nicht hätten beruhigen können.

»O Gott«, murmelt er und wusch sich die Hände. Er benützte Gott prinzipiell nur, wenn er glaubte, daß nichts mehr ausreiche, um seine Erregung auszudrücken. Amelie war zu verschreckt, um näher zu treten; aber sie wußte, daß es ihm gut tat, gefragt zu werden, und so fragte sie vom anderen Ende des Zimmers her ein leises »Was ...?« Sie wagte jedoch nicht zu fragen: was gibt es, was ist dir zugestoßen, wer hat dich beleidigt? – denn sicher war sie der Grund seiner Erbitterung. Nach einer Weile überwand sie sich und errötete. »Kann ich es gutmachen?«

»Nein«, schrie Justin erlöst, »dieses verlorene Geld kannst du nicht mehr ...«, er brach erschöpft ab, dann nahm er höhnend den Faden wieder auf: »Gutmachen! Gutmachen! Du bist wohl verrückt. Diesen Schuften kann man doch nicht an!«

»Hat man dich betrogen?« flüsterte sie.

»Nein«, erwiderte er, »ich habe sie betrogen, wie sie es verdienen. Ich habe ihnen das Geld abgenommen, das sie nicht verdienen. Verstehst du das? Sie verdienen es nicht.«

»Ja«, antwortete sie und sah erleichtert, wie seine Stirn sich glättete.

Bald darauf ging er. Amelie zog ihre Arbeit hervor und

versuchte, die vielen Stunden einzubringen, die er sie gezwungen hatte, Partnerin seiner Selbstgespräche zu sein. Ihre Finger stolperten über die Seide, in die sie viele bunte Stiche zu setzen hatte. Zwischendurch sah sie hastig nach der Uhr, und in ihre Wünsche, er möge früh nach Hause kommen, stieg ein anderer, es möge spät werden. Alle Wünsche aber liefen dahin, das Beste für Justin zu beschwören. Gegen Mitternacht versuchte sie sich aufzurichten; aber ihr Rücken war hart geworden, und sie deutete dies dahin, daß sie in ihrer Arbeit fortfahren solle. Eine seltsame Schläfrigkeit rieselte in ihre Gelenke, und als sie Justins Schritte vernahm und sich erheben wollte, war sie dazu unfähig. Sie starrte ihm entgegen.

»Warum gehst du nicht schlafen?« fragte er mit einem Lächeln, das sie alles vergessen ließ. Sie sprang in wilder Freude auf und schlug hart hin. Sie wehrte seinen Händen, die ihr zu Hilfe kamen. »Es ist nichts«, stammelte sie.

Sein Gesicht stand dunkel vor ihr. »Du bist doch nicht krank? Du wirst mir doch keine Scherereien machen!«

»Ich bin nur ganz steif vom langen Sitzen«, besänftigte sie ihn.

»Amelie«, sagte er, und seine Stimme erhob sich vor erwachendem Mißtrauen, »willst du bestreiten, daß du nur sitzen geblieben bist, weil du wissen wolltest, wann ich nach Hause komme?«

Sie schwieg und griff nach dem Stück Seide, das ihr entfallen war.

»Du hast wieder getrunken?« sagte sie tapfer.

»Hast du auf mich gewartet, um das festzustellen?« fragte er dringender. »Ich habe mein letztes Geld verloren und du sitzt hier und wartest, um mir Vorwürfe zu machen.« Er wurde immer lauter, um ihr Schweigen zu übertönen. »Amelie«, sagte er dann so zärtlich wie zu einem kleinen Kind, »wir wollen vernünftig miteinander reden.

Das geht nicht so weiter, daß du zu Hause sitzt, mir zur Last fällst und mir Vorwürfe machst. Siehst du das ein?«

Sie nickte ihm zu und sah ihn bewundernd an.

»Ich glaube, ich habe mich jetzt lange genug auf diesem barbarischen Jahrmarkt des Lebens abgemüht.« Er warf sich in einen Sessel, zog die Taschen seines Rockes hervor und drehte sie um. »Ausgeraubt, ausgestohlen«, stellte er fest und lachte, daß Amelies Blut stillstand. Dann bewegte sie sich stumm gegen den Kasten und suchte ein schmales Kuvert unter ihrer Wäsche hervor. Sie drückte es ihm rasch in die Hand. »Das ist alles. Ich habe genäht, wenn du nicht zu Hause warst.«

Er steckte es zu sich. »Wie lange schon?« fragte er.

Sie gab keine Antwort und legte sich ins Bett. Nachdem sie das Licht verlöscht hatten, holte er tief Atem. »Es hat mich tief erschüttert, daß du schon so lange Zeit etwas vor mir geheimhältst« – er räusperte sich – »tief erschüttert«, wiederholte er und betonte jede Silbe. Sie drehte das Licht wieder auf und sah ihm mit wilder Entschlossenheit ins Gesicht. Sie stand auf und setzte sich wieder an ihre Arbeit.

»Es ist vollkommen sinnlos, daß du jetzt weiterarbeitest. Du darfst nicht hoffen, mich dadurch zu rühren«, sagte er kühl, ohne sich ihr zuzuwenden. Sie nähte noch eine Weile, dann mußte sie innehalten, weil zu viele Tränen über ihr Gesicht liefen und sie nicht wußte, wie sie sie verbergen sollte.

»Komm zu mir«, sagte er ruhig.

Sie gehorchte.

Er drückte ihr einen Schlüssel in die Hand. »Du wirst jetzt in meine alte Fabrik gehen und aus dem Panzerschrank im Kontor meine schwarze Mappe holen, die ich vergessen hatte, als ich wegging.«

»Die braune Mappe«, verbesserte sie ihn.

»Eine schwarze Mappe«, wiederholte er, »ich habe sie erst unlängst gekauft.«

»Es wird jetzt niemand dort sein«, gab sie zu bedenken.

»Ja, natürlich«, erwiderte er zerstreut, »du tätest mir aber einen großen Gefallen, wenn du doch jetzt gingest. Es macht nichts aus, weil man davon weiß.«

»Versuch zu schlafen«, mahnte sie und lief dann leise aus dem Zimmer ...

Als sie zurückkehrte, sah sie verwundert, daß er noch wach lag. Sie entdeckte, daß ihre Bereitschaft ihn versöhnt hatte, und wagte mit hellen Augen und einer leisen Melodie auf den Lippen, ihr Nähzeug wegzuräumen. Sie ging still zu Bett, flüsterte ihm »Gute Nacht!« zu und hörte glücklich die Erwiderung ihres Grußes.

Der Morgen war schön und sonnig. Es klingelte. Amelie stellte die Blumen ans Fenster und ging dann zur Türe. Freundlich beantwortete sie die Fragen der drei Polizisten und bat sie, weiterzukommen. Justin kam verschlafen dazu, tat befremdet und mischte sich nicht in das Gespräch. Die Beamten erstaunte Amelies Gleichmut, und einer fragte nun geradezu, ob sie die Mappe aus dem Kontor gestohlen habe. »Nein«, erwiderte sie, »ich habe sie heute nacht geholt.«

Justin ärgerte sich maßlos über Amelies einfältige Augen. Der Beamte forderte sie auf, mitzukommen, aber sie wollte das nicht begreifen. Sie lächelte ihn nachsichtig an und wandte sich, noch immer lächelnd, Justin zu. Da stürzte die Einfalt aus ihren Augen und wechselte mit einem Abgrund des Wissens, der mit einemmal ihn und sie und das Gefüge ihrer Beziehungen verschlang. Sie lief, ohne etwas fragen zu müssen oder erfahren zu wollen, ans Fenster und sprang in den dunklen Hof, der wie ein Schacht ein kleines Viereck gegen den Himmel freihielt ...

»O Gott, o Gott«, murmelte Justin, weil er Gott prinzipiell nur benutzte, wenn er glaubte, daß nichts mehr ausreiche, um seine Erregung auszudrücken.

Marie Hermanson

Die Tochter des Zauberers

Als ich siebzehn Jahre alt war, fing meine Großmutter an, mich auf besondere Art und Weise zu betrachten. Sie suchte nach einem Zeichen. Ich selbst suchte auch danach. Ich stellte mich nackt vor den Spiegel und inspizierte meinen Körper. Es mußte ein Zeichen zu finden sein. In den Augen oder auf der Haut. Aber ich war glatt und lilienweiß wie Mama. Niemand konnte mir ansehen, daß ich die Tochter eines Zauberers war.

»Und doch ist es da«, sagte Großmutter.

Großmutter konnte Papa niemals akzeptieren.

»Meine kleine Siv«, sagte sie zu Mama. »Wie konntest du nur einen Zauberer heiraten?«

»Ich habe ihn geliebt!« antwortete Mama.

»Das war keine Liebe, das war reine Magie. Du bist verzaubert worden«, erwiderte Großmutter darauf.

Im Zirkus hatte Mama ihn zum erstenmal gesehen. Sie war allein dorthin gegangen. Sie saß auf einer harten Bank im Publikum. Das blaue Zirkuszelt umgab sie, hoch und tief. Papa zauberte Tauben aus dem Hut hervor, und eine von ihnen flog über das Publikum hinweg und setzte sich in Mamas blondes Haar. Sie schlug die Augen nieder, hielt die Hände im Schoß, den Nacken angespannt. Sie wagte nicht, sich zu bewegen. Sie war siebzehn und hatte Angst, daß man über sie lachen würde. Mein Vater blinzelte auf der Suche nach der Taube ins Dunkel des Zuschauerraums, entdeckte Mama und lockte die Taube wieder zu sich. Während seines restlichen Auftritts schaute er immer wieder zu ihr hinüber.

In der Nacht konnte sie nicht schlafen. Sie schlich zu den

Zirkuswagen. Großmutter holte sie morgens nach Hause. Papa zog mit dem Zirkus weiter, kam jedoch im nächsten Jahr wieder. Sie heirateten und zogen in Großmutters Haus. Seitdem zauberte er nur aus Spaß. Mama versorgte uns alle vier. Sie hatte ein kleines Garngeschäft.

Ich kann mich daran erinnern, daß Papa Kaninchen aus dem Bücherregal zauberte. Er zog rosa Eier aus dem Sofa hervor und Tauben mit Gefieder wie frisch gefallener Schnee aus dem Klo. Wenn die anderen in meiner Klasse ein Fahrrad bekamen, kriegte ich einen schwarzen Hengst mit goldener Mähne. Wenn die anderen einen Plattenspieler bekamen, kriegte ich eine selbstspielende Harfe. Wenn alle anderen Väter in unserem Viertel um halb neun Uhr morgens rückwärts aus der Garageneinfahrt fuhren, steckte Papa seinen dunklen Kopf hinter der Hecke hervor und lachte sie aus. Oh, wie Großmutter sich schämte. Wir konnten nie jemanden zu uns einladen. Aber ich schämte mich nicht seinetwegen. Und ich glaube, Mama tat es auch nicht. Ich glaube, daß sie eigentlich stolz auf ihn war.

Zu Hause gab es viel Krach. Jetzt in nachhinein verstehe ich nicht, warum Mama und Papa nicht in ein eigenes Haus gezogen sind. Großmutter und Papa paßten einfach nicht zusammen. Aber eins ist klar: Hätte ich Großmutter nicht gehabt, dann hätte ich noch eine merkwürdigere Erziehung genossen. Mama war irgendwie kein Gegengewicht zu Papa. Sie nahm alles zu leicht.

Eines Sonntagmorgens kletterte Papa die Leiter zum Boden hinauf. Großmutter und er hatten sich gestritten, und Mama rief:

»Lauf hinterher und guck, was er macht!«

Aber er kletterte höher, die Leiter zur Dachluke hinauf und aufs Dach. Ich kletterte hinterher und blieb auf der Leiter stehen, mit dem Oberkörper außerhalb der Dachluke. Wenn ich hinunterschaute, konnte ich durch die Öffnung im Boden des Dachbodens Mama sehen, die in ihrem Spitzennachthemd dastand, mit zerzaustem Haar, und ihr ängstliches Gesicht nach oben hob. Als ich über das Dach guckte, sah ich, wie Papa langsam und aufrecht über den Dachfirst ging. Am äußersten Ende blieb er stehen. Die Baumkronen in allen Gärten flüsterten und brausten.

»Was macht er?« rief Mama von unten.

Mit einem Mal schlug sein Umhang fest wie ein Flügel. Er stieß sich vom Dach ab und flog durch den blauen Himmel. In seinen schwarzen Kleidern ähnelte er einer schnellen, zielstrebigen Schwalbe.

»Was macht er?« schrie Mama und rüttelte an der Leiter. Sein Zauberstab war in die Regenrinne gerollt. Am nächsten Tag kletterte ich vom Garten aus auf einer Leiter hoch und holte ihn herunter, um ihn wieder in seine Lackschachtel in der Kommode zu legen. Mama wurde krank, als sie erfuhr, daß Papa abgehauen war. Sie lag drei Tage lang im Bett, ohne ein Wort zu reden. Dann arbeitete sie wie gewöhnlich im Garnladen, und zwei Jahre später starb sie. Großmutter übernahm das Geschäft. Papa kehrte nie zurück.

Großmutters Wunsch war es, daß ich mich, wenn es soweit war, mit einem ehrgeizigen, netten Mann verheiraten sollte, der um halb neun rückwärts aus dem Garagentor fuhr und um halb sechs zurückkam und in der Zwischenzeit soviel verdiente, daß Großmutter das Garngeschäft schließen konnte.

Sie nahm mich auf Feste ihrer Freundinnen mit, auf denen ich mit vielversprechenden Söhnen und Enkeln tanzte. Aber es war klar, daß irgend etwas mit mir nicht stimmte. Sobald sie mir beim Tanz näher kamen, wichen sie zurück, wie Pferde, die vor etwas erschrecken, was sonst niemand sehen kann. Natürlich taten sie das ganz unauffällig, aber Großmutter und mir fiel es auf, ohne daß wir begreifen konnten, was ihnen unangenehm war. Sie führten mich mit einer Armlänge Abstand herum und schickten mich dann mit wohlabgewogenen, aufmerksamen Bewegungen hastig weiter, als fürchteten sie, daß ich in ihren Händen explodieren würde. Auf diese Art und Weise tanzte ich von meinem 17. bis zum 23. Lebensjahr.

Dann waren wir eines Abends in einem Restaurant, eine kleine Gesellschaft, die irgend etwas feierte, ich weiß nicht mehr was. Nach dem Kaffee tanzten wir artig miteinander. Während ich über den Tanzboden glitt, entdeckte ich einen Mann, der allein an einem Tisch saß und mich die ganze Zeit beobachtete. Ich hatte mich noch kaum wieder gesetzt, als er mich zum nächsten Tanz aufforderte. Dieser Mann hatte keine Angst vor meiner Witterung. Er erzählte, daß er ein Künstler sei, nur auf der Durchreise, und daß er am nächsten Abend auftreten würde. Er fragte mich, ob ich nicht kommen und zugucken wollte. Mir war klar, daß ich nein sagen mußte.

»Seien Sie nicht dumm«, sagte er. »Wir haben nur diesen einen Tanz für uns, ich kann Sie nicht länger mit Beschlag belegen, das ist Ihnen doch wohl klar. Ich komme mit einer Nachricht von Ihrem Vater. Er will Sie sehen. Nun, kommen Sie morgen abend?«

Ich warf den Kopf zurück, um etwas Abstand zu seinem Gesicht zu bekommen. Er ähnelte Papa ein klein wenig. Sein Haar war dunkel, aber nicht so schwarz, wie ich Papas in Erinnerung hatte. Seine Augen waren auch nicht so dunkel, eher in der Farbe von angebranntem Pfefferkuchen.

»Was ist es denn?« fragte ich.

Er gab mir einen kleinen grünen Papierfetzen und verließ mich mitten auf dem Tanzboden. Ich konnte ihn draußen im Vorraum sehen. Er zog sich seine Straßenkleidung an, die der Garderobier ihm reichte. Das ging schnell, denn es war nur ein Umhang und ein hoher Hut. Dann ging er.

»So ein Prolet«, sagte Großmutter. »Hat er nicht gesehen, daß wir eine geschlossene Gesellschaft sind? Hätte er dich nicht wenigstens an den Tisch bringen können?«

»Er ist Künstler«, antwortete ich und guckte auf den grünen Zettel.

Es war eine Eintrittskarte für ein kleines Varieté.

Am nächsten Tag ging ich dorthin. Im Schaukasten am Eingang des Theaters hing ein Plakat, das verkündete, daß an diesem Abend die Doppelmagier auftreten würden. Der Veranstaltungsraum lag eine Treppe tiefer. Er roch nach kaltem Rauch, hatte einen stark abgetretenen Boden und zerschlissene Stühle. Es gab wenig Publikum, so daß ich meine Platznummer ignorierte und mich ganz hinten, nahe beim Ausgang, hinsetzte. Ich bildete mir ein, daß dieses ein Ort war, an dem schnell eine Feuersbrunst ausbrechen konnte. Nach einigen Gesangs- und Tanznummern waren die Doppelmagier an der Reihe. Ein älterer und ein jüngerer Zauberer zauberten Seite an Seite, taten, als konkurrierten sie um die Gunst des Publikums, versuchten einander die Tricks zu entlarven, einander zu überlisten. Die Nummer hatte ihre komischen Teile, die sie ein wenig originell machte, aber die Zauberstücke selbst waren traditionell: Tischtennisbälle vermehrten sich zwischen den Fingern, Seidentaschentücher wurden aus Hüten gezogen und so weiter.

Gerade als man dachte, nun sei alles zu Ende und die beiden Männer sich die Hände reichten, um einander wie Sportler für den guten Kampf zu danken, gerade da wurde die Bühne von einem starken Lichtschein erhellt. Ein unglaublich bunter Vogel – vielleicht eine Art Pfau – flatterte in das Zentrum des Lichts und gab einen kurzen Schrei von sich. Von seinen Flügeln fiel ein glänzender Stoff. Das Ganze war in drei, höchsten vier Sekunden vorüber, und dann wurde es stockfinster, bis die normale Bühnenbeleuchtung anging, und die beiden Zauberer standen da und verbeugten sich vor dem verblüfften Publikum. Das letzte Zauberkunststück war so unerwartet gekommen, war so schnell vorbei gewesen und hatte sich so sehr von den vorherigen unschuldigen Tricks unterschieden, daß die Menschen im Theater sich nicht sicher waren, ob sie recht gesehen hatten. Sie applaudierten verhalten, während der Vorhang zugezogen wurde.

Ich dagegen war mir ganz sicher. Der jüngere der beiden Zauberer war der Mann, den ich im Restaurant getroffen hatte. Und der ältere war Papa. »Liefere den Leuten vor allem Sachen, die sie durchschauen oder erraten können. Aber nur eine Messerspitze vom Phantastischen«, pflegte er zu sagen, wenn er von seinen Auftritten erzählte.

»Entschuldigen Sie, mein Fräulein«, flüsterte eine diskrete Stimme.

Es war der Kartenverkäufer.

»Ich soll Ihnen den Weg zeigen. Folgen Sie mir bitte.«

Ich folgte ihm durch eine Tür neben der Bühne und einen Flur entlang bis zu einer weiteren Tür. Er klopfte leise mit dem Knöchel des Zeigefingers an, wartete einen Augenblick, dann öffnete er und winkte mich hinein.

Ich kam in eine kleine Loge. Er saß am Schminktisch auf einem niedrigen Hocker, der Umhang schleifte auf dem Boden. Er betrachtete sich im Spiegel und schien sein eigener strenger, aber geschätzter Kritiker zu sein. Sein Gesicht glänzte von Fett aus einem geöffneten Topf auf dem Schminktisch. Er machte Grimassen, als wollte er sich häuten und aus seiner Bühnenmaske herauskriechen.

»Papa«, sagte ich, und er drehte sich zu mir um und lächelte. »Wo bist du gewesen? Was hast du die ganze Zeit gemacht?« platzte ich heraus.

»Ich habe gezaubert«, sagte er.

Das hätte er mir nicht sagen müssen. Er hatte viel mehr

von einem Zauberer als je zuvor. Sein Blick war wie ein Zauberspruch. Lockend, beängstigend, unbegreiflich. Er nahm meine Hände in seine. Die fühlten sich kraftlos und trocken an, als wären sie mit Kalk bedeckt, und ich hätte meine eigenen Hände am liebsten in den Handschuhen verborgen. Ich wollte ihm erzählen, daß Mama tot war, nahm aber doch an, daß er das auf irgendeine Art und Weise erfahren hatte.

Er schminkte sich weiter ab, ich stand hinter ihm und sah zu. Ich versuchte zu erraten, wieviel von seinem Gesicht verschwinden würde und wieviel zurückbliebe.

»Du bist schön geworden«, sagte er und traf meinen Blick im Spiegel.

»Und ich bin älter geworden«, fuhr er seufzend fort.

Sein Haar war jetzt grau statt schwarz.

»Fandest du uns gut?«

»Ich hätte gern mehr wie das Letzte gesehen«, sagte ich.

»Ja, du!« lachte er, drehte sich um und zwinkerte. »Nur eine Messerspitze, du weißt doch noch?«

Ich nickte und machte mich bereit, um zu gehen. Ich sagte, daß es schön war, ihn zu sehen, und daß ich hoffte, er käme mal wieder in unsere Stadt.

»Warte mal. Maximilian bringt dich nach Hause«, sagte Papa. Er holte seinen Kollegen aus dem Nebenraum. Ich verabschiedete mich von Papa und ging mit dem jungen Zauberer hinaus.

Und dann:

Maximilian begleitet mich durch die nächtlichen Straßen. Seine Schuhe sind frisch geputzt, seine Absätze klappern laut. Er ist höflich und distanziert und erzählt von den Orten, an denen er war und gezaubert hat. Wir gehen über einen großen leeren Parkplatz. Er führt mich von Feld zu Feld auf dem riesigen Spielbrett. Weiße Linien auf schwarzem Grund. Wenn ich auf die Linien trete, bin ich verloren!

Er verläßt mich vor Großmutters Haus. Kraftlos gehe ich die Treppe hinauf. Sie ist lang und steil wie in einem Traum. Obwohl er mich nicht berührt hat, sucht meine Hand ängstlich am Hals nach einem Biß oder einer Schramme.

Hat er das Hotel genannt, in dem er wohnt? Oder woher kann ich es wissen? Ein Hotelname ist mit geschwungenen Neonbuchstaben in meine Hirnrinde eingeritzt. Er leuchtet in dieser Nacht in all meinen Träumen. Am nächsten Abend gehe ich ins Hotel. Ich gehe schnell am Empfangstresen vorbei. Archaische Inschriften geleiten mich flüsternd die Treppe hinauf. Als ich oben ankomme, steht er schon im Flur und wartet an seiner Tür. Das Zimmer ist deprimierend voll. Sein brennender Blick, die Pupille undurchdringlich schwarz. Seine Zunge eine Oblate im Mund. Wir drehen uns im Kreis, zwei kleine Zahnräder im Bauch eines mächtigen Uhrwerkes, während der Nachtregen wie mit scheuen Vogelschnäbeln gegen die Fensterscheibe pickt.

Am nächsten Morgen brachte er mich in Papas Zimmer und stellte mich scherzhaft als seine Ehefrau vor. Papa saß da und putzte seinen Zauberstab mit einem weichen Tuch. Das erinnerte mich an ein Physikexperiment in der Schule, bei dem man einen Glas- oder Ebonitstab mit einem armen Katzenfell reibt.

»Ich komme mit euch«, sagte ich.

Pape lachte glücklich und zauberte das Zimmer voll mit den törichten Freuden meiner Kindheit.

Jetzt reise ich mit Papa und Maximilian umher. Vielleicht habt ihr uns mal aus einem Hotel kommen sehen. Zwei schwarzgekleidete Herren, ein älterer und ein jüngerer, und dann eine Frau mit einem Kopftuch über den Lockenwicklern. Wir tragen immer eine Menge merkwürdiger Taschen und Kisten, die wir in einen alten Mercedes stopfen, und von Zeit zu Zeit springt er nicht an, so daß die Männer ihn anschieben müssen, während ich lenke.

Abends treten wir auf. Ich assistiere mit graziösen Bewegungen. In ein Paillettenkleid gekleidet, ein Bein leicht gebeugt, auf den Zehen ruhend, betrachte ich ihre Kunststükke und wirke verwundert, wenn die Kaninchen auftauchen.

Im Sommerhalbjahr treten wir oft im Freien auf. Die Frühlingsabende können kühl sein, und meine Beine bekommen in den Netzstrümpfen eine Gänsehaut. Nach der Vorstellung umarmt Maximilian mich. Ich krieche unter seinen Umhang. Dort hält er mich fest, brütet mich warm.

Unter den Umhängen tragen sie weiße Hemden, die ich oft waschen muß. Ich wünschte, wir könnten die Wäsche weggeben, aber dazu haben wir kein Geld. Unsere Finanzen sind sehr angespannt, und wir sind gezwungen, in großer Schlichtheit zu leben. Also wasche ich die Hemden in den immer zu kleinen Wachbecken im Hotelzimmer, denen ein Stöpsel für den Abfluß fehlt. Ich reibe die Kragen mit den immer zu kleinen Seifenstücken ein. Die Hemden hänge ich dann überall auf aufblasbare Bügel zum Trocknen hin. Es wird feucht im Zimmer. Manchmal werden sie nicht trocken, ehe wir weiterfahren. Dann muß ich sie in Plastiktüten legen, und wenn ich sie wieder heraushole, riechen sie muffig.

Papa und Maximilian zaubern Kekse, Bonbons und Torten hervor. Aber niemals Kartoffeln, Fleisch, Fisch und Brot. Sie zaubern Seidenschals, Straußenfedern und Lamékrawatten herbei. Aber nie Hosen, Strümpfe oder Unterhosen. Wenn Papa und Maximilian zusammensitzen, habe ich manchmal das Gefühl, daß sie mich verlassen wollen. Sie reden leise und eifrig, als würden sie eine Flucht vorbereiten.

Des Nachts wache ich auf und muß nachsehen, ob Maximilian noch neben mir liegt. Er sieht so leicht aus. Als wenn seine Haut aus Reispapier wäre und seine Adern mit Heliumgas gefüllt. Nur die um ihn festgestopfte Decke hält ihn zurück, drückt ihn in die Matratze. Am Morgen ist das Laken glatt und geruchlos und sieht aus, als käme es direkt aus dem Wäscheschrank.

Ich streichle seine Stirn mit meinen abgebrochenen, roten Fingernägeln. (Ich male sie vor den Auftritten an, aber sie werden aufgrund des Hemdenwaschens nie länger.)

»Mein Papierengel«, flüstere ich. »Du fliegst doch nicht von mir fort?«

Da lächelt er sanft im Schlaf, als hätte er mich gehört, und ich ergreife seine feste Hand und schlafe mit ihr in meiner ein.

Ich liebe seine Hände. Die Hände eines Zauberers scheinen immer etwas zu verbergen. Er tut, als hätte er leere Hände, aber wenn er mich streichelt, fühle ich, daß er ein unsichtbares Geheimnis in der Handfläche verbirgt.

Ich bin so unruhig. Acht Tage lang waren wir Geiseln in einer kleinen selbstgefälligen Stadt. Ich beklage mich nicht, es ist eine hübsche Stadt mit niedrigen Holzhäusern und einem grünen Park, aber Maximilian und Papa zerren an der Leine. Wir sind durch einen Zufall hierhergeraten. Das Auto streikte plötzlich auf der Autobahn, mußte in eine Werkstatt in die nächstgelegene Stadt gebracht werden, und wir zogen in das billigste Hotel.

In letzter Zeit läuft es schlecht. Niemand fragt nach Zauberei. Als das Auto nach zwei Tagen fertig war, konnten wir es nicht auslösen. Wir haben auch kein Geld, um weiterzureisen. Wir haben kein Geld, weiter hier zu wohnen. Ich weiß wirklich nicht, was aus uns werden soll.

»Wir müssen einen Auftritt kriegen«, sagte Maximilian und zauberte Tauben ins Zimmer.

»Mir wäre es lieber, wenn du aufhören würdest, Tiere herbeizuzaubern«, sagte ich.

»Ich zaubere sie ja auch wieder weg«, wandte er ein.

»Aber den Dreck zauberst du nicht wieder weg.«

»Das kann ich nicht«, lachte er.

Nein, das übersteigt Maximilians Fähigkeiten. Ich muß immer den Taubendreck wegwischen. Und die Kötel, die die Kaninchen zurücklassen. Aber der Taubendreck ist am schlimmsten. Ich begreife nicht, warum es so beliebt ist, Tiere hervorzuzaubern, die ihr Geschäft alle fünf Minuten erledigen. Eine Katze kann es drei Tage lang zurückhalten, habe ich gelesen. Aber wer hat je gesehen, daß ein Zauberer eine Katze herbeigezaubert hat?

Es ist Sommer, und in den Straßen laufen die Menschen und lutschen an großen Eistüten. Am folgenden Tag soll das jährliche Sommerfest im Stadtpark stattfinden, und Papa hat so lange genörgelt, bis wir ins Programm aufgenommen worden sind, obwohl es schon voll war.

»Morgen wird das Wetter schön«, sagt Papa.

»Wenn wir ein Zimmer mit Balkon hätten, könnte ich die Hemden raushängen«, sage ich.

Ich ahne das Schlimmste.

Im Morgengrauen höre ich sie auf dem Hotelflur zaubern. Ich höre ihr erregtes, unterdrücktes Lachen. Das sind Zauberkunststücke, die niemand sehen soll. Ich belausche an der Tür ihr Murmeln.

»Das ist schwierig, Maximilian. Aber ich habe es schon mal gemacht«, höre ich Papa flüstern.

Da reiße ich die Tür auf. Es gibt nichts Besonderes zu sehen. Nur die beiden Männer in ihren Nachthemden und hohen Hüten. Der Flurläufer ist bis auf die Kettfäden abgenutzt, ein kleiner Tisch mit Plastikblumen, vergilbte Wände, die Treppe und das Treppengeländer. Sie fummeln an ihren Zauberstäben herum und gucken mich an, verlegen und beschämt. Ich mache die Tür wieder zu und höre, wie sie erleichtert aufatmen.

Dann ziehe ich die Tür wieder auf. Sie sind weg. Der

Hotelflur liegt verlassen da. Ich lege mich wieder hin, es ist sinnlos zu suchen. Das Licht ist grau, die Möbel sind häßlich. Ich fühle mich so traurig. Ich schlafe wieder ein und träume, daß ich vor Weinen zittere und schreie. Als ich aufwache, liegt Maximilian neben mir. Ich streichle seinen harten Brustkorb, den Schild über seinem Herzen. Verlaß mich niemals, mein schöner, magischer Mann, geh nie von mir! Am Nachmittag machen wir uns auf den Weg in den Stadtpark. Die überdachte Bühne ist im Stil der neuen Sachlichkeit gebaut, eine weiße Grotte im Grünen. Die Menschen haben sich schön angezogen. Die Blumen stehen in stillen, eingezäunten Versammlungen, und ein Springbrunnen plätschert.

Ein Conferencier in weißen Hosen mit Clubjacke geht auf der Bühne auf und ab und spricht in ein Mikrophon. Ein kleiner Junge spielt Geige. Ein elfjähriges Mädchen singt alte Schlager. Eine alte Tante spielt Ziehharmonika. Alle kommen aus der Stadt. Einer nach dem anderen wird von dem Mann in der Clubjacke auf die Bühne gewunken.

Wir stehen fertig angezogen da, von ein paar stark duftenden Büschen vor dem Publikum verborgen. Atemlos warten wir zwischen den Zweigen, wie Wild, das sich versteckt. Durch die Blätter sehen wir die vielen Farben des Publikums. Ich hebe meinen Blick zum Himmel. Es ist noch nicht dunkel, aber die Luft ist trüber geworden. Der Himmel ist zu uns herabgesunken. Ich schaue in Maximilians Gesicht. In seinen Augen rührt sich etwas. Ein Vogel gurrt und schnalzt im Inneren des Busches, meine spitzen Absätze graben sich in den Boden. Im Haar habe ich eine weiße Feder. Sie schwebt wie eine Wolke über meinem Kopf, als wir die Bühne betreten. Dort unten stehen sie, einige hundert Vogeljunge, recken ihre Hälse und reißen den Mund auf, um einen Bissen vom Unerklärlichen zu erhalten. Die Doppelzauberer zaubern. Während des gesamten Auftritts sind sie nervös, angespannt, und hinterher bedanken sie sich gemeinsam mit einer Verbeugung für den vereinzelten Applaus. Seite an Seite nehmen sie eine Haltung wie zum Kopfsprung ein. Sie holen mit den Armen Schwung, nehmen Anlauf und tauchen. Nach oben. Wie auf einem unsichtbaren Hügel liegend, die Arme nach vorn, stürzen sie Seite an Seite in die Luft. Höher und höher, bis sie schließlich im Himmel verschwinden.

Das Publikum senkt die Köpfe und schaut wieder zur Bühne. Wartet. Ich stehe allein da, zupfe an den glitzernden Schuppen meines Kostüms, die Minuten vergehen.

»Wie lange sollen wir warten?« ruft jemand. »Wann kommen sie zurück?«

Da gehe ich ans Mikrophon. Meine Stimme schluchzt aus den in den Baumkronen verborgenen Lautsprechern:

»Sie brauchen nicht zu warten. Sie kommen nicht zurück.«

Ich laufe über die Rasenflächen, über den Markt und durch die Straßen. Die ganze Nacht liege ich in meinen Pailletten auf den Knien und schrubbe den Taubendreck von dem braunen Linoleum des Hotels ab, während die nassen Hemden tropfen.

Clarice Lispector

Mysterium in Sankt Christoban

In einer Mainacht – die steifen Hyazinthen am Fenster – war das Eßzimmer eines Hauses erleuchtet und still.

Um den Tisch saßen, einen Augenblick lang regungslos, der Vater, die Mutter, die Großmutter, drei Kinder und ein spilleriges junges Mädchen von neunzehn Jahren. Die duftende Nachtluft von Sankt Christoban war nicht gefährlich, doch die Art, wie die Menschen sich im Innern des Hauses zusammenschlossen, gefährdete das, was nicht zum Schoß einer Familie in einer frischen Mainacht gehörte. Es war nichts Besonderes an der Tischversammlung: man hatte gerade zu Abend gegessen und plauderte nun rund um den Tisch, und die Mücken umschwirrten das Licht. Was die Szene so reich und das Gesicht eines jeden so blühend machte, war, daß man nach vielen Jahren den Fortschritt in dieser Familie fast betasten konnte: denn in einer Mainacht, nach dem Abendessen – da sind nun die Kinder Tag für Tag zur Schule gegangen, der Vater geht seinen Geschäften nach, die Mutter hat sich jahrelang beim Kinderkriegen und im Haushalt abgeplagt, das junge Mädchen behauptet sich in der Zartheit ihres Alters, und die Großmutter hat einen Stand erreicht. Ohne sich darüber Rechenschaft abzulegen, blickte die Familie glücklich in den Raum und beobachtete den seltenen Augenblick im Mai mit seinem Überfluß.

Später ging jeder in sein Zimmer, die alte Dame legte sich nieder und seufzte wohlwollend. Vater und Mutter, nachdem alle Türen abgeschlossen waren, legten sich nachdenklich zu Bett und schliefen ein. Die drei Kinder wählten die schwierigsten Lagen und schliefen in ihren drei Betten ein wie auf drei Trapezen. Das junge Mädchen in seinem baumwollenen Nachthemd öffnete das Schlafzimmerfenster und atmete den ganzen Garten ein, unzufrieden und glücklich. Von der duftenden Feuchtigkeit verwirrt ging es ins Bett und nahm sich für den kommenden Tag eine völlig neue Haltung vor, eine Haltung, die die Hyazinthen erschüttern und die Früchte an ihren Stengeln zum Erzittern bringen sollte – dann schlief sie mitten in ihrer Meditation ein.

Stunden vergingen. Und als die Stille in den Leuchtkäfern blinzelte – die Kinder schwebten im Schlaf, die Großmutter dachte über einen schwierigen Traum nach, die Eltern schliefen erschöpft, und das junge Mädchen schlummerte inmitten seiner Meditation –, öffnete sich ein Haus an einer Straßenecke, und drei Maskierte schlichen hinaus.

Einer war groß und hatte den Kopf eines Hahns. Ein anderer war dick und war als Stier verkleidet. Und der dritte, der jüngste, hatte sich mangels besserer Ideen als mittelalterlicher Ritter verkleidet und eine Teufelsmaske aufgesetzt, hinter der seine arglosen Augen zu sehen waren. Schweigend überschritten die drei Larven die Straße.

Als sie an dem dunklen Einfamilienhaus vorüberkamen, blieb derjenige, der ein Hahn war und von dem fast alle Ideen der Gruppe stammten, plötzlich stehen und sagte:

»Schaut her!«

Die Gefährten, durch die Folter der Maske geduldig geworden, schauten her und sahen ein Haus und einen Garten. Da sie sich komisch und erbärmlich vorkamen, hofften sie resigniert, daß der andere ihre Gedanken ergänzen würde. Schließlich fügte der Hahn hinzu:

»Wir können Hyazinthen pflücken.«

Die beiden anderen antworteten nicht. Sie nutzten den Aufenthalt, um sich trostlos zu mustern, und suchten nach einer Möglichkeit, in ihren Masken leichter zu atmen.

»Damit sich jeder eine Hyazinthe ans Kostüm stecken kann«, schloß der Hahn.

Der Stier rührte sich unruhig bei dem Gedanken, noch eine Verzierung mehr zu bekommen, auf die er bei dem Fest achten müßte. Nachdem jedoch ein Augenblick vergangen war, in dem die drei tief nachzudenken schienen, um einen Entschluß zu fassen, während sie in Wirklichkeit überhaupt nichts dachten – schritt der Hahn voran, kletterte behende auf den Zaun und sprang in das verbotene Land des Gartens. Der Stier folgte ihm unter Schwierigkeiten. Der dritte landete nach kurzem Zögern mit einem einzigen Satz mitten in den Hyazinthen, und sein dumpfer Aufprall ließ alle drei erschrocken verharren: Mit angehaltenem Atem spähten der Hahn, der Stier und der Ritter in die Finsternis. Doch das Haus stand unverändert da, zwischen Dunkelheit und Fröschen. Und in dem vom Duft erstickten Garten zitterten unverletzlich die Hyazinthen.

Da ging der Hahn weiter. Er hätte die Hyazinthe nehmen können, die in Reichweite vor ihm stand. Die größeren indes, die in der Nähe eines Fensters aufragten – hoch, zart, zerbrechlich –, funkelten und lockten ihn. Dorthin wandte sich der Hahn, auf Zehenspitzen, und der Stier und der Ritter begleiteten ihn. Die Stille bewachte sie.

Kaum jedoch hatte er den Stengel der größten Hyazinthe gebrochen, als der Hahn wie versteinert innehielt. Die beiden anderen blieben stehen, mit einem Seufzer, der sie in tiefen Schlaf tauchte.

Hinter der dunklen Scheibe des Fensters schimmerte ein weißes Gesicht und blickte sie an.

Der Hahn war mitten in der Bewegung, mit der er die Blume brach, erstarrt. Der Stier stand mit erhobenen Händen. Der Ritter, blutleer unter seiner Maske, war plötzlich jung geworden und hatte seine Kindheit und seinen Schrecken wiedergefunden. Das Gesicht hinter der Scheibe blickte.

Keiner der vier wußte, wer die Strafe des anderen war. Die Hyazinthen wurden in der Dunkelheit immer weißer. Gelähmt belauerten sie einander.

Die bloße Annäherung der vier Masken in der Mainacht schien auf leere Bereiche gestoßen zu sein, auf neue und immer neue, die ohne jenen Augenblick im Garten für immer in dem Duft verblieben wären, der in der Luft lag, und in der Immanenz der vier Naturen, die der Zufall unter Angabe von Ort und Stunde bestimmt hatte – der gleiche genaue Zufall einer Sternschnuppe. Die vier, aus der Wirklichkeit kommend, waren den Möglichkeiten verfallen, die eine Mainacht in Sankt Christoban besitzt. Jede feuchte Pflanze, jeder Kieselstein, die heiseren Frösche, sie nutzten die schweigende Verwirrung, um sich einen besseren Platz zu sichern – alles im Dunkeln war stumme Annäherung. In den Hinterhalt geraten, blickten sie einander entsetzt an: Die Natur der Dinge war übersprungen worden, und die vier Gestalten belauerten einander mit ausgebreiteten Schwingen. Ein Hahn, ein Stier, der Teufel und ein Mädchengesicht hatten das Wunder des Gartens befreit ... Und in diesem Augenblick erschien der große Maimond.

Es war ein gefährlicher Schlag für die vier Bilder. So riskant, daß, ohne einen Laut, vier stumme Erscheinungen zurückwichen, ohne den Blick voneinander zu lassen, aus Furcht, daß in dem Augenblick, wo sie sich nicht mehr durch Blicke festhielten, neue ferne Gebiete verletzt würden und daß nach dem schweigenden Zusammenbruch nur die Hyazinthen übrigbleiben würden – die Besitzer des Gartenschatzes. Kein Gespenst sah das andere verschwinden, weil alle sich gleichzeitig zurückzogen, bedächtig, auf Zehenspitzen. Doch kaum war der Zauberkreis zerbrochen, kaum waren die vier frei von gegenseitiger Überwachung, löste sich die Konstellation mit Schrecken auf: Drei dunkle Gestalten setzten wie Katzen über den Gartenzaun, und eine andere, angsterfüllt und gewachsen, zog sich rückwärts zurück bis zur Schwelle einer Tür, wo sie mit einem Schrei zu rennen begann.

Die drei kostümierten Kavaliere, die, dank einer verhängnisvollen Idee des Hahns, auf einem so lange nach der Fastnachtszeit stattfindenden Fest als große Überraschung auftreten wollten, ernteten auf dem Ball, der bereits begonnen hatte, einen triumphalen Erfolg. Die Musik brach ab, und die noch umschlungenen Tanzpaare sahen unter Gelächter drei keuchende Maskenträger wie Bettler vor dem Portal stehen. Schließlich mußten die Geladenen nach mehreren Versuchen davon Abstand nehmen, sie zu den Königen des Festes zu ernennen, weil die drei in ihrem Schrekken keinen Schritt voneinander wichen: ein Großer, ein Dicker und einer Junger, ein Dicker, ein Junger und ein Großer, Ungleichheit und Einigkeit, die wortlosen Gesichter hinter den drei Masken, die unabhängig voneinander schwankten.

Währenddessen waren in dem Haus der Hyazinthen alle Lichter angegangen. Das junge Mädchen saß im Wohnzimmer. Die Großmutter mit ihrem weißen geflochtenen Haar hielt ein Glas Wasser in der Hand. Die Mutter glättete das dunkle Haar ihrer Tochter, während der Vater durchs Haus irrte. Das junge Mädchen vermochte nichts zu erklären: es schien alles mit seinem Schrei gesagt zu haben. Sein Gesicht hatte sich deutlich verkleinert – der ganze mühsame Bau seines Alters war zusammengebrochen, von neuem war es ein Kind. Doch in dem um mehr als eine Epoche verjüngten Bild war zum Entsetzen der Familie eine weiße Strähne zwischen den Stirnhaaren erschienen. Als bestünde die Tochter darauf, in Richtung des Fensters zu blicken, ließ man sie im Zimmer sitzen und ausruhen, während die anderen mit Kerzenleuchtern in der Hand, in ihren Nachthemden vor Kälte zitternd, eine Expedition in den Garten unternahmen.

Kurz darauf verteilten sich die Kerzen tanzend in der Dunkelheit. Beleuchtete Efeuranken zogen sich zusammen, die Frösche hüpften angestrahlt zwischen den Beinen hin und her, Früchte vergoldeten sich für einen Augenblick zwischen den Blättern. Der Garten, im Traum erwacht, wurde bald groß, bald erlosch er; Schmetterlinge flatterten schlaftrunken. Schließlich deutete die Alte, die die Blumenbeete am besten kannte, auf das einzig sichtbare Zeichen im Garten, das sich bisher den Blicken aller entzogen hatte: die noch lebende Hyazinthe, die geknickt an ihrem Stengel hing ... Es war also wahr: es war etwas passiert. Sie kehrten zurück, durchsuchten das ganze Haus und verbrachten den Rest der Nacht wachend.

Nur die drei Kinder schliefen noch tiefer.

Die junge Tochter gewann nach und nach ihr wahres Alter wieder. Nur sie verbrachte ihre Zeit nicht mit Suchen. Doch die anderen, die nichts gesehen hatten, wurden aufmerksam und unruhig. Und da der Fortschritt in jener Familie das zerbrechliche Ergebnis zahlreicher Besorgnisse und etlicher Lügen war, zerfiel alles und mußte fast von Anfang an wiederhergestellt werden: Die Großmutter war von neuem bereit, die Beleidigte zu spielen, der Vater und die Mutter waren wiederum müde, die Kinder unerträglich, das ganze Haus schien darauf zu warten, daß der Wind der Fülle von neuem nach einem Abendessen wehte. Was vielleicht in einer anderen Mainacht geschehen würde.

Die Wortarbeiterinnen

Isabel Allende

Zwei Worte

Ihr Name war Belisa Crepusculario, aber nicht auf dem Taufschein oder von ihrer Mutter her, sondern weil sie selber nach ihm gesucht hatte, bis sie ihn fand und ihn annahm. Ihr Beruf war, Worte zu verkaufen. Sie zog durch das Land, von den höchsten und kältesten Regionen bis zu den heißesten Küsten, und richtete sich auf den Märkten ein, wo sie vier Pfähle mit einer Plane darüber aufstellte, die sie vor Sonne und Regen schützte und unter der sie ihre Kundschaft bediente. Sie brauchte ihre Ware nicht anzupreisen, denn weil sie soviel umherwanderte, kannten sie alle. Viele erwarteten sie schon von einem Jahr zum andern, und wenn sie mit ihrem Bündel unterm Arm im Ort erschien, bildete sich vor ihrem Stand rasch eine Schlange. Für fünf Centavos lieferte sie Verse zum Gedenken, für sieben verschönte sie die Bedeutung der Träume, für neun schrieb sie Liebesbriefe, für zwölf erfand sie Beschimpfungen gegen Todfeinde. Sie verkaufte auch Geschichten, aber das waren keine ausgedachten, sondern wirkliche lange Geschichten, die sie geläufig erzählte, ohne etwas auszulassen. So brachte sie die Neuigkeiten von einem Dorf zum andern. Die Leute bezahlten sie dafür, daß sie ein, zwei Worte hinzufügte: Ein Kind ist geboren, der und der ist gestorben, unsere Tochter hat geheiratet, die Ernte ist verbrannt. In jedem Ort versammelte sich eine kleine Menschenmenge um sie und hörte ihr zu, und so erfuhren sie vom Leben anderer, von den fernen Verwandten, von den Kämpfen des Bürgerkrieges. Wer bei ihr für fünfzig Centavos kaufte, dem schenkte sie ein geheimes Wort, um die Schwermut zu vertreiben. Natürlich war es niemals dasselbe, das wäre ja Betrug an allen gewesen. Jeder erhielt das seine und war sicher, daß kein anderer es für denselben Zweck gebrauchte, in dieser Welt nicht und nicht jenseits davon.

Belisa Crepusculario war in einer Familie geboren, die so bettelarm war, daß sie nicht einmal Namen für ihre Kinder besaß. Sie wuchs auf in der unwirtlichsten Gegend, wo in manchem Jahr der Regen sich in Wasserlawinen verwandelt, die alles mit sich fortreißen, und wo zu anderen Zeiten nicht ein Tropfen vom Himmel fällt, die Sonne wächst und wächst und endlich den ganzen Horizont ausfüllt und die Welt zur Wüste wird. Bis sie zwölf Jahre alt war, hatte sie keine andere Beschäftigung oder Fähigkeit, als den Hunger und die Erschöpfung von Jahrhunderten zu überleben. Während einer endlosen Dürre mußte sie vier jüngere Geschwister begraben helfen, und als sie begriff, daß nun die Reihe an ihr war, beschloß sie davonzugehen, durch die Ebenen zum Meer zu wandern, sie wollte doch sehen, ob es ihr unterwegs nicht gelang, dem Tod ein Schnippchen zu schlagen. Die Erde war borkig, in tiefe Risse gespalten, übersät mit Steinen, geborstenen Baumstrünken, verdorrtem Stachelgesträuch, von der Hitze weißgebleichten Tierskeletten. Von Zeit zu Zeit stieß sie auf Familien, die gleich ihr gen Süden zogen, dem Trugbild des Wassers folgend. Einige hatten sich mit ihren Siebensachen auf dem Rücken auf die Wanderung gemacht, andere hatten sie auf Karren geladen, aber sie konnten kaum sich selbst voranbringen und mußten ihre Habseligkeiten aufgeben. Sie schleppten sich mühsam dahin, die Haut zu Eidechsenleder verbrannt und die Augen vom grellen Widerschein des Lichts versengt. Belisa winkte ihnen im Vorübergehen zu, aber sie hielt sich nicht auf, sie konnte ihre Kräfte nicht in barmherzigen Taten vergeuden. Viele blieben auf dem Weg liegen, sie aber war hartnäckig und schaffte es, die Hölle zu durchqueren, und so gelangte sie schließlich zu den ersten Quellen, dünnen Wasserrinnsalen, die eine kümmerliche Vegetation speisten und im weiteren Verlauf zu Bächen und kleinen Flüssen anwuchsen.

Belisa Crepusculario rettete ihr Leben und entdeckte nebenbei durch Zufall die Schrift. Als sie schon nahe der Küste durch ein Dorf kam, wehte ihr der Wind ein Zeitungsblatt vor die Füße. Sie hob das gelbe, brüchige Papier auf und betrachtete es lange, ohne zu ahnen, wozu es dienen mochte, bis die Neugier über ihre Schüchternheit siegte. Sie näherte sich einem Mann, der sein Pferd in demselben trüben Tümpel wusch, in dem sie ihren Durst gestillt hatte.

»Was ist das?« fragte sie.

»Die Sportseite der Zeitung«, sagte der Mann, ohne sich über ihre Unwissenheit zu verwundern.

Die Antwort verblüffte das Mädchen, aber sie wollte nicht aufdringlich erscheinen und beschränkte sich auf die Frage, was die auf das Papier gemalten Fliegenfüßchen bedeuteten.

»Das sind Worte, Kind. Hier steht, daß Fulgencio Barba den Negro Tiznao in der dritten Runde k. o. geschlagen hat.«

An diesem Tage lernte Belisa Crepusculario, daß die Worte ungebunden und herrenlos sind und daß jeder mit ein bißchen Geschick sich ihrer bemächtigen kann, um mit ihnen Handel zu treiben. Sie bedachte ihre Lage und kam zu dem Schluß, daß es, wenn sie nicht ihren Körper verkaufen oder sich als Dienstmädchen in den Küchen der Reichen verdingen wollte, nur wenige Beschäftigungen gab, die sie ausführen konnte. Worte zu verkaufen erschien ihr als anständiger Ausweg. Seither übte sie diesen Beruf aus und hatte sich niemals einen anderen gewünscht. Anfangs bot sie ihre Ware an, ohne zu ahnen, daß Worte auch außerhalb von Zeitungen geschrieben werden konnten. Als sie es begriff, erwog sie die unendlichen Möglichkeiten ihres Geschäfts, zahlte aus ihren Ersparnissen einem Priester zwanzig Pesos, damit er sie Lesen und Schreiben lehrte, und kaufte sich von den drei Pesos, die ihr verblieben waren, ein Wörterbuch. Sie arbeitete es von A bis Z durch und warf es dann ins Meer, weil sie nicht vorhatte, ihre Kunden mit eingeweckten Worten zu betrügen.

Rund zehn Jahre später saß Belisa Crepusculario an einem Augustmorgen unter ihrem Zelt und verkaufte rechtliche Beweisgründe an einen alten Mann, der seit siebzehn Jahren vergeblich seine Pension einforderte. Es war Markttag, und ringsum herrschte Lärm und Trubel. Plötzlich hörte sie Schreie und trommelnde Pferdehufe, sie hob den Blick von ihrem Schreiben und sah zuerst eine Staubwolke und dann einen Trupp Reiter, der in das Dorf einbrach. Es waren Männer des Coronel, befehligt von dem Mulatten, einem Riesen, der im ganzen Gebiet bekannt war für die Schnelligkeit seines Messers und die Treue zu seinem Anführer. Beide, der Coronel und der Mulatte, hatten ihr Leben im Bürgerkrieg verbracht, und ihre Namen waren unlösbar verbunden mit Zerstörung und Unheil. Die Reiter drangen auf ihren schweißnassen Pferden mit donnerndem Getöse in den Ort ein und brachten auf ihrem Weg die Schrecken eines Hurrikans mit sich. Gackernd flogen die Hühner auf, die Hunde stoben in alle Himmelsrichtungen davon, die Frauen brachten sich rennend mit ihren Kindern in Sicherheit, und auf dem ganzen Marktplatz blieb keine lebende Seele zurück außer Belisa Crepusculario, die den Mulatten noch nie gesehen hatte und sich sehr verwunderte, daß er geradenwegs auf sie zuritt.

»Dich suche ich!« schrie er und deutete mit seiner eingerollten Peitsche auf sie, und augenblicklich stürzten sich zwei seiner Männer auf Belisa, wobei sie das Zelt umwarfen und das Tintenfaß in Scherben ging, fesselten sie an

Händen und Füßen und warfen sie wie einen Sack quer über das Pferd des Mulatten. Dann wendete der Trupp und galoppierte in Richtung auf die Hügel davon.

Stunden später, als Belisa Crepusculario schon zu sterben meinte und glaubte, ihr Herz müsse in lauter Sand verwandelt sein auf dem stoßenden Pferderücken, hörte das Schüttern auf, und vier starke Hände setzten sie zu Boden. Sie wollte aufstehen und würdevoll den Kopf heben, aber ihr versagten die Kräfte, mit einem Seufzer sank sie in sich zusammen und fiel in einen abgrundtiefen Schlaf. Einige Stunden später erwachte sie im Murmeln der Nacht, doch sie hatte keine Zeit, die Laute ringsum zu enträtseln, denn als sie die Augen öffnete, begegnete sie dem ungeduldigen Blick des Mulatten, der neben ihr kniete.

»Endlich kommst du zu dir, Weib«, sagte er und reichte ihr seine Feldflasche, damit sie einen Schluck Branntwein mit Schießpulver trank und wieder ins Leben zurückfand.

Sie wollte wissen, weshalb sie so mißhandelt worden war, und der Mulatte erklärte ihr, der Coronel benötige ihre Dienste. Er erlaubte ihr, sich das Gesicht zu waschen, und führte sie dann bis ans Ende des Lagers, wo der gefürchtetste Mann des Landes in einer zwischen zwei Bäumen befestigten Hängematte ruhte. Sie konnte sein Gesicht nicht sehen, weil der schwankende Schatten des Laubwerks und der unauslöschbare Schatten von vielen Jahren Banditenlebens darüber lagen, aber sie stellte sich vor, daß sein Ausdruck grausam sein mußte, wenn sein riesiger Adjutant sich ihm so demütig näherte. Seine Stimme überraschte sie, sie war sanft und klangvoll wie die eines gebildeten Mannes.

»Du bist die, die Worte verkauft?« fragte er.

»Zu deinen Diensten«, stammelte sie und spähte in das Halbdunkel, um ihn besser zu erkennen.

Der Coronel stand aus seiner Hängematte auf, und der Schein der Fackel, die der Mulatte trug, leuchtete ihm voll ins Gesicht. Die Frau sah seine dunkle Haut und seine drohenden Pumaaugen und wußte sogleich, daß sie vor dem einsamsten Mann dieser Erde stand.

»Ich will Präsident werden«, sagte er.

Er war es müde, durch dieses verfluchte Land zu ziehen in nutzlosen und zerstörerischen Kriegen, die keine Ausrede in Siege verwandeln konnte. Er hatte viele Jahre bei Wind und Wetter unter freiem Himmel geschlafen, war von Moskitos zerstochen worden, hatte sich von Leguanen und Schlangensuppe ernährt, aber die kleinen Unannehmlichkeiten ergaben keinen ausreichenden Grund für ihn, sein Leben zu ändern. Was ihn in Wirklichkeit plagte, war das Entsetzen in fremden Augen. Er wünschte sich, unter Triumphbögen, zwischen bunten Fahnen und Blumen in die Städte und Dörfer einzureiten, die Leute sollten ihm zujubeln und ihm frische Eier und Brot noch warm aus dem Backofen schenken. Er war es leid, mit anzusehen, wie bei seinem Kommen die Männer flohen, die Frauen vor Schreck niederkamen und die Kinder zitterten, deshalb hatte er beschlossen, Präsident zu werden. Der Mulatte hatte ihm vorgeschlagen, sie sollten zur Hauptstadt reiten, im Galopp in den Palast eindringen und sich der Regierungsgewalt bemächtigen, wie sie sich so vieler anderer Dinge bemächtigt hatten, ohne um Erlaubnis zu bitten, aber der Coronel hatte kein Verlangen danach, auch nur wieder ein Tyrann zu werden, davon hatten sie hier schon genug gehabt, und außerdem würde er damit nicht die Zuneigung der Leute gewinnen. Seine Vorstellung ging dahin, in den Dezemberwahlen durch die Stimmen des Volkes berufen zu werden.

»Dafür muß ich wie ein Kandidat sprechen. Kannst du mir die Worte für eine Rede verkaufen?« fragte er Belisa Crepusculario.

Sie hatte schon viele Aufträge angenommen, aber noch

keinen wie diesen, dennoch konnte sie sich nicht weigern, denn sie fürchtete, dann würde der Mulatte ihr genau zwischen die Augen schießen oder, schlimmer noch, der Coronel würde zu weinen anfangen. Andererseits drängte es sie auch, ihm zu helfen, denn sie fühlte eine pochende Hitze unter der Haut, den machtvollen Wunsch, diesen Mann zu berühren, ihn zu streicheln, ihn in die Arme zu schließen.

Die ganze Nacht und ein gut Teil des folgenden Tages suchte Belisa Crepusculario in ihrem Vorrat nach Worten, die für eine Präsidentenrede geeignet wären, wobei der Mulatte neben ihr hockte und die Augen nicht von ihren festen Wandererbeinen und ihren jungfräulichen Brüsten ließ. Sie schied die schroffen und trockenen Worte aus, die allzu blumigen, solche, die vom Mißbrauch farblos geworden waren, solche, die unwahrscheinliche Versprechungen anboten, die lügnerischen und die verworrenen Worte, bis ihr die übrigblieben, bei denen sie sicher war, daß sie das Denken der Männer und das Einfühlungsvermögen der Frauen anzurühren vermochten. Sie bediente sich der Kenntnisse, die sie bei dem Priester um zwanzig Pesos erworben hatte, und schrieb die Rede auf ein Blatt Papier. Dann winkte sie dem Mulatten, damit er den Strick losband, mit dem er ihre Fußgelenke an einen Baum gefesselt hatte. Sie wurde erneut vor den Coronel geführt, und als sie ihn sah, spürte sie wieder die gleiche pochende Unruhe wie bei der ersten Begegnung. Sie überreichte ihm das Papier und wartete, während er es mit den Fingerspitzen hielt und ratlos betrachtete.

»Was zum Teufel heißt das hier?« fragte er schließlich.

»Kannst du nicht lesen?«

»Was ich kann, ist Krieg machen«, erwiderte er.

Sie las die Rede laut vor. Sie las sie dreimal, damit ihr Kunde sie sich ins Gedächtnis prägen konnte. Als sie geendet hatte, sah sie atemlose Ergriffenheit in den Mienen der Männer, die sich um sie geschart hatten, um zuzuhören, und sah, daß die gelben Augen des Coronels vor Begeisterung strahlten, denn er war sicher, daß mit diesen Worten der Präsidentenstuhl ihm gehören würde.

»Wenn die Jungs mit offenen Mäulern dastehen, nachdem sie das dreimal gehört haben, dann muß dieser Scheiß was taugen«, sagte der Mulatte beifällig.

»Wieviel schulde ich dir für deine Arbeit, Frau?« fragte der Coronel.

»Einen Peso.«

»Das ist nicht teuer«, sagte er und öffnete den Beutel, den er mit dem Übriggebliebenen vom letzten Beutezug am Gürtel trug.

»Außerdem hast du ein Recht auf eine Dreingabe. Dir stehen zwei geheime Worte zu«, sagte Belisa Crepusculario.

»Was soll das denn heißen?«

Sie erklärte ihm nun, daß sie einem Kunden für jeweils fünfzig Centavos, die er bezahlte, ein Wort für seinen ausschließlichen Gebrauch schenkte. Der Coronel zuckte die Achseln, denn ihm lag nicht das geringste an dem Angebot, aber er wollte nicht unhöflich gegen jemanden sein, der ihn so gut bedient hatte. Sie ging ohne Eile auf den ledernen Schemel zu, auf dem er saß, und beugte sich zu ihm hinab, um ihm ihr Geschenk zu übergeben. Da spürte der Mann den Geruch nach Gebirgstier, der von dieser Frau ausging, die brennende Hitze, die ihre Hüften ausstrahlten, die ungeheuerliche Empfindung, als ihr Haar seine Haut streifte, den Minzeatem, mit dem sie ihm die zwei geheimen Worte ins Ohr flüsterte.

»Sie gehören dir, Coronel«, sagte sie, als sie zurücktrat. »Du kannst sie verwenden, so oft du willst.«

Der Mulatte begleitete Belisa bis zum Wegrand und blickte sie dabei unverwandt mit den flehenden Augen eines verirrten Hundes an, aber als er die Hand ausstreckte, um sie zu berühren, stoppte sie ihn mit einem Schwall von selbsterfundenen Worten, die ihm das Verlangen austrieben, denn er hielt sie für eine nie mehr zu widerrufende Verwünschung.

In den Monaten September, Oktober und November hielt der Coronel seine Rede so oft, daß sie durch den vielen Gebrauch zu Asche geworden wäre, hätte sie nicht aus leuchtenden, dauerhaften Worten bestanden. Er durchzog das Land in allen Richtungen, ritt mit Siegermiene in die Städte ein und verweilte selbst in den vergessensten Dörfern, wo nur die Unrathaufen menschliche Gegenwart anzeigten, um die Wähler zu überzeugen, daß sie für ihn stimmen mußten. Während er auf einem Podium in der Mitte des Platzes seine Rede hielt, verteilten der Mulatte und seine Männer Bonbons und malten mit vergoldetem Zuckerguß seinen Namen auf die Häuserwände, aber niemand beachtete diese Reklametricks, denn alle waren begeistert von der Eindeutigkeit seiner Absichten und von der poetischen Klarheit seiner Schlußfolgerungen, alle waren angesteckt von seinem unbändigen Wunsch, die Fehler der Geschichte wiedergutzumachen, und zum erstenmal in ihrem Leben waren sie fröhlich. Am Schluß der Rede jagten seine Männer Pistolenschüsse in den Himmel und entzündeten Feuerwerksraketen, und wenn sie schließlich fortritten, blieb eine Spur Hoffnung zurück, die noch viele Tage in der Luft hing wie die wunderbare Erinnerung an einen Kometen. Schon bald war der Coronel der volkstümlichste Politiker geworden. Er war ein nie vorher gesehenes Phänomen, dieser Mann, der aus dem Bürgerkrieg aufgetaucht war, mit Narben bedeckt, der sprach wie ein Gebildeter und dessen Ruhm sich über das Land verbreitete und die Herzen der Menschen bewegte. Die Presse beschäftigte sich mit ihm.

Von weither kamen die Reporter gereist, um ihn zu interviewen und seine Kernsätze zu wiederholen, und so wuchs die Zahl seiner Anhänger und die seiner Feinde.

»Wir kommen gut voran, Coronel«, sagte der Mulatte, als zwölf Wochen voller Erfolge vergangen waren.

Aber der Kandidat hörte ihm nicht zu. Er wiederholte für sich seine zwei geheimen Worte, wie er es immer häufiger tat. Er sagte sie, wenn er vor Sehnsucht schwach wurde, murmelte sie im Schlaf, stieg mit ihnen auf sein Pferd, dachte sie, bevor er seine berühmte Rede hielt, und ertappte sich dabei, daß er in unachtsamen Augenblicken ihren Klang auskostete. Und jedesmal, wenn ihm diese zwei Worte in den Sinn kamen, beschworen sie Belisa Crepusculario Gegenwart herauf, und seine Sinne gerieten in Aufruhr bei der Erinnerung an den Gebirgsgeruch, die brennende Hitze, die ungeheuerliche Empfindung und den Minzeatem, bis er schließlich wie ein Schlafwandler umherging und seine Männer befürchteten, es würde mit ihm zu Ende sein, bevor er den Präsidentenstuhl erobert hatte.

»Was ist los mit dir, Coronel?« fragte der Mulatte ihn viele Male, und eines Tages wußte sein Anführer nicht mehr weiter und gestand ihm, die Schuld an seinem Gemütszustand trügen diese zwei Worte, die ihm wie in den Leib gerammt seien.

»Sag sie mir, dann werden sie schon ihre Kraft verlieren«, bat ihn sein treuer Adjutant.

»Ich werde sie dir nicht sagen, sie gehören mir allein«, entgegnete der Coronel.

Der Mulatte hatte es satt, seinen Anführer dahinkümmern zu sehen wie einen zum Tode Verurteilten, er warf sich das Gewehr über die Schulter und ritt davon, Belisa Crepusculario zu suchen. Er folgte ihren Spuren durch das ganze weite Land, bis er sie in einem Dorf im Süden fand, wo sie unter ihrem Geschäftszelt saß und ihren Rosenkranz von Neuigkeiten abspulte. Er pflanzte sich breitbeinig vor ihr auf, das Gewehr im Anschlag.

»Du kommst mit mir!« befahl er.

Sie hatte ihn erwartet. Sie packte ihr Tintenfaß ein, faltete die Zeltplane zusammen, legte sich ihr Tuch um die Schultern und schwang sich schweigend auf die Kruppe des Pferdes. Auf dem ganzen Weg wechselten sie kein Wort, denn sein Verlangen nach ihr hatte sich in Wut verwandelt, und nur die Furcht, die ihre Zunge ihm einflößte, hielt ihn davon ab, sie zu Tode zu peitschen. Er war auch nicht geneigt, ihr zu erklären, daß sein Coronel sich wie ein Blödsinniger aufführte und daß ein ins Ohr geraunter Zauber zustande brachte, was so viele Jahre des Kampfes nicht vermocht hatten. Drei Tage später kamen sie im Lager an, und sofort führte er seine Gefangene vor den Kandidaten, angesichts der ganzen Truppe.

»Ich habe dir die Hexe geholt, damit du ihr diese Worte zurückgibst, Coronel, und damit sie dir deine Mannhaftigkeit zurückgibt«, sagte er und richtete den Lauf des Gewehrs auf den Nacken der Frau.

Der Coronel und Belisa Crepusculario sahen sich lange an, maßen sich aus der Entfernung. Dann begriffen die Männer, daß er sich nicht mehr von dem Zauber dieser zwei teuflischen Worte losmachen konnte, denn alle sahen, wie die Raubtieraugen des Pumas sanft wurden, als sie auf ihn zutrat und ihn bei der Hand nahm.

Anna Gavalda

Epilog

Marguerite! Wann gibt's was zu essen?«

»Du kannst mich mal.«

Seit ich angefangen habe, Erzählungen zu schreiben, nennt mich mein Mann Marguerite, schlägt mir auf den Hintern und erzählt bei Essenseinladungen, daß er dank meiner Autorenrechte bald aufhören wird zu arbeiten:

»Na klar – und für mich!? Kein Problem, ich warte, bis es soweit ist, dann hole ich die Kleinen im Jaguar XK8 von der Schule ab. Das ist so abgesprochen. Natürlich muß ich ihr von Zeit zu Zeit die Schultern massieren und ihre Selbstzweifel ertragen, aber okay – das Coupé? Das nehm ich in drachengrün.«

Er spinnt weiter damit rum, und die anderen wissen nicht recht, was sie dazu sagen sollen.

Sie fragen mich in einem Ton, als ging's um eine anstekkende Geschlechtskrankheit:

»Stimmt das, du schreibst?«

Und ich zucke mit den Schultern und zeige dem Herrn des Hauses mein Glas. Ich murmele, nein, nicht wirklich, eigentlich nicht. Und dieser aufgedrehte Kerl, den ich in einem schwachen Moment meines Lebens geheiratet habe, setzt noch eins drauf:

»Moment mal, hat sie euch das nicht erzählt? Mausi, hast du ihnen nichts von Saint-Quentin erzählt, von deinem Preis? He! Zehntausend Mäuse immerhin!!! Zwei Abende am Computer, den sie für fünfhundert Franc auf einem Wohltätigkeitsbasar gekauft hat, und zehntausend Mäuse, einfach so! Was will man mehr? Von den anderen

Preisen ganz zu schweigen – he, Mausilein, bleiben wir auf dem Boden.«

In solchen Augenblicken hätte ich wahrhaft Lust, ihn umzubringen.

Aber ich werde es nicht tun.

Zum einen, weil er zweiundachtzig Kilo wiegt (er behauptet achtzig, reine Koketterie), und zum anderen, weil er recht hat.

Er hat recht, was wird aus mir, wenn ich anfange, zu sehr daran zu glauben?

Schmeiße ich meinen Job? Sage ich meiner Kollegin Micheline endlich einmal die Meinung? Kaufe ich mir ein kleines Notizheft in Drachenleder gebunden und mache mir Notizen *für später*? Fühle ich mich so allein, so weit weg, so nah dran, so *anders*? Werde ich andächtig vor dem Grab von Chateaubriand verharren? Sage ich: »Nee, heute abend nicht, bitte, ich habe den Kopf voll mit anderen Sachen?« Vergesse ich die Tagesmutter, weil ich noch ein Kapitel fertigschreiben muß?

Man muß sie nur mal sehen, die Kinder bei der Tagesmutter nach halb sechs. Man klingelt, alle rasen mit Herzklopfen zur Tür, derjenige, der aufmacht, ist bei Ihrem Anblick natürlich enttäuscht, weil Sie nicht seinetwegen kommen, aber nach der ersten Sekunde der Enttäuschung (die Mundwinkel gehen nach unten, die Schultern senken sich, der Teddy fällt auf den Boden), dreht er sich zu Ihrem Sohn um (der direkt hinter ihm steht) und brüllt:

»LOUIS, DEINE MAMA!!!!!«

Und Sie hören dann:

»Weiß iss ssson.«

Aber Marguerite hat die Nase voll von diesen Mätzchen.

Sie will Gewißheit haben. Wenn sie schon nach Combourg soll, dann will sie es lieber gleich wissen.

Sie hat ein paar Erzählungen ausgewählt (zwei durchgemachte Nächte), hat sie auf ihrer lahmen Kiste ausgedruckt (über drei Stunden für hundertvierunddreißig Seiten!), hat die Blätter an ihr Herz gedrückt und sie in den Kopierladen neben der juristischen Fakultät getragen. Sie hat sich in die Schlange aus lärmenden Studentinnen mit Plateausohlen eingereiht (und hat sich provinziell und alt gefühlt, die Marguerite).

Die Verkäuferin fragt:

»Einen weißen oder einen schwarzen Einband?«

Und schon ist sie wieder am Grübeln (weiß? das wirkt ein bißchen wie Erstkommunion und bieder, oder? Aber schwarz wirkt gewiß zu selbstsicher, sieht nach Doktorarbeit aus, nicht? O je o je).

Das junge Mädchen wird schließlich ungeduldig:

»Was ist das denn genau?«

»Geschichten.«

»Alte oder neue Geschichte?«

»Nein, nix Geschichte, literarische Geschichten, Erzählungen, verstehen Sie? Die sollen an einen Verleger geschickt werden.«

»??? Jaaa, na ja, das hilft uns für die Einbandfarbe nicht weiter.«

»Nehmen Sie, was Sie für richtig halten, ich vertraue Ihnen.« *(Alea iacta est.)*

»Na ja, dann gebe ich Ihnen türkis, das ist im Moment im Angebot: 30 Franc statt 35.« (Ein türkisfarbener Einband auf dem schicken Schreibtisch eines eleganten Verlegers an der Rive gauche – schluck).

»Okay, dann also türkis.« (Fordere das Schicksal nicht heraus, Mädchen).

Die andere hebt den Deckel ihrer großen Rank Xerox hoch und behandelt das Ganze wie stinknormale Kopien über Zivilrecht, eh hop, alles schnell mal in alle Richtungen gedreht, eh hop, und die Ecken umgeknickt.

Die Künstlerin leidet schweigend.

Während sie die Knete kassiert, nimmt sie die Zigarette auf, die sie auf der Kasse abgelegt hatte, und sagt:

»Worum geht's da, bei Ihren Sachen?«

»Um alles.«

»Ach.«

». . .«

». . .«

»Aber vor allem um Liebe.«

»Ach?«

Sie kauft einen herrlichen Briefumschlag aus braunem Papier. Den stabilsten, den schönsten, den teuersten mit gepolsterten Ecken und einer unverwüstlichen Klappe. Der Rolls Royce unter den Briefumschlägen.

Sie geht zur Post und fragt nach Sondermarken, den schönsten, Marken von modernen Gemälden. Sie leckt sie liebevoll ab, klebt sie anmutig auf, belegt den Briefumschlag mit einem Zauberbann, segnet ihn, macht ein Kreuzzeichen darüber und ein paar andere Gesten der Beschwörung, die geheim bleiben müssen.

Sie nähert sich dem Schlitz »Paris und seine Vororte«, sie küßt ihren Schatz ein letztes Mal, wendet den Blick ab und läßt ihn los.

Gegenüber der Post befindet sich eine Bar. Sie stützt den Ellbogen auf die Theke und bestellt sich einen Calvados. Auch wenn sie den nicht sonderlich mag, hat sie nun einmal ihren verfluchten Status als Künstlerin, dem sie gerecht werden muß. Sie zündet sich eine Zigarette an, und von dieser Minute an, kann man sagen, wartet sie.

Ich habe niemandem was erzählt.

»He? Was machst du denn mit dem Briefkastenschlüssel um den Hals?«

»Nichts.«

»He? Was machst du denn mit den ganzen Reklameblättern für den Baumarkt?«

»Nichts.«

»He? Was machst du denn mit der Tasche des Briefträgers?«

»Nichts, sage ich doch!«

»Moment mal, bist du in ihn verliebt, oder was?!«

Nein. Ich habe nichts gesagt. Stell dir vor, ich würde antworten:

»Ich warte auf die Antwort eines Verlegers.« Wie peinlich.

Es ist aber auch verrückt, was man heute an Werbung bekommt, den letzten Mist.

Und dann noch der Job, und Micheline mit ihren falschen, verrutschten Fingernägeln, und die Geranien, die rein müssen, und die Walt-Disney-Kassetten, die kleine elektrische Eisenbahn und der erste Besuch beim Kinderarzt in diesem Quartal, und dann der Hund, der haart, und *Eureka Street*, um das Unermeßliche zu messen, und dann das Kino, die Freunde und die Familie und weitere Emotionen (aber nicht von allzugroßer Bedeutung, gemessen an *Eureka Street*, das stimmt schon).

Unsere Marguerite hat beschlossen, Winterschlaf zu halten.

Drei Monate später.

HALLELUJA!

HALLELUJA! HALLELU-U-U-U-JA!

Da ist er.

Der Brief.

Er ist ziemlich leicht.

Ich stecke ihn unter den Pullover und rufe Kiki an:

»Kiiiiiiikiiiiiii!!!«

Ich werde ihn alleine lesen, im stillen, andächtig in dem kleinen Wäldchen, das allen Hunden aus der Gegend als Hundeklo dient. (Wohlgemerkt, auch in solchen Situationen behalte ich einen klaren Kopf.)

»*Madame* blablabla, *mit großem Interesse habe ich* blablabla, *weshalb ich* blablabla, *Sie gerne kennenlernen möchte* blablabla, *bitte nehmen Sie Kontakt zu meinem Sekretariat auf* blablabla, *in der Hoffnung, Sie* blablabla *verbleibe ich* blablabla ...«

Ich genieße es.

Genieße es.

Genieße es.

Marguerites Stunde der Rache hat geschlagen.

»Schatz? Wann gibt es was zu essen?«

»??? Warum fragst du mich das? Was ist los?«

»Ach, nichts, nur, daß ich nicht mehr allzuviel Zeit zum Kochen haben werde, bei all den Fanbriefen, die zu beantworten sind, ganz zu schweigen von den Festivals, den Salons, den Buchmessen, den ganzen Reisen durch Frankreich und nach Übersee, oho – mein Gott. Dabei fällt mir ein, die regelmäßigen Besuche bei der Maniküre, weil, du weißt schon – bei den Autogrammstunden müssen die Hände tadellos gepflegt sein – es ist verrückt, was für Phantasien die Leute entwickeln können.«

»Was faselst du da?«

Marguerite läßt den Brief des eleganten Verlegers von der Rive gauche auf den Kugelbauch ihres Mannes fallen, der gerade die Kleinanzeigen in der Autozeitung liest.

»He? Moment mal! Wo willst du hin?!«

»Nichts, ich bleib nicht lange weg. Ich muß nur Micheline noch etwas sagen. Mach dich schön, ich führ dich heute abend aus, ins Aigle Noir.«

»Ins Aigle Noir!???«

»Ja. Dorthin hätte Marguerite ihren Yann ausgeführt, nehme ich an.«

»Wer ist denn Yann?«

»Pffffff, laß gut sein. Du hast aber auch *null* Ahnung von der Literaturszene.«

Anschließend habe ich Kontakt zu dem Sekretariat aufgenommen. Einen sehr guten Kontakt, wie ich glaube, denn die junge Frau war mehr als charmant.

Vielleicht hatte sie einen leuchtendrosafarbenen Post-it-Sticker vor ihren Augen: »Wenn A. G. anruft, bitte BESONDERS charmant sein!« zweimal unterstrichen.

Vielleicht.

Die Armen, sie glauben bestimmt, ich hätte meine Erzählungen noch an andere geschickt. Sie haben Angst, zu spät zu kommen. Ein anderer Verleger, der noch eleganter ist, in einer noch schickeren Straße an der Rive gauche, mit einer noch charmanteren Sekretärin am Telefon, mit einem noch hübscheren Hintern.

O nein, das wäre zu ungerecht.

Was für eine Katastrophe, wenn ich unter einem anderen

Schutzumschlag Erfolg hätte, nur weil Frau Sowieso an ihrem Telefon keinen leuchtendrosa Post-it-Sticker hatte?

Nicht auszudenken.

Der Termin ist nächste Woche. (Wir haben schon genug getrödelt.)

Vorbei die ersten materiellen Sorgen: einen Nachmittag freinehmen (Micheline, ich bin morgen nicht da!), die Kleinen unterbringen, nicht einfach irgendwo, sondern an einem Ort, an dem sie glücklich sein werden, meinen Schatz informieren:

»Ich fahre morgen nach Paris.«

»Warum?«

»Was Geschäftliches.«

»Ein Rendez-vous?«

»So gut wie.«

»Wer ist es denn?«

»Der Briefträger.«

»Aha, das hätte ich mir denken können.«

Da taucht das einzig wirklich wichtige Problem auf: Was soll ich anziehen?

Stil zukünftige Autorin und ohne jede Eleganz, denn das wahre Leben spielt anderswo. Lieben Sie mich nicht wegen meiner vollen Brüste, lieben Sie mich wegen meines geistigen Gehalts.

Stil zukünftige Legehenne für Bestseller, mit Dauerwelle, denn das wahre Leben ist hier. Lieben Sie mich nicht wegen meines Talents, lieben Sie mich wegen meiner Nähe zum Volk.

Stil Aufreißerin für elegante Männer an der Rive gauche, zum sofortigen Verzehr, denn das wahre Leben spielt sich auf Ihrem Schreibtisch ab. Lieben Sie mich nicht wegen meines Manuskripts, lieben Sie mich wegen meines gehaltvollen Innenlebens.

He Atala, ganz ruhig.

Ich bin schließlich viel zu gestreßt, das ist wohl nicht der Tag, an dem man an seine schönen Beine denken und einen Strumpf auf dem Teppich verlieren sollte. Dies ist bestimmt der wichtigste Tag in meiner bescheidenen Existenz, und ich werde nicht alles aufs Spiel setzen mit einem zwar unwiderstehlichen, aber ganz und gar unbequemen Aufzug.

(O ja! Ein Miniminirock ist ein unbequemer Aufzug.)

Ich werde in Jeans gehen. Nicht mehr und nicht weniger. In meiner alten 501, zehn Jahre alt, im Faß gereift, stone washed mit Kupfernieten und dem roten Etikett auf der rechten Hinterbacke, die meine Form und meinen Geruch angenommen hat. Meine Vertraute.

Ich habe aber doch etwas Mitgefühl für den eleganten und brillanten Herrn, der meine Zukunft in seinen schlanken Fingern hält (gebe ich sie raus? gebe ich sie nicht raus?), Jeans wären ein wenig heftig, das muß ich zugeben.

Oh, was für Sorgen, was für Sorgen.

Okay, ich habe mich entschieden. In Jeans, aber mit berauschenden Dessous.

Aber die wird er doch gar nicht sehen, werden Sie mir vorhalten. Tatatata, nicht mit mir, man kommt nämlich nicht so ohne weiteres in die höchste Verleger-Etage, ohne eine besondere Begabung beim Aufspüren feinster und noch so unwahrscheinlicher Dessous zu haben.

Nein, solche Männer wissen Bescheid.

Sie wissen, ob die Frau, die ihnen gegenübersitzt, irgend so ein Baumwollteil trägt, das bis zum Bauchnabel reicht, oder einen völlig unförmigen rosa Schlüpfer von Monoprix oder eins dieser kleinen verrückten Dinger, die die

Frauen erröten lassen (wegen des Preises, den sie zahlen) und die Männer rot werden lassen (wegen des Preises, den sie zahlen müssen).

Natürlich wissen sie Bescheid.

Ich habe voll zugeschlagen, kann ich Ihnen versichern, (das Paket zahlbar mit zwei Schecks), ich habe ein Set aus Slip und Büstenhalter gewählt, etwas total Abgehobenes.

Mein Gott.

Superware, Superstoff, Superschnitt, alles in elfenbeinfarbener Seide mit Spitzen aus Calais, bitte schön handgefertigt von kleinen *französischen* Arbeiterinnen, sanft, hübsch, wertvoll, zart, unvergeßlich, Stil: zergeht auf der Zunge, aber nicht in der Hand.

Schicksal, hier bin ich.

Als ich mich in der Boutique im Spiegel betrachtete (die Schlauköpfe haben eine Spezialbeleuchtung, die Sie schlank und braungebrannt wirken läßt, die gleichen Halogenlampen, die in den Supermärkten der Reichen über toten Fischen hängen), habe ich mir gesagt, zum ersten Mal, seit Marguerite existiert:

»Nein, ich bereue sie nicht, die vielen Stunden mit Nägelkauen, als ich mir vor dem Winzbildschirm meines Computers ein Ekzem zugezogen habe. O nein! Das alles, das ganze Tauziehen gegen die Angst und das mangelnde Selbstvertrauen, die ganzen Kleckserеien in meinem Kopf und all die Dinge, die mir entgangen sind oder die ich vergessen habe, weil ich zum Beispiel an Klick-Klack gedacht habe, nein, ich bereue sie nicht.«

Den genauen Preis kann ich nicht nennen, denn bei aller *political correctness*, der Zahnbrücke meines Mannes, der Autoversicherung, der Höhe der staatlichen Beihilfe und so weiter, wären Sie vermutlich schockiert, aber Sie sollen wissen, daß er enorm ist. Und angesichts des Gewichts wollen wir vom Kilopreis erst gar nicht reden.

Aber schließlich: Von nichts kommt nichts, mit Speck fängt man Mäuse, und man wird nicht verlegt, wenn man keinen persönlichen Einsatz zeigt, oder?

Da wären wir. Sechstes Arrondissement, Paris.

Das Viertel, in dem man ebenso viele Schriftsteller trifft wie Politessen. Im Herzen des Lebens.

Ich kneife.

Ich habe Bauchschmerzen, mir ist übel, die Beine tun mir weh, riesige Schweißperlen bilden sich, und mein Slip zu *** Mäusen zieht sich in meine Gesäßspalte.

Ein schönes Bild.

Ich verlaufe mich, nirgendwo steht der Straßenname, es gibt Galerien mit afrikanischer Kunst in allen Himmelsrichtungen, und nichts ähnelt einer afrikanischen Maske mehr als eine andere afrikanische Maske. Ich fange an, afrikanische Kunst zu hassen.

Schließlich bin ich da.

Man läßt mich warten.

Gleich falle ich in Ohnmacht, glaube ich, ich atme, wie man es uns im Geburtsvorbereitungskurs beigebracht hat. Komm schon – ganz – ruhig –

Halte dich gerade. Beobachte deine Umgebung. Das kann nie schaden. Atme tief durch.

»Ist alles in Ordnung mit Ihnen?«

»Öhh, ja, ja, alles in Ordnung.«

»*Er* ist in einer Besprechung, aber es dauert nicht mehr lange, *Er* kommt sicher gleich.«

»...«

»Möchten Sie einen Kaffee?«

»Nein. Danke.« (He, Frau Sowieso, siehst du nicht, daß mir speiübel ist? Hilf mir, Frau Sowieso, eine Ohrfeige, ein Eimer, eine Wanne, ein Schmerzmittel, eine eiskalte Cola – irgendwas. Ich flehe dich an.)

Ein Lächeln. Sie schenkt mir ein Lächeln.

In Wahrheit war es Neugier gewesen. Nicht mehr und nicht weniger.

Er wollte mich sehen. Er wollte sehen, wie ich aussehe. Er wollte sehen, wer ich bin.

Mehr nicht.

Ich werde die Unterhaltung nicht wiedergeben. Im Augenblick behandle ich mein Ekzem mit fast reinem Teer, und es ist wahrlich nicht nötig, daß ich mich aufrege, angesichts der Farbe, die die Badewanne angenommen hat. Deshalb erzähle ich nichts.

Okay, ein ganz kleines bißchen erzähle ich doch: Zu einem bestimmten Zeitpunkt sagte die Katze (für weitere Details siehe Luzifer in *Aschenbrödel*), die die Maus zwischen ihren Krallen wie wild um sich schlagen sah, die Katze, die sich amüsierte – »nein, was ist sie provinziell« – die Katze, die sich Zeit nahm:

»Hören Sie, ich will Ihnen nicht vorenthalten, daß in Ihrem Manuskript ein paar interessante Sachen stecken und daß Sie einen *gewissen* Stil haben, nur (es folgen ein paar Überlegungen zu den Schreibenden im allgemeinen und dem harten Beruf des Verlegers im besonderen) wir können in der gegenwärtigen Situation und aus Gründen, die

Sie leicht nachvollziehen können, Ihr Manuskript nicht herausbringen. Allerdings lege ich großen Wert darauf, Ihre Arbeit aus nächster Nähe zu verfolgen, und Sie sollen wissen, daß ich ihr stets größte Aufmerksamkeit beimessen werde. Das war's.«

Das war's.

Blödmann.

Das hat gesessen. Etwas anderes fällt mir dazu nicht ein.

Er steht auf (ausladende und herrliche Handbewegung), kommt auf mich zu, macht Anstalten, mir die Hand zu geben. Kann keinerlei Reaktion von meiner Seite erkennen, macht Anstalten, mir die Hand hinzustrecken. Kann keinerlei Reaktion von meiner Seite erkennen, macht Anstalten, meine Hand zu ergreifen. Kann keinerlei ...

»Was ist los? Na, kommen Sie – nehmen Sie es nicht so schwer, Sie müssen wissen, es ist äußerst selten, daß gleich das erste Manuskript angenommen wird. Wissen Sie, ich vertraue Ihnen. Ich habe es im Gefühl, daß wir große Dinge zusammen machen werden. Und außerdem, das will ich Ihnen nicht vorenthalten, *zähle* ich sogar auf Sie.«

Halt die Luft an. Siehst du nicht, daß ich blockiert bin?

»Hören Sie, es tut mir leid. Ich weiß nicht, was mit mir los ist, aber ich kann nicht mehr aufstehen. Als wäre ich vollkommen kraftlos. Es ist total bescheuert.«

»Passiert Ihnen das öfter?«

»Nein. Es ist das erste Mal.«

»Tut Ihnen was weh?«

»Nein. Das heißt, ein bißchen schon, aber das hat andere Gründe.«

»Bewegen Sie mal die Finger.«

»Kann ich nicht.«

»Sind Sie sicher???«

»Na ja.«

Ausgedehnter Blickwechsel, à la wer zuerst lacht, hat verloren.

»(genervt) Machen Sie das absichtlich?«

»(sehr genervt) Aber natürlich nicht, also so was!!!«

»Soll ich einen Arzt rufen?«

»Nein, nein, das geht vorbei.«

»Ja, aber, na ja, das Problem ist, daß ich weitere Termine habe. Hier können Sie nicht bleiben.«

»...«

»Versuchen Sie es noch mal.«

»Es geht nicht.«

»Was machen Sie für Geschichten!«

»Ich weiß es nicht, was soll ich Ihnen sagen? Vielleicht ein Arthroseanfall oder eine Schockreaktion.«

»Wenn ich Ihnen jetzt sage: Okay, ich verlege Sie – stehen Sie dann wieder auf?«

»Aber natürlich nicht. Für wen halten Sie mich eigentlich? Sehe ich so aus?«

»Nein, aber ich meine, wenn ich Sie wirklich verlege?«

»Erstens glaube ich Ihnen nicht – und außerdem bin ich nicht hier, um Barmherzigkeit von Ihnen zu fordern, ich bin gelähmt, verstehen Sie den Unterschied?«

»(Sich das Gesicht mit den eleganten Händen abwischend) Daß ausgerechnet mir das passieren muß. Mein Gott.«

»...«

»(Blick auf die Uhr) Hören Sie, ich werde Sie vorübergehend woanders hinbringen, mein Büro brauche ich nun wirklich für mich.«

Und schon schiebt er mich in den Flur, als säße ich in einem Rollstuhl, außer, daß ich nicht in einem Rollstuhl sitze und daß es für ihn einen gewaltigen Unterschied machen muß. Ich mache mich ganz schwer.

Leiden sollst du, mein Freund. Leiden.

»Wollen Sie jetzt einen Kaffee?«

»Ja, gerne. Das ist nett.«

»Sind Sie sicher, daß ich keinen Arzt rufen soll?«

»Nein, nein. Danke. Es geht bestimmt weg, wie es gekommen ist.«

»Sie sind zu verkrampft.«

»Ich weiß.«

Frau Sowieso hat nie einen leuchtendrosafarbenen Post-it-Sticker auf ihrem Telefon gehabt. Sie war neulich charmant zu mir, weil sie ein charmanter Mensch ist.

Heute wäre also noch nicht alles verloren.

Das stimmt. Man hat nicht so oft die Gelegenheit, eine junge Frau wie sie stundenlang anzuschauen.

Ich mag ihre Stimme.

Von Zeit zu Zeit hat sie mir zugewinkt, damit ich mich weniger allein fühle.

Und dann sind die Computer verstummt, die Anrufbeantworter wurden eingeschaltet, die Lampen gelöscht, und die Räume leerten sich.

Ich sah einen nach dem anderen gehen, und alle glaubten, ich hätte noch einen Termin. Von wegen.

Schließlich kam Blaubart aus seiner Höhle, in der er die schreibende Zunft zum Weinen bringt.

»Sie sind ja immer noch da!!!«

». . .«

»Was soll ich bloß mit Ihnen machen?«

»Ich weiß es nicht.«

»Aber ich weiß es. Ich werde den Krankenwagen rufen oder die Feuerwehr, die werden Sie innerhalb von fünf Minuten hier rausholen! Sie haben doch wohl nicht die Absicht, hier zu übernachten?!«

»Nein, bitte, rufen Sie niemanden. Es wird sich einrenken, ich spüre es.«

»Sicher, aber ich muß hier abschließen, das werden Sie doch verstehen?«

»Bringen Sie mich auf die Straße.«

Aber natürlich hat nicht er mich nach unten gebracht. Er hat zwei Boten gerufen, die in der Nähe waren. Zwei große und hübsche Typen, tätowierte Lakaien für meine Sänfte.

Sie haben sich jeder eine Lehne geschnappt und mich vor dem Gebäude unten freundlich abgestellt.

Zu nett.

Mein ex-künftiger Verleger, jener zartfühlende Mann, der in Zukunft auf mich *zählt*, hat mich mit viel Tamtam verabschiedet.

Er ist gegangen und hat sich dabei mehrmals kopfschüttelnd umgedreht, wie um aus einem bösen Traum zu erwachen, nein, also wirklich, das war nicht zu glauben.

Wenigstens hatte er beim Abendessen etwas zu erzählen.

Seine Frau wird sich freuen. Er wird ihr heute nichts von der Verlagskrise vorjammern.

Zum ersten Mal an diesem Tag ging es mir gut.

Ich betrachtete die Kellner vom Restaurant gegenüber, die eifrig mit ihren Damasttischdecken beschäftigt waren, sie waren durchgestylt (wie meine Erzählungen, überlegte ich kichernd), vor allem der eine, auf den ich ein Auge geworfen hatte.

Hundert pro der französische *garçon de café*, der das Hormonsystem dicker Amerikanerinnen in Reeboks durcheinanderwirbelt.

Ich habe eine wunderbar wohlschmeckende Zigarette geraucht, langsam den Rauch ausgestoßen und dabei die Passanten beobachtet.

Das Glück schlechthin fast (wenn man mal von einigen Details absieht, wie beispielsweise der Existenz eines Parkscheinautomaten rechts von mir, der nach Hundepisse roch).

Wie lange ich so sitzen geblieben bin, um mein Debakel zu betrachten?

Ich weiß es nicht.

Im Restaurant herrschte Hochbetrieb, und man sah Paare, die auf der Terrasse saßen, lachten und Rosé tranken.

Ich konnte nicht umhin zu denken:

... in einem anderen Leben hätte mich mein Verleger vielleicht hierher zum Essen ausgeführt, »weil es so praktisch ist«, hätte mich zum Lachen gebracht und mir einen Wein angeboten, der deutlich besser wäre als dieser Côteaux de Provence, hätte mich gedrängt, diesen »für eine junge Frau Ihres Alters erstaunlich reifen« Roman zu Ende zu schreiben, mich dann am Arm gefaßt und zu einem Taxistand geleitet. Er hätte ein wenig mit mir geflirtet ...

... in einem anderen Leben natürlich.

Nun gut, Marguerite, das ist nicht alles, und auf mich wartet noch Bügelwäsche.

Ich bin aufgesprungen, habe meine Jeans zurechtgezupft und bin auf eine wunderschöne Frau zugesteuert, die auf dem Sockel einer Statue von Auguste Comte saß.

Sehen Sie sie an.

Hübsch, sinnlich, apart, mit tadellosen Beinen und schmalen Fesseln, Stupsnase, gewölbter Stirn, kriegerischem und stolzem Gang.

Mit Schnüren und Tätowierungen übersät.

Die Lippen und Fingernägel schwarz bemalt.

Ein unglaubliches Mädchen.

Sie warf regelmäßig genervte Blicke in die angrenzende Straße. Ich glaube, ihr Freund hatte sich verspätet.

Ich habe ihr mein Manuskript hingehalten:

»Hier«, habe ich gesagt, »schenke ich Ihnen. Damit Ihnen die Zeit nicht zu lang wird.«

Ich glaube, sie hat sich bedankt, aber ich bin nicht sicher, denn sie war keine Französin! Betrübt über dieses Detail, hätte ich mein wunderbares Geschenk beinahe wieder an mich genommen und – doch wozu, habe ich mir gesagt und bin weggegangen, ich habe mich sogar fast gefreut.

Mein Manuskript befand sich von nun an in den Händen des schönsten Mädchens der Welt.

Das tröstete mich.

Ein bißchen.

Wie kannst du nur, Mama

Marie NDiaye

Offenbarung

Die Frau und ihr Sohn waren den recht langen Weg von ihrem Haus zur Bushaltestelle zu Fuß gegangen, und da es die letzten beiden Monate ohne einen einzigen Tag, ohne auch nur einen Vormittag oder ein paar Nachtstunden Pause durchgeregnet hatte, war dieser Weg nur noch eine schlammige Spur zwischen den gepflügten Feldern.

Der Sohn sagte manchmal, es gebe keinen Unterschied mehr zwischen dem Weg und den Feldern rechts und links, und dann machte die Frau ihn geduldig darauf aufmerksam, daß die Felder dunkelbraun, fast schwarz waren, abgesehen von den Ecken, in denen spiegelnd das Wasser stand, während der aufgeweichte Weg gräulich blieb.

Er nickte, als wäre er mit der Antwort hochzufrieden. Sie gingen eine Weile schweigend nebeneinander her, dann setzte der Sohn wieder an, als entdecke er plötzlich etwas Unglaubliches – ... kein Unterschied mehr zwischen dem Weg und den Feldern, siehst du – und im stillen staunte die Frau einmal mehr schmerzlich über seine Fähigkeit, die belanglosesten Dinge mit immer neuem Interesse zu wiederholen, doch sie antwortete ihm sanft, geduldig, abgeklärt, ohne sich selbst zuzuhören. Dann stimmte er ernst zu, die Stirn vor Konzentration gerunzelt, und der Frau erschienen ihre eigenen Worte absurd und beinahe rätselhaft vor lauter Banalität, sie verspürte plötzlich den Drang, ihn und sich selbst auszulachen, wie man zwei alte Schwätzer auslachen würde, doch sie tat nichts dergleichen, sie lächelte nicht einmal, denn sie wußte, daß dieser Sohn nicht mehr in der Lage war, Ironie zu erkennen und zu verstehen. Dieser Gedanke stimmte sie wehmütig, bis der Sohn erneut sagte: ... wie seltsam, kein Unterschied mehr zwischen ..., und sich fragend zu ihr umwandte, da verdrängten Ärger und Ungeduld für eine Weile die Traurigkeit, und sorgfältig wählte die Frau einen Tonfall und einen Gesichtsausdruck, die ihr dem Teil von ihm angemessen schienen, von dem sie zu wissen glaubte, daß er nicht oder nicht mehr funktionierte.

Er ist unerträglich, dachte sie manchmal. Und auch: Er wirkt weniger verrückt als einfach nur dumm, entsetzlich dumm.

Sie machte sich Vorwürfe. Dieser Sohn war nicht bösartig. Seine Fähigkeit zur Grausamkeit hatte in dem Maß abgenommen, wie der aggressive Groll der Mutter wuchs. Es war ihr bewußt, daß ihr Zorn und ihre Verzweiflung ihre Nahrung eben aus dem allmählichen Verschwinden dieser Gefühle bei dem Sohn bezogen.

Nein, ach, dieser Sohn war nicht bösartig. Und da der Regen zum ersten Mal seit so langer Zeit aufgehört hatte, würden sie beide den Bus nach Rouen nehmen, am Abend jedoch würde die Frau alleine nach Corneville zurückkommen.

Sie würde wieder in den Bus steigen, in die andere Richtung, der Sohn würde nicht bei ihr sein, und vielleicht wußte er es, vielleicht auch nicht, es war nun zu spät, um es herauszufinden. Womöglich würde er sich dann plötzlich weigern, in den Bus zu steigen, und die Frau sah ihn vor sich, diesen Sohn, wie er am Straßenrand stehenblieb, ruhig den Kopf schüttelte und ruhig, ungläubig wiederholte: Wie kannst du nur, Mama, wie kannst du nur.

Am Ende des Weges erreichten sie den Pfosten, der auf dem Grasstreifen zwischen Feldern und Landstraße die Haltestelle bezeichnete. Der Pfosten war schief und rostig. Sie konnte darauf lesen: Corneville. Konnte der Sohn es auch noch? Sie verspürte den Drang, ihm mit ihrer harten

Stimme zuzurufen: He, was meinst du wohl? Daß du heute abend mit mir zurückkommst? Daß du überhaupt eines Tages zurückkommst?

Plötzlich riß der Himmel auf, und im gleichen Moment bremste der Bus vor ihnen, er erschien, so kam es der Frau vor, in einem Strom von Sonnenlicht, der sich durch nichts angekündigt hatte. Es war so lange her, seit jeder Glanz aus der Atmosphäre verschwunden war, daß die Frau sich davon gestört fühlte. Sie kniff die Augen zusammen, verzog das Gesicht. Der Sohn neben ihr hob den Kopf und lächelte breit. Mama, flüsterte er, oh, Mama, wie komisch das ist! Und wie jedesmal, wenn er den Mund aufmachte, fühlte sie sich über alle Maßen gereizt. Sie mußte sich beherrschen, um ihn nicht anzuknurren: Meinst du, es gibt irgend etwas, das so komisch ist wie du? Statt dessen stieß sie ihn unsanft zur vorderen Bustür, die sich soeben mit einem tiefen, erschöpften Seufzer geöffnet hatte.

Niemals zeigte dieser Sohn den geringsten Unmut darüber, daß er kaum besser behandelt wurde als der Hund des Hauses, und die Frau wußte wohl, daß sie das oft ausnutzte, indem sie ihn grob behandelte, ihn ohne Not herumschubste – es belastete sie, zu sehen, wie unempfindlich er gegen diese kleinen Demütigungen, gegen seine eigene Unwürdigkeit war; dann versuchte sie, seinen Zorn zu wecken, ganz gleich wie flüchtig er auch wäre, doch vergeblich, und sie wußte, daß es vergeblich war.

Dennoch flüsterte sie, als sie den Fahrer um die Fahrkarten bat: zweimal hin und einmal zurück.

Sie wollte, daß er sich widersetzte, dachte sie bitter, ja, aber bloß nicht in diesem Punkt.

Der Sohn trat gerade in den schmalen Gang zwischen den beiden Sitzreihen, als der Fahrer ihn bemerkte. Er hörte auf, die Frau anzusehen, und starrte mit seinen hellen kleinen Augen, in denen sich plötzlich Staunen und, wie sie verständnislos beobachtete, eine ehrliche, herzliche Bewunderung abzeichneten, auf das Gesicht des Sohnes, dann auf seinen Rücken. Und als sich der Sohn etwa in der Mitte des Busses gesetzt hatte, am Gang, damit er seine langen Beine besser ausstrecken konnte, betrachtete ihn der Fahrer noch lange im Rückspiegel, mit einem ganz leisen Lächeln.

Der Fahrer war nicht jung.

Das Geld in der Hand, wartete die Frau darauf, daß er ihr die Fahrkarten gab. Er schüttelte den Kopf, um wieder zu sich zu kommen. Schließlich wandte er sich ihr zu, den Blick noch ganz verschleiert von einer zerstreuten, zarten Lust.

Als der Bus dann in der plötzlich überbordenden Helligkeit durch die Felder fuhr, stellte die Frau fest, daß die anderen Fahrgäste sich oft zu dem Sohn umdrehten oder ihn verstohlen anstarrten, sie stellte auch fest, daß sie es wohlwollend oder verzückt taten und daß der Sohn, dieser Sohn, der ihr solche Probleme machte, nichts davon bemerkte. Sie spürte, wie ihr eigenes Gesicht vor Verlegenheit und Verständnislosigkeit leicht errötete. Sie sah aus dem Fenster, um es zu verbergen. Sie sagte sich, daß sie sich in diesem Bus fühlte wie mitten in einem vollkommen fremden Land, so daß ihr jede Regung der Leute um sie herum unverständlich blieb. Dabei waren da nichts als Gesichter, die ihr vertraut vorkamen: vertrocknete alte Frauen in beigen Regenmänteln, ein Landwirt mit getönten Brillengläsern, ein paar Jugendliche auf dem Heimweg vom Lycée, eine Frau, die ihr selbst in jeder Hinsicht ähnelte.

Aber warum richteten sie alle ihre Augen auf den Sohn?

Und warum schien die bloße Tatsache, daß ihr Blick auf dem verklärten, abwesenden Gesicht dieses Sohnes ruhte, sie mit solchem Wohlbehagen zu erfüllen?

Sie konnte es nicht verstehen. Sie alle wußten nicht, wie

unmöglich es war, mit einem solchen Sohn zu leben, aber sie dachte, das sei doch so offensichtlich, daß man es sorgfältig vermeiden müßte, ihn anzusehen.

Das Brummen des Busses und die Hitze darin machten sie schläfrig. Während der Dauer der Fahrt mußte keine Entscheidung, welcher Art auch immer, getroffen werden. Es erfüllte sie beinahe mit Entsetzen, sich den Moment vorzustellen, in dem sie würde aussteigen, wieder zu denken anfangen und heimlich Berechnungen für den Sohn anstellen müssen.

Dieser Sohn, dachte sie plötzlich, war er ein Tier, das sie auf dem großen Markt von Rouen verkaufen würde? Hatte sie ein Interesse daran, ihn loszuwerden? Nein, nein – sie lächelte müde –, es war ganz einfach unerträglich, zum Wahnsinnigwerden, diesen einen Sohn mit seinen dunklen Manien, seinen erstickenden, eintönigen Gedanken bei sich zu haben, mit ihm unter demselben Dach zu leben und dieselbe Luft zu atmen.

Als der Bus in Saint-Wandrille hielt, erhob sich die Frau kurz von ihrem Sitz, um einen Blick in den großen Innenrückspiegel zu werfen. Darin sah sie, was sie zu sehen erwartet hatte – die beiden blassen, zu Schlitzen zusammengekniffenen Augen des Fahrers, der den Sohn betrachtete, das Spiegelbild von dessen Gesicht über den Rückenlehnen, das schöne, ruhige Gesicht des Sohnes, dachte sie staunend und fragte sich dann, ungläubig, hämisch, ob dem Fahrer und allen anderen im Bus, die unverhohlen das Gesicht des Sohnes betrachteten, klar war, daß dieses Gesicht so schön und so ruhig war, weil es die Aufmerksamkeit, die es erregte, nicht wahrnehmen konnte, so schön und so ruhig, daß man den Sohn jetzt einsperren mußte, daß man ihm verbieten mußte, weiter in Corneville gesehen zu werden und die Atmosphäre in ihrem Haus mit seiner unentwegten, bedrückenden Gegenwart zu belasten.

Die Frau dachte, daß sie die Schönheit des Sohnes nicht mehr ertrug und daß sein Gesicht früher, als es ihm noch gutging, weniger schön gewesen war. Damals, als es noch nicht notwendig war, ihm zu verheimlichen, wohin man ihn brachte, hätte sich niemand nach dem Sohn umgedreht. Sein damaliges Gesicht hatte keinen Grund, so schön zu sein wie jetzt, denn es drückten sich darin gewöhnliche Gedanken aus, aber dennoch, dachte die Frau zornig, man konnte nicht von ihr erwarten, daß sie für eine solche Veränderung dankbar war und sich geschmeichelt fühlte, man konnte nicht von ihr verlangen, dieses Gesicht ebenfalls zu bewundern, auch wenn es noch so schön und so ruhig war.

Sie flüsterte ihm ins Ohr: Ich werde ohne dich nach Corneville zurückfahren.

»Ich weiß«, sagte er.

Er lächelte sie freundlich an, um sie zu beruhigen. Er tätschelte ihr sogar den Arm, und da konnte sie nicht anders, als ihm zu sagen, sie wünschte, der Bus würde nicht anhalten, was der Sohn verstand, wie er ihr schlicht antwortete. Ihre anderen Söhne hätten das überhaupt nicht verstanden, dachte sie, und schon fehlte ihr dieser eine Sohn. Sie würde allein zurückfahren, das war gut so – wie er ihr fehlen würde!

Fattaneh Haj Seyed Javadi

Das Kaninchen

Um dreiundzwanzig Uhr dreißig kehrte ich von der Einladung heim. Der Sohn und die hübsche Schwiegertochter meines Gastgebers hatten mich zu meinem kleinen Appartement gefahren, das ich mir erst kürzlich gekauft hatte und das mir prächtiger erschien als ein Märchenschloß. Zweifellos mußte jemandem, der sich nicht mehr als Mieter vor diesem oder jenem zu verbeugen hatte, ein hundertzehn Quadratmeter großes Appartement wie ein Palast erscheinen. Ich hatte mich seit frühester Kindheit mit kleinen Dingen zufriedengegeben.

Ich drehte den Schlüssel im Schloß und trat ein. Es herrschten Stille und Einsamkeit. In mir stieg Besitzerstolz auf. Ich genoß es, mein eigener Herr und Diener zu sein. Endlich war es mir gelungen, meinen Anteil am väterlichen Erbe, so geringfügig er auch sein mochte, den übrigen gierigen Erben zu entreißen. Und jetzt hatte ich nach vielen Mühen endlich das erhalten, wonach ich mich mein Lebtag gesehnt hatte: meine bescheidenen eigenen vier Wände, in denen ich das Sagen hatte.

Gesättigt und zufrieden hatte ich nichts zu tun, außer mir fröhlich die Zähne zu putzen, wobei ich die Luft meiner ruhigen Wohnung tief in mich einsog. Um dann in mein Nachthemd zu schlüpfen, zu Bett zu gehen und das Buch, das ich seit geraumer Zeit vermißt und beim Umzug wiedergefunden hatte, seelenruhig zu öffnen. Jetzt konnte ich das Licht so lang brennen lassen, wie es mir gefiel, ohne daß wie früher mein ewig nörgelnder Vermieter sich beschwerte, der Widerschein des Lichts im Hof hindere ihn am Einschlafen.

Die Lektüre im Bett war eine Angewohnheit, die ich mir seit meiner Zeit im Gymnasium abgewöhnt hatte. Vielleicht konnte ich mich auch deshalb nicht konzentrieren. Ich erinnerte mich an die angeregte Diskussion, die bei der abendlichen Feier entbrannt war, und rekapitulierte sie unwillkürlich. Wie gewöhnlich waren im Verlauf des Abends zunächst der neueste Klatsch ausgetauscht und dann Phrasen gedroschen worden. Geklatscht wurde zumeist über die abwesenden Damen, deren unverzeihliche Sünde es war, hübsch zu sein und Würde zu zeigen. Was die abwesenden Herren betraf, so wurden vornehmlich jene kritisiert, die erfolgreicher waren. Dementsprechend ließen sich die guten, aufrechten Anwesenden zu Tisch über das Privatleben der minderwertigen Abwesenden aus.

Ich beachtete dieses Gerede nicht. Ich bedauerte nur, daß das gut durchgebratene, mit delikaten Pilzen garnierte Gigot in der roten Soße wie eine Insel mitten auf dem Tisch, der einem Ozean glich, außerhalb meiner Reichweite lag. Abgesehen davon, langweilten mich die Reden der Anwesenden, die mit ihren tiefsinnigen Ergüssen über Moral und Anstand offenbar just an diesem Abend und an diesem Tisch die Welt von all ihren Übeln befreien wollten. Sogar während der Ausführungen eines älteren gesetzten Herrn, der behauptete, niemandem je ein Haar gekrümmt und nie die Grenzen des Anstands übertreten zu haben, weshalb er sich für die Bilanz seines bisherigen Lebens nicht schäme, war meine Aufmerksamkeit auf die Salatschüssel gerichtet. Als jedoch ein Mann mittleren Alters, der sich von seiner Frau getrennt und ihr das Kind gewaltsam entzogen hatte, ihm nicht anders als die übrigen Gäste lauthals Beifall zollte und altväterlich bemerkte, *»Besser, sich in Treu und Redlichkeit zu üben, da ein jeder zu Bösem fähig«*, und hinzufügte, daß so normale, anspruchslose Menschen wie wir niemals böse und gemein sein könnten, verschlug es mir die

Sprache. Ich hatte nicht übel Lust, ihn daran zu erinnern, was er sich zuschulden hatte kommen lassen. Und zwar nicht nur ihn, sondern auch die Dame, die sich den Besitz ihres Bruders, der im Ausland wohnte, durch Machenschaften unter den Nagel gerissen hatte und jetzt in einem fort wiederholte, »So ist es, so ist es wirklich.« Aus zwei Gründen unterließ ich es jedoch, ihm zu widersprechen. Zum einen, weil dieser Herr meinen Einwand möglicherweise dem Mangel zuschreiben würde, an dem ich seit meiner Kindheit litt, um daraus zu folgern, »Nasi hat Minderwertigkeitskomplexe.« Was teilweise stimmte, weil ich wie sein Kind eine Stiefmutter hatte. Und zweitens zog ich es vor, das köstliche Abendessen, das ich sehr mochte, ofenfrisch und warm zu verzehren und nicht erst nach einer quälend langen und förmlichen Diskussion in kaltem, talgigem Zustand. Abgesehen davon, sah ich nicht ein, weshalb ausgerechnet ich mich ereifern und allen das Abendessen verderben sollte.

Am Ende konnte sich einer der Anwesenden, ein Soziologieprofessor, im Gegensatz zu mir nicht mehr beherrschen. Auf die Frage der Gastgeberin nach seiner Meinung, antwortete er erregt, was er nicht hätte sagen sollen – womit er alle kränkte.

Er sagte, »Meine Meinung ist ebenso bitter wie die Wahrheit. Der Dichter hat zu Recht bemerkt, jeder sei zu Bösem fähig. Auf diesem Planeten gibt es nur den Menschen, der zwei Seiten hat. Das Äußere und das Innere, die oftmals nicht miteinander übereinstimmen. Die meisten von uns sind kleine, gemeine Scheusale mit rechthaberischem Auftreten. Sobald unsere Interessen es erfordern, übermannt uns unser inneres Wesen, und wir begehen Grausamkeiten, die ebenso klein und gemein sind wie wir selbst. Da wir glücklicherweise weder besonders berühmt noch einflußreich sind, hat uns noch niemand bloßgestellt, so daß wir unbekümmert weiter so tun können als ob. Manchmal geht unsere Feindschaft sogar so weit, daß wir dem Betreffenden Tod und Elend wünschen, die herbeizuführen wir glücklicherweise nicht imstande sind. Ja, wir wünschen anderen den Tod, allerdings nicht öffentlich, da wir unsere häßlichen Wünsche ebenso wie unsere häßlichen Taten verheimlichen und tarnen müssen. Jedenfalls ist die Profitgier ein Merkmal des Menschen, der beim Durchsetzen seiner Ziele keine Grenzen kennt. Nun bitte ich Sie mir ganz ehrlich zu sagen, habe ich nicht recht?«

Die Antwort auf seine Frage lag mir auf der Zunge. Ich stimmte ihm zu. Im Alter von zwölf Jahren hatte ich mich in genau solch einen Menschen verwandelt. Mein Herz war versteinert, und ich wünschte allen Böses. Es hätte genügt, den Mund zu öffnen und meine Geschichten über die kleinen Grausamkeiten zum besten zu geben, um den ehrwürdigen Professor vor den aufbrausenden Protesten zu retten. Nach vielen Jahren hatte ich jedoch gelernt, niemanden zu bemitleiden, niemandem zu vertrauen und aus dem gepflegten Äußeren anderer nicht auf ihren guten Charakter zu schließen. Seit meinem zwölften Lebensjahr war ich dem Klub der Rachsüchtigen beigetreten, so daß ich es genoß, mitanzusehen, wie der ehrwürdige Professor von den gekränkten Gästen, die es nicht ertragen konnten, den Spiegel vorgehalten zu bekommen, mit spitzen Bemerkungen attackiert wurde. Wie er mit seinen vernünftigen Argumenten nicht gegen ihre Seitenhiebe und geschickten Wortverdrehungen ankommen konnte. Selbstverständlich tat der Professor mir leid. Er war ein guter Mensch, allerdings nur in diesem Augenblick. Gott allein wußte, wie er sich verhalten würde, wenn es ihm zum Vorteil gereichte. Schließlich war er wie wir alle nur ein Mensch. Vielleicht hätte er sich mir, sobald ich seine Frage beantwortet und ihn unterstützt hätte, listig wie eine Schlange genähert und einen günstigen Moment abgewartet, um mich ebenfalls anzugreifen.

Die Erinnerung an die abendliche Diskussion und die Müdigkeit hatten meine Gedanken so zerstreut, daß ich mich nicht auf das Buch konzentrieren konnte. Kaum hatte ich drei, vier Seiten gelesen, als ich auch schon einschlief.

Ein Geraschel weckte mich aus dem Schlaf. Das Geräusch kam vom Balkon der gegenüberliegenden Wohnung. Anfangs glaubte ich, die sanfte Brise, die gerade wehte, fege ein trockenes Blatt über den Boden. Aber nein, das Geräusch klang eher nach dem Zerkleinern einer Mohrrübe. Als würde ein Kaninchen an einer Mohrrübe nagen. Dann hörte ich eine kindliche Stimme liebevoll sagen, »Friß schön, mein Hasi.«

Zweifellos war ein Kind spät in der Nacht erwacht und fütterte jetzt heimlich sein Kaninchen. Ich spürte die wunderbare Beziehung zwischen dem Kind und seinem Kaninchen mit allen Fasern meines Herzens und kann ungeniert gestehen, daß ich, sogar noch in meinem Alter, das Kind um sein Kaninchen beneidete. Ich wurde in frühere Zeiten zurückversetzt und verwandelte mich wieder in das zwölfjährige Mädchen, das die fünfte Klasse besuchte. Erneut überfiel mich der gesamte Kummer der Welt. Damals hatte man mir einen so schweren Schlag versetzt, daß die Wunde bis an mein Lebensende nicht verheilen würde. Die Wunde der Rachgier und des Mißtrauens gegenüber allen Menschen. Müde streckte ich mich auf meinem Lager aus – und war um den Schlaf gebracht.

Meine Mutter war so früh gestorben, daß ich mich nicht einmal mehr an ihr Gesicht erinnern konnte. Meine Stiefmutter war eine häßliche alte Jungfer, die eine Mischung aus Bösartigkeit und Geschick zu ihrer Lebensphilosophie gemacht hatte. Stets lag ein Lächeln auf ihren Lippen. Vor allen Verwandten, insbesondere den Frauen meiner väterlichen Familie, rief sie mich beim Vornamen, dem sie stets ein inniges *djun*, ›mein Liebes‹, hinzufügte. Sie veranstaltete Einladungen, die meinen Vater ein Vermögen kosteten, zugleich aber konnte sie mit ihrem warmen Lachen und den Scherzen, die mir abgeschmackt und zotig erschienen, mit ihrem Getue um die liebste Lili und Pari und Sari, meine Tanten, Kusinen und die sonstigen Verwandten meines Vaters, sich bei allen einschmeicheln und diese, die mit gefülltem Magen angenehme Stunden bei uns verbrachten, davon überzeugen, mein Vater habe bei seiner zweiten Heirat die Trumpfkarte gezogen, so daß sich alle beifällig über sein Glück äußerten. Die Täuschungsmanöver meiner umgänglichen Stiefmutter wirkten sich zu meinem Nachteil aus, da die Frauen unserer Familie meine gelegentlichen, für eine Zwölfjährige üblichen Streiche als Rebellion und mich als undankbare Göre bezeichneten, um sich bei meiner Stiefmutter einzuschmeicheln. So befand ich mich in ständiger Verteidigungshaltung. Dennoch konnte auch ich von den Einladungen meiner Stiefmutter profitieren. Lediglich zu diesen Anlässen verhätschelte sie mich als ihre Nasi djun und hielt mich sanft an, mich zu meinem Vater zu setzen. Und nur bei dieser Gelegenheit gelang es meinem Vater, mit seiner großen und kräftigen Hand meine kleine Hand zu streicheln, die ich argwöhnisch und verängstigt auf die Armlehne seines Stuhls legte. In solchen Augenblicken gab ich mir stets große Mühe, meine Tränen zurückzuhalten, die dem Gefühl mangelnder Zuwendung und hilflosem Selbstmitleid angesichts meiner Wehrlosigkeit entsprangen. Noch heute tue ich mir bei der Erinnerung an diese Tage leid. Während der Einladungen hatte meine Stiefmutter die Situation insgeheim stets im Blick, und ich genoß ihren stillen Zorn über die Zuneigung, die mir mein Vater entgegenbrachte. Ich zweifelte nicht daran, daß ich eines Tages bitter dafür büßen würde. Daß diese Frau mit ihrem süßen

Lächeln und ihren giftigen Blicken mir irgendwann einen heftigen Schlag versetzen würde. Allerdings wußte ich nicht, wann und wie sie es tun würde.

Trotz der versteckt gezielten Blicke meiner Stiefmutter, deren Bedeutung ich bereits kannte, stopfte ich mich nach Herzenslust voll und nutzte die Anwesenheit der Gäste, mich satt zu essen. Am Ende fuhr meine Stiefmutter stets aus der Haut. Obwohl sie nach außen hin nicht geizig wirkte, gönnte sie im Haus meines Vaters allen das Essen außer mir. Ich muß gestehen, daß sie recht hatte, da meine Völlerei auch eine Art geheime Kriegserklärung war. Sie wußte, daß ich sie ärgern wollte, und fuhr deshalb aus der Haut. Mit ihrem gewohnt liebevollen Lächeln legte sie ihre Hand auf meine Schulter und sagte, »Nasi djun, ich fürchte, dir wird schlecht. Für heute abend ist es genug, mein Liebes. Geh schlafen.«

Die Tanten, Kusinen und alle anderen weiblichen Verwandten pflichteten ihr bei und beglückwünschten mich, die ich vollkommen allein dastand, einhellig zu dieser liebevollen Mama. Sie wußten nicht, daß der Befehl, schlafen zu gehen, in Wahrheit einer Vertreibung gleichkam, und sie ahnten nicht, daß meine Stiefmutter bei diesen Worten ihren langen Daumennagel in die zarte Haut meines Nackens grub, was mich zusammenzucken ließ. Ebenso erging es mir bei dem Wort Mama, auf dem die Gäste beharrten, um sich bei ihr einzuschmeicheln. Vielleicht wußten sie auch, was los war, und ließen es sich nur nicht anmerken.

Und mein Vater? Er war ein schwächlicher, willenloser Mann, der seiner neuen Ehefrau das Regiment über sein und mein Leben überlassen hatte.

So kam es, daß ich im Hause meines Vaters, das stets von seinen Verwandten und den Angehörigen meiner Stiefmutter erfüllt war, als kleines Mädchen einsam und unbeachtet blieb. Meine Schule war nicht sehr weit von zu Hause entfernt. Jeden Morgen ging ich mit meiner Schuluniform aus grober Wolle, den weißen Strümpfen, für deren Unsauberkeit ich zumeist beim Morgenappell gerügt wurde, mit abgetragenen, schlechtbesohlten Schuhen und der Schultasche, die ich seit zwei Jahren besaß und deren eingerissenen Bezug ich von Zeit zu Zeit bis spät in die Nacht mit Nadel und Zwirn flickte, zur Schule, wo ich mit Tahereh in einer Bank saß. Tahereh erschien mir als Inbegriff des Glücks. Hämisch deutete sie auf die Nähte meiner Schultasche, und ich erfand allerlei Geschichten, um ihr weiszumachen, der Schuster unseres Viertels sei so ungeschickt, daß er nicht einmal den Bezug einer Schultasche reparieren könne. Selbstverständlich hoffte ich, die kleinen Stichwunden an meinen Fingern würden mich nicht verraten. Ihre Mutter kam gelegentlich zur Schule, um sie abzuholen. Dann ließ Tahereh meine Hand los und hüpfte fröhlich Mama sagend auf sie zu. Taherehs Mutter brauchte sich nicht sonderlich anzustrengen, um meine Eifersucht zu wecken. Es genügte, wenn sie Tahereh an der Hand nahm und sagte, »Paß auf, daß du nicht in den Rinnstein fällst.«

In solchen Augenblicken wand ich mich, lehnte mich an die Mauer und betrachtete staunend und voller Bewunderung ihre natürliche Beziehung. Dann machte ich mich, müde und lustlos, mit gesenktem Kopf auf den Heimweg. Meine Stiefmutter war Beamtin und meist noch nicht zu Hause, was mir ganz recht war.

Aber dies waren keine tiefgehenden Enttäuschungen. Schließlich gewöhnt jeder Mensch sich irgendwie an sein Elend. Das Unheil begann an dem Tag, an dem Tahereh mir in der Schulstunde ins Ohr flüsterte, »Weißt du was? Meine Cousine hat ein trächtiges Kaninchen. Sie hat mir versprochen, mir eines der Jungen zu schenken, sobald es geworfen hat. Soll ich dir auch eins mitbringen?«

Mir war, als sei mitten in der Klasse plötzlich die Sonne

aufgegangen. Die Vorstellung eines weißen, warmen Kaninchenjungen, das man womöglich ins Bett mitnehmen und aufs Kopfkissen legen könnte, die Vorstellung, es mit Möhren zu füttern, mit ihm zu spielen und herumzutollen und dergleichen kindliche Phantasien mehr, sowie die Vorstellung eines lieben, lebendigen Wesens, das einem anhing, erfreuten mich so sehr, daß ich mit etwas lauterer Stimme antwortete, »Ja, ja. Bitte, bitte bring mir auch eins mit.«

Tahereh sagte, »Du mußt aber erst deine Mutter um Erlaubnis fragen. Falls du es ohne ihre Erlaubnis mitbringst und deine Mutter es auf die Straße setzt, ist es eine Sünde.«

Der Gedanke, meine Stiefmutter um Erlaubnis zu bitten, war mir nicht gekommen. Obwohl ich entsetzt war, hoffte ich, es irgendwie zuwege zu bringen.

Unsere Lehrerin war eine lange, magere und apathische Frau mit sanftem, liebevollem Blick – zumindest sah sie mich so an –, ihre Figur glich einem trockenen Zweig, aus dessen Mitte ein Apfel wuchs. Mit einer gewissen Mattigkeit, wie sie für schwangere Frauen charakteristisch ist, was ich damals nicht wußte, rief sie, »Nasi, sei still.«

Da ich durch die Züchtigungen meiner Stiefmutter und ihre donnernden Befehle ängstlich und feige geworden war, zog ich umgehend den Kopf ein und schwieg. Ich schwor mir jedoch, während der Pause ihre verzogene, linkische Tochter Jaleh ordentlich zu schubsen, aber so, daß es wie aus Versehen wirkte. Das war leicht zu bewerkstelligen, denn das Mädchen war ein Jahr jünger als wir und so kleinwüchsig und schwach, daß man es mühelos quälen konnte. Ich ignorierte sogar die Tatsache, daß unsere Lehrerin mich nicht mehr für meinen verschmutzten Kragen und die schmutzigen Strümpfe bestrafte, seitdem sie festgestellt hatte, daß ich eine Stiefmutter hatte, und mich liebevoll behandelte.

An diesem Tag lief ich, ohne einmal anzuhalten, nach

Hause, wobei meine Schuhe, die mir bei jedem Schritt von den Füßen rutschten, mich nicht aufhalten konnten. Meine Stiefmutter war daheim, und ich vermied es, mich wie gewöhnlich mit ihr zu streiten. Im Lauf der Zeit hatte ich erkannt, daß ich mich nach ihrem Willen richten und ihr schmeicheln mußte, um auf meine Kosten zu kommen. Deshalb zog ich gleich an der Tür meine Schuhe aus, wusch mir Gesicht und Hände und hängte meine Schuluniform und die Schultasche an der Garderobe des Eßzimmers auf. Ich sagte nicht, ich sei hungrig. Ich schmollte nicht, sondern wartete mit fröhlicher Miene auf das Abendessen, was immer es sein mochte. Als dann meine Stiefmutter erfreut in der Teheraner Illustrierten blätterte, um den Fortsetzungsroman ›Kommandant Agha Bala Chan‹ zu lesen, witterte ich die günstige Gelegenheit. Also bettelte ich mit möglichst schräg gelegtem Kopf, um ihr Mitleid zu wekken, »Ich wollte sagen ... darf ich?«

Meine Stiefmutter hatte die gewünschte Seite gefunden, faltete sie in der Mitte und begann zu lesen.

»Darf ich ... ein Kaninchen mitbringen?«

Stille.

»Bitte, bitte ... darf ich ein Kaninchen mitbringen?«

»Ohum.«

Zunächst wollte ich es nicht glauben. Um sicherzugehen, fragte ich erneut, »Darf ich?«

Glücklicherweise war meine Stiefmutter sehr gut aufgelegt. Während sie die Zeitschrift studierte, sagte sie, »Hmm, du kannst es mitbringen, aber Kaninchenfleisch schmeckt nicht sehr gut. Man sollte es nicht essen.«

Meine Stiefmutter scherzte nur selten mit mir. Dies war eine der raren Ausnahmen. Vor Freude wären mir beinahe Flügel gewachsen. Also war meine Stiefmutter doch kein so böser Mensch. Vielleicht mochte sie auch Kaninchen. In dem Augenblick hatte ich sie so lieb, daß ich sogar bereit gewesen wäre, sie Mama zu nennen.

Am nächsten Tag kam Tahereh zu spät zur Schule, was die Lehrerin mit einem Aufschrei und einem Schlag mit dem Lineal quittierte. Mitten in der Stunde, als die Lehrerin uns nicht beachtete, flüsterte ich Tahereh ins Ohr, »Ich hab die Erlaubnis bekommen. Wann bringst du das Kaninchen mit?«

Erneut schrie die Lehrerin Tahereh an, »Was hast du gesagt?« Und sie hob drohend ihr Lineal.

Tahereh erschrak und sagte, »Chanum, ich schwöre, ich habe nicht gesprochen. Die da sagt ständig, bring mir ein Kaninchen mit.«

Diesmal sagte die Lehrerin nur, »Sei still.«

Ich war beruhigt. Meine Lehrerin wußte, daß ich keine Mutter hatte, weshalb sie mich nicht züchtigte. Wie dem auch sei, jedes Unglück bringt auch gewisse Vorteile mit sich.

Vom nächsten Tag an wurde es zu meiner täglichen Gewohnheit, Tahereh in den Pausen zu fragen, ob das Kaninchen geworfen habe. Schließlich verkündete sie die frohe Botschaft, das Kaninchen habe nicht nur ein, sondern gleich zwei Junge bekommen. Ein schneeweißes Junges, das Tahereh für sich selbst wollte, und ein weißes mit je einem schwarzen Flecken auf dem Näschen und über der Braue. Handeln ließ sie nicht mit sich, außerdem würde das Kaninchen mit zwei schwarzen Flecken noch niedlicher wirken. Entzückt bat ich sie, »Bring mir morgen das Kaninchen mit.«

Taherehs Antwort war vernünftig, »Jetzt geht es doch noch nicht. Es hat noch die Augen geschlossen und wird gesäugt.«

»Wann dann?«

»Du mußt abwarten. Bastle dir eine Schachtel und bohr ein paar Löcher in den Deckel. Dann leg etwas Stoff hinein, damit das Kaninchen es warm hat. In der Schachtel muß auch immer eine Möhre sein, damit seine Zähne nicht zu lang werden.«

An allen folgenden Tagen drehten sich unsere Gespräche während der Pausen, von denen es zur damaligen Zeit noch täglich drei gab, um die Kaninchen und wann sie ihre Augen öffnen und entwöhnt sein würden. Im Gegenzug zu Tahereh Angebot unterrichtete ich sie während der Pausen im Rechnen, obwohl mir eher nach Spielen zumute war, damit sie nicht wie im vergangenen Trimester bei der Abschlußprüfung durchfiel. Tahereh schob mit der Klugheit einer Politikerin die Übergabe des Kaninchens ständig hinaus, sorgte jedoch zugleich dafür, daß meine Sehnsucht danach nicht verflog. Fortlaufend berichtete sie mir; das Junge habe die Augen geöffnet, heute eine Möhre gegessen, es würde allmählich herumhüpfen. Sie erwähnte jedoch nichts vom Zeitpunkt der Übergabe, so daß ich mich um so aufgeregter abmühte, ihr das Rechnen beizubringen. Zum Beispiel an Hand der Aufgabe jenes vermaledeiten Orangenhändlers, der zunächst zehn Kilo Apfelsinen für zwanzig Rials und dann zwanzig Kilo Apfelsinen für dreißig Rials verkauft und nun wissen will, zu welchem Preis er die restlichen Apfelsinen verkaufen muß, wenn fünf Kilo davon verdorben sind, um den doppelten Profit zu erzielen? Ich löste auch diese Aufgabe für sie.

Mit der Zeit wurde ich mißtrauisch. Gab es die Kaninchen überhaupt? Hatte ihre Cousine es sich anders überlegt? Wollte Tahereh mich vielleicht an der Nase herumführen und bis zum Ende des Trimesters als allzeit bereite Privatlehrerin fürs Rechnen einspannen? Gelegentlich beschloß ich, nicht mehr mit ihr zu reden. Daraufhin schwor sie stets, das Junge müsse noch gelegentlich gesäugt werden. Es war zu meinem Vorteil, wenn ich vorgab, ihr zu glauben. Andernfalls hätte sie aus der Haut fahren und erklären können, »Überhaupt behalte ich beide Jungen für mich selbst. Ich schulde dir doch nichts. Ich werde dir das zweite nicht geben. Was sagst du nun?«

Da sie mir zu nichts verpflichtet war und ich sie nicht zwingen konnte, zog ich es vor, abzuwarten. Schließlich nahm ich Tahereh an einem Donnerstag das Versprechen ab, mir das Junge bis zum Ende der kommenden Woche mitzubringen.

Ich kann mich noch gut erinnern, daß ich den ganzen Weg nach Hause gelaufen bin. Sobald ich ankam, zog ich die Schuhe aus, wusch mir Gesicht und Hände und ging auf Zehenspitzen ins Eßzimmer, wo ich meine Schuluniform und die Schultasche an der hölzernen Garderobe aufhängte. Dann sagte ich entzückt zu meiner Stiefmutter, »Tahereh hat gesagt, sie bringt nächste Woche das Kaninchen mit.«

Meine Stiefmutter fragte scharf, »Was bringt sie mit?«

Mein Herz bebte. Zögernd sagte ich, »Das Kaninchen. Tahereh hat gesagt, sie bringt es kommende Woche mit.«

Meine Stiefmutter schnellte wie eine Feder von ihrem Stuhl und fragte, »Wer hat dir erlaubt, ein Kaninchen nach Hause zu bringen?«

Zweifellos verdächtigte sie meinen Vater. Um der nächtlichen Auseinandersetzung mit ihm vorzubeugen, die zweifellos eine Tracht Prügel von beiden zur Folge gehabt hätte, erwiderte ich rasch, »Sie selber haben es mir erlaubt.«

»Ich soll es dir erlaubt haben? Wann habe ich dir das je erlaubt?«

»Damals ..., an dem Abend, als Sie die Teheraner Illustrierte lasen ... Sie sagten, ohum.«

»Wie dreist sie doch lügt! Du freche Töle! Untersteh dich, ein Kaninchen in dieses Haus mitzubringen, das alles versaut. Kaninchen werfen Junge und durchwühlen den Garten.«

»Ich werde es in einen Käfig sperren. Es ißt nur Möhren. Ich werde seinen Käfig selber reinigen.«

»Untersteh dich! Schon du bist überflüssig.«

Mein Traum brach zusammen. Während sie nörgelnd in die Küche ging, starrte ich ihren Rücken an und verfluchte sie. Nachts weinte ich in meinem Bett und putzte aus Wut über meine Stiefmutter meine Tränen und meinen Rotz mit dem Laken ab. Ich beschloß, das Kaninchen heimlich nach Hause mitzubringen.

In einem Winkel unseres Hofs befand sich ein kleiner Keller, der stark nach Moder roch. Von seiner Decke fielen weiße Würmer. Er war nicht ausreichend belüftet und stand voller Gerümpel. Ich fand eine leere Pappschachtel, zu der mir Tahereh geraten hatte, und kleidete sie mit Stoff aus. An dem Freitag, an dem ich das Behältnis für das Kaninchen bastelte, schneite es ununterbrochen. Ich bohrte ein Loch in den Deckel der Schachtel und tat eine Mohrrübe hinein. Dann sprang ich auf, nahm die Schachtel an mich und lief in den Hof. Das Geschrei meiner Stiefmutter, die mich anfuhr, ich würde Schnee und Dreck aus dem Hof ins Zimmer und unter den Korssi tragen, beachtete ich nicht.* Im Keller versteckte ich die Schachtel unter einem Hocker, von dem ein Bein abgebrochen war. Ich kehrte in das Zimmer zurück, setzte mich an den Korssi und erledigte auf einen Sitz sämtliche Hausaufgaben. Meine Stiefmutter wurde aus meinem Verhalten nicht schlau. Für den Fall, daß sie die Anwesenheit des Kaninchens im Keller bemerken und mir erbost seine Haltung verbieten würde, plante ich, meine Lehrerin zu bitten, mit ihr zu sprechen, um ihr steinernes Herz zu erweichen und sie zu überreden. Selbstverständlich würde ich dann versprechen, das Kaninchen nicht aus dem Keller herauszubringen und mich selbst um seine Sauberkeit und Verpflegung zu kümmern. Zwei-

* Korssi: niedriger rechteckiger Tisch, bedeckt mit einer Decke, unter den ein Becken mit glühenden Kohlen gestellt wird, an dem man sich die Füße wärmt.

fellos würde die freundliche Lehrerin einwilligen, sich für mich einzusetzen. Deshalb freute ich mich sehr.

Am Samstag hatte Tahereh gesagt, Sonntag. Der Sonntag ging vorbei, und sie sagte, vielleicht Montag. Am darauffolgenden Donnerstag fanden die Abschlußprüfungen des dritten Trimesters statt. Es war kalt, und der Schnee hatte alles in Weiß gehüllt. Dennoch ging ich jeden Tag bei Anbruch der Dämmerung in den Keller und inspizierte die kostbare Schachtel. Der Freitag war sowieso frei. Unbeobachtet von meiner Stiefmutter, pflückte ich einen Zweig Winterjasmin aus dem Garten und legte ihn in die Schachtel, damit sie gut duftete. Vor lauter Freude konnte ich meinen Speichel nicht mehr herunterschlucken. Als hätte man mir spitze Dornen in die Kehle getrieben.

Nachts bekam ich Fieber und legte mich auf Anweisung meines Vaters ins Bett. Meine Stiefmutter nutzte meine Widerborstigkeit, da ich trotz des Fiebers zur Schule gehen wollte. Sie legte ihre Hand auf meinen Nacken, vorgeblich, um meine Temperatur zu prüfen, und sagte zu meinem Vater, »Ich weiß nicht, weshalb Nasi niemals einsehen will, was für sie gut ist.« Dabei trieb sie mir ihren Daumennagel in den Nacken, und ich wischte mir insgeheim die Tränen und die Nase an der Decke über dem Korssi ab. Bis zum Donnerstag ging ich nicht zur Schule. Donnerstagmorgen setzte ich mich auf die Schulbank und legte das Entschuldigungsschreiben meines Vaters aufs Pult. Wie alle anderen Schülerinnen öffnete ich meine Schultasche und zog den Prüfungsbogen hervor. Die Lehrerin, die auf ihrem Weg durch die Klasse die Hausaufgaben abzeichnete, nahm, als sie mich erreichte, den Brief meines Vaters an sich und las ihn. Sie sah mir ins Gesicht. Ihr Blick war trübe und empfindungslos. Leise, jedoch nicht so leise, daß meine Klassenkameradinnen auf den hinteren Bänken es nicht hören konnten, fragte sie, »Haben sie dich denn nicht zum Arzt gebracht?«

Sie blickte mich mitleidig an. Vermutlich hatte kein anderer die Bedeutung ihrer Worte begriffen. Vielleicht glaubten die anderen, die Lehrerin verlange ein ärztliches Attest von mir. Ich begriff jedoch, daß sie mit dem Plural meine Stiefmutter gemeint hatte. Vor Scham und Kummer preßte ich die Zähne zusammen. Das Blut stieg mir zu Kopf, und ich sagte, »Doch, sie haben mich zum Arzt gebracht.« Und ich senkte den Kopf.

Die Lehrerin erkannte, daß ich log. Sie bestand nicht darauf, das ärztliche Attest zu sehen, und ging weiter. Es wurde Zeit, die Anwesenheitsliste zu prüfen. Ich war beunruhigt. Tahereh war noch nicht erschienen. Insgeheim befürchtete ich, sie würde sich, falls sie zu spät käme, Schläge mit dem Lineal einhandeln. Tahereh erschien. Mit glänzenden Augen und lachendem Mund hob sie den Finger und bat die Lehrerin, sich setzen zu dürfen. Die Lehrerin hob den Kopf, sah sie gleichgültig an, nickte und sagte, »Setz dich hin.«

Es war alles noch einmal gutgegangen. Glücklicherweise war von Strafe nicht die Rede. Unsere schwangere Lehrerin war apathisch und lustlos. Offensichtlich hatte die verzogene Tahereh diesen Umstand dreist zu ihrem Vorteil ausgenutzt. Sie kam und setzte sich seelenruhig neben mich. Während sie den Prüfungsbogen hervorzog, fragte sie mich leise, »Weshalb bist du denn am Dienstag nicht zur Schule gekommen?«

Ich sagte, »Ich war erkältet«, und fuhr freudig fort, »Wann bringst du das Kaninchen mit?«

Gleichgültig erwiderte sie, »Ich habe es mitgebracht.«

Ich war sprachlos. Entzückt suchte ich nach der Schachtel mit dem Kaninchen, sah dabei unwillkürlich unter dem Pultdeckel nach und fragte, »Wo ist es denn?«

»Heute doch nicht. Ich hatte es am Dienstag mitgebracht, als du nicht da warst.«

»Hast du es wieder nach Hause mitgenommen?«

»Nein, es rumorte in der Schachtel. Die Kinder haben es der Lehrerin erzählt.«

Ich war so beunruhigt, daß ich die Prüfung vergaß. Tahereh schrieb ihren Namen oben auf den Bogen und fragte, »Weshalb schreibst du deinen Namen nicht hin?«

Ohne auf ihre Frage zu achten, fragte ich, »Was ist mit dem Kaninchen geschehen?«

»Nichts. Die Lehrerin fragte mich, weshalb ich das Kaninchen mitgebracht habe. Ich erzählte, ›Nasi hat es gewollt, ich habe es für sie mitgebracht.‹ Sie fragte mich, ob ich es ihr geben würde. Sie wollte es für Jaleh. Die mag Kaninchen sehr. Ich habe ja gesagt und es der Lehrerin gegeben.«

Ich war außer mir vor Wut. Es gab noch eine höhere Macht als meine Stiefmutter, die mir ganz offen einen Schlag versetzte und mir seelenruhig unrecht tat. Als hätte ich nie existiert, oder als wären meine Gefühle nichts wert. Die Lehrerin hatte sich noch nicht einmal die Mühe gemacht, abzuwarten, um mich persönlich um das Kaninchen zu bitten. Also war Tahereh nicht ohne Grund so dreist zu spät gekommen. Also war es nicht ohne Grund, daß die Lehrerin sie nicht gerügt hatte.

Ich senkte meine Stimme und sagte mit unterdrückter Wut zu Tahereh, »Du blöde Kuh, hattest du es mir nicht versprochen?« Und ich trat ihr unter dem Tisch kräftig mit meinem Absatz auf den Spann.

Tahereh schrie übertrieben auf und sagte, »Frau Lehrerin, darf ich etwas sagen? Nasi hat mich beschimpft.«

Die Lehrerin hob rasch den Kopf und fragte, »Was ist los?«

Ihr Tonfall klang streng, aber sie sah zur anderen Seite und vermied es ganz offensichtlich, Tahereh zu tadeln.

Tahereh zierte sich, »Sie fragt, weshalb ich ihr Kaninchen der Frau Lehrerin gegeben habe. Ständig tritt sie unter dem Tisch nach mir.«

Die Lehrerin überhörte den ersten Satz und fuhr mich mit einem Ton an, der noch barscher war als der meiner Stiefmutter, »Steh auf und verzieh dich. Setz dich nach hinten. Freches, unnutzes Gör.«

Jetzt lag in ihrem Blick nicht mehr das gewöhnliche großmütige Mitleid. In diesem Augenblick hatte ihre menschenfreundliche Fassade einen Sprung bekommen, und der Eigennutz, der jedes Mitgefühl zerstört, hatte ihr Gewissen verstummen lassen. Ihre verborgene, grausame Seite war zutage getreten. Im selben Augenblick erkannte ich, daß ich mühelos einen Menschen töten könnte. Tahereh zählte nicht. Ich meine die Lehrerin, die ihre kümmerliche, hilflose Schülerin um ihr gutes Recht gebracht hatte wie nichts. Ihr Unrecht war ebenso geringfügig wie ihre Macht, der Eindruck jedoch, den sie bei ihrem kleinen Opfer hinterließ, war vernichtend. Abscheu wühlte in mir. Meine Sehnsucht nach einem Kaninchen blieb unerfüllt. Noch mehr litt ich jedoch darunter, von so unerwarteter Seite einen Schlag versetzt zu bekommen. Ich war wie betäubt, ich konnte es kaum glauben.

In jenem Jahr wurde Tahereh im zweiten und dritten Trimester bei den Abschlußprüfungen im Rechnen wider Erwarten mit einer Drei und einer Zwei benotet. Tahereh bestand ohne Wiederholungsprüfung, und ich grämte mich voller Zorn um all die Pausen, die ich daran verschwendet hatte, mit diesem Ausbund an Einfalt Rechnen zu üben. Es stimmte zwar, daß Tahereh ohne Wiederholungsprüfung bestanden hatte, ihren Prüfungsbogen hatte sie jedoch niemandem gezeigt.

Obwohl seither viele Jahre vergangen sind, wünsche ich jedes Mal, wenn ich an jenen verfluchten Donnerstag denke, meiner Lehrerin und ihrer bleichen Tochter Jaleh den

Tod. Was Tahereh betrifft, die ich seit Jahren nicht mehr gesehen habe, so bin ich immer noch der festen Überzeugung, daß wir uns eines Tages wieder begegnen werden. Seit jener schmerzlichen, zugleich kindischen Ungerechtigkeit ist eine lange Zeit vergangen. Aber sogar heute nacht, wo ich mich als gesetzte Erwachsene ruhig und entspannt auf meinem Bett ausgestreckt habe und an die Vergangenheit denke, wetze ich zu meiner Verblüffung noch immer die Klinge meiner Rachsucht, die ich schon für endgültig verrostet gehalten hatte.

Spômaï Zariâb

Das Lied von der Unabhängigkeit

Es war gegen Ende des Schuljahrs. Vielleicht im Monat Skorpion oder Schütze*. Ich weiß es nicht mehr genau. Ich ging damals in die erste Klasse. Die Scheibe in der Tür unseres Klassenzimmers und alle Fensterscheiben waren zerbrochen. Der Wind blies in den Raum und fuhr uns durchs Haar, ob gekämmt oder ungekämmt. Wie immer zu dieser Jahreszeit hatten fast alle Schnupfen. Und während wir uns, klein und schmächtig, immer tiefer in unsere schwarzen Schuluniformen kauerten, zogen wir geräuschvoll die Nase hoch und kramten hastig nach Taschentüchern, obwohl wir wußten, daß wir weder in unseren Taschen noch im Ranzen fündig werden würden. Irgendwann gaben wir unsere emsig erfolglose Suche auf, wir mühten uns nach Kräften, zu verhindern, daß uns die Nase lief, schauten uns im passenden Moment verstohlen um, wischten sie geschickt am Ärmel ab und bekamen so zumindest für kurze Zeit wieder Luft.

Als es an einem jener letzten Schultage läutete, kam unsere Lehrerin für Zeichnen und Werken in die Klasse, eine kleine Frau, sie war wirklich sehr klein und zierlich. Wenn sie uns den Rücken kehrte, sah sie aus wie ein Mädchen von elf, zwölf Jahren. Sie hatte eine Brille und trug kurzes Haar. Sobald sie in die Klasse kam, sagte sie normalerweise:

– Nehmt eure Hefte raus und zeichnet irgendwas.

Und wir kramten unsere Hefte aus unseren alten Ranzen, legten sie vor uns auf den Tisch, nahmen unsere Bleistifte zur Hand und hofften, es würde uns etwas einfallen, das

* 8. und 9. Monat des Sonnenjahrs. (A. d. Ü.)

wir zeichnen könnten. Kaum daß unsere Lehrerin hinter ihrem Pult saß und das Klassenbuch unterschrieben hatte, griff sie zu ihrer Handtasche, zog einen Nylonstrumpf heraus, ging mit erstaunlicher Sorgfalt daran, ihn zu stopfen, und kümmerte sich für den Rest der Stunde weder um uns noch um unsere Arbeit. Wenn sich unsere Lehrerin für Zeichnen und Werken ihren Strümpfen widmete, zerbrachen wir uns die Köpfe nicht länger über Motive, kreuzten über dem weißen Blatt vor uns die Arme, stützten die Stirn darauf, zogen weiter laut die Nase hoch, schwatzten, den Kopf gesenkt, mit unserer Nachbarin allen erdenklichen Unsinn, waren binnen Sekunden von munterem Stimmengewirr umgeben und hatten die Zeichenlehrerin vergessen.

An jenem Tag aber machte sie eine ungewöhnlich strenge Miene, als sie in die Klasse kam, schlug mit ihrem Lineal auf den Tisch und rief:

– Alle herhören. Ruhe!

Wir waren sofort still, hatten Herzklopfen, machten große Augen und vergaßen vor Schreck sogar, die Nase hochzuziehen, als die Stimme unserer Zeichenlehrerin wieder durchs Klassenzimmer schrillte:

– Für die Prüfung in Zeichnen und Werken macht jede von euch ein Werkstück und bringt es mit in die Schule!

Von einem Werkstück hatten wir keine genaue Vorstellung und fragten fast wie aus einem Mund:

– Werkstück? Was denn? Wie?

Zornig blitzten die dunklen Augen der Lehrerin hinter ihrer Brille, und ebenso zornig kam ihre Antwort:

– Baut was, aus Lehm, aus Holz, aus Papier …

Doch auch aus dieser Erklärung wurden wir nicht schlauer, und als die Lehrerin sah, wie ratlos wir waren, fügte sie barsch hinzu:

– Sagt zu Hause, was ihr machen sollt, die wissen schon, was gemeint ist, verstanden?

Aus Angst und ohne verstanden zu haben, sagten wir alle zugleich:

– Ja.

Am Tag vor der Prüfung in Zeichnen und Werken fiel mir ein, ich hätte meiner Mutter ausrichten sollen, daß unsere Lehrerin uns aufgetragen hatte, ein Werkstück zu machen. Weil auch meine Mutter nicht verstand, was ich meinte, wiederholte ich ratlos, was unsere Lehrerin für Zeichnen und Werken gesagt hatte:

– Baut irgendwas, aus Lehm, aus Holz, aus Papier ...

Meine Mutter saß unter der Decke am Sandali* und nähte. Sie sah mich an, unterbrach ihre Näharbeit, knotete ihr weißes Kopftuch fest und überlegte. Kurz darauf sagte sie:

– Genau. Ich weiß, was ich dir bauen kann.

Sofort fragte ich:

– Was baust du?

– Das wirst du schon sehen. Gedulde dich, sagte sie, erklärte noch, daß ihre Mutter ihr »Das« früher manchmal gebaut hatte, und machte mir »Das« um so geheimnisvoller. Ihre Hausarbeit an jenem Abend erledigte meine Mutter schnell, und während der Rest der Familie rund um den Sandali schon schlief, kramte sie alte Zeitungen aus der Abstellkammer, klopfte den Staub ab und legte den Packen vor sich auf den Tisch. Sie ging eine Schere holen, rührte in einer Schüssel Kleister an, legte sich auch Bindfaden zurecht und setzte sich neben mich. Ich wußte noch immer nicht, was meine Mutter bauen würde. Sie klebte mehrere Lagen Zeitung aufeinander.

– Was baust du denn? fragte ich ungeduldig.

Meine Mutter sah mich aus müden Augen an, und wie

* Heizvorrichtung für kalte Tage: ein Becken mit gut durchgeglühter Kohle unter einem niedrigen Tisch, über den eine große warme Decke gebreitet wird. (A. d. Ü.)

um ein Geheimnis zu verraten, beugte sie sich zu mir und flüsterte mir ins Ohr:

– Einen Brunnen mit Eimer.

Augenblicklich sah ich unseren eigenen Brunnen vor mir und erinnerte mich an den Tag, an dem mein Vater ihn putzen lassen wollte und zwei, drei Männer bestellt hatte. Die hatten große Eimer dabei, links und rechts mit Ringen versehen, an denen Seile festgeknotet waren. Die Männer sahen sich zuerst den Brunnen an. Dann sahen sie einander an und sagten:

– Ganz schön tief.

Und direkt neben dem Brunnen nahm jeder seinen Turban vom Kopf und legte die Kleider ab. Zum Vorschein kamen schwarz behaarte Oberkörper und schwarz behaarte Beine. Die Männer hatten enorm große Zehen und rissige Haut an den Füßen. Und ihre Gesichter glänzten seltsam gelb. Einer der drei Männer knotete sich rasch ein Seil um den Bauch und kletterte schnurstracks in den Brunnen. Mir blieb fast das Herz stehen. Ich hatte Angst, der Mann könnte abstürzen. Die beiden anderen Männer hielten das Seil jeweils an einem Ende, sie ließen einen großen Eimer in den Brunnen hinab und zogen ihn kurz darauf wieder hoch, randvoll mit ekligem schwarzem Lehm. Ich bekam einen Riesenschreck, dachte sofort, ich hätte in meinem ganzen Leben statt Wasser nur schwarzen Lehm getrunken. Ich spürte in meinem Bauch einen Sturm losbrechen, gleich würde sich mir der Magen umdrehen. Ich lief in eine Ecke des Hofes und übergab mich. Die behaarten Männer schauten mich ungerührt an und sprachen miteinander. Das machte mir nur noch mehr angst.

Plötzlich drang ein erstickter Schrei aus dem Brunnen. Erschrocken riefen die beiden Männer, die draußen warteten, meinen Vater. Alle redeten aufgeregt durcheinander.

Auch mein Vater bekam es mit der Angst. Er rief den

Nachbarn, und auch den packte blankes Entsetzen. Einer der beiden Männer stieg schließlich in den Brunnen, mein Vater und der Nachbar hielten das eine Ende des Seils, der andere Mann, die Brust so behaart wie die seiner Kollegen, hielt alleine das andere Ende. Alle drei atmeten schwer, während sie am Seil zogen und verzweifelt riefen:

– Him-mel hilf ... Ellah-i kheir ...

Meine Mutter war mittlerweile in ihre Burka geschlüpft und von Kopf bis Fuß verhüllt. Sie hatte den Koran mit nach draußen gebracht und stellte sich dicht an den Brunnen. Sie hielt den Koran aufgeschlagen in die Höhe, wie um ihn jemandem dort oben zu zeigen, schaute gen Himmel und sagte:

– Gott steh uns bei, Ellah-i kheir, Gott bewahre.

Ich zitterte vor Angst, weil die Hilferufe in unserem kleinen Hof, die Stimme meiner Mutter und die Stimme meines Vaters und die Stimme des Nachbarn und die des Mannes mit der pelzigen Brust, ein grauenvolles Echo hervorriefen. Meine Mutter hielt weiter mit beiden Händen den offenen Koran in die Höhe, als könne sie ihn jemandem im Himmel zeigen, und mit ihren zitternden Armen bebten auch alle Falten ihrer Burka.

Unversehens tauchte der Mann, der zu seinem Kollegen in den Brunnen hinabgestiegen war, vor unseren erstaunten Augen wieder auf, er trug eine seltsame, unheimliche Last auf der Schulter. Doch ich erkannte sofort: dieses gruselige, von schmierigem, schwarzem Lehm bedeckte Etwas war der Mann, der sich als erster so wieselflink in den Brunnen abgeseilt hatte. Sie legten ihn neben dem Brunnen auf den Boden. Er atmete schwach. Meine Mutter, in ihrer Burka und mit völlig verhülltem Gesicht, nahm die beiden Eimer, schöpfte Wasser und goß es über dem Mann aus. Mein Vater, der Nachbar und die beiden anderen Männer massierten ihn, alle schauten erschüttert gen Himmel, als sei dort jemand, und alle sagten zugleich:

– Barmherziger Gott, Dank sei dir, Dank sei dir, du ... du ...

Die Augenlider des Mannes bewegten sich, er blinzelte. Was mir angst machte, als er die Augen aufschlug, weiß ich nicht. Jedenfalls schrie ich auf, krallte mich in die Burka meiner Mutter und sah nichts mehr.

Wenn meine Mutter diese Geschichte später haarklein erzählte, sagte sie zum Schluß immer, daß auch ich damals ohnmächtig geworden sei.

Nun saß meine Mutter also am Kohlebecken, wollte einen Brunnen mit Eimer bauen und jagte mir einen solchen Schrecken ein, daß ich ihren dünnen Arm mit beiden Händen umklammerte und flehte:

– Nein, nein, keinen Brunnen bauen.

Ich sah schreckliche Bilder vor mir, hatte Angst, meine Mutter könnte in diesen Brunnen stürzen, in den Brunnen, den zu bauen sie von ihrer Mutter gelernt hatte, fürchtete, auch ich könnte in den Brunnen stürzen, den zu bauen meine Mutter von ihrer Mutter gelernt hatte, ich hatte das Gefühl, zu einer ekligen schwarzen Masse zu werden, und fing an zu zittern. Meine Mutter fragte liebevoll:

– Warum denn nicht? Frierst du etwa?

Sie zog mir die warme Decke bis unters Kinn und sagte noch:

– Brunnen bauen ist kinderleicht.

Ich antwortete ihr mit klappernden Zähnen:

– Nein, k-keinen B-brunnen, m-mach was anderes, was anderes.

Meine Mutter neigte hilflos den Kopf und sagte:

– Mein Gott, Kind, was anderes kann ich doch nicht.

Und als sie sah, wie blaß ich geworden war, schlug sie sich an die Brust und fragte besorgt:

– Mein Gott, Kind, was ist denn, hast du Fieber?

Sie prüfte meine Stirn. Sie schob mir ein Kissen unter den Kopf und sagte:

– Du, schlaf jetzt ruhig, und ich bau dir was.

Mit gedämpfter Stimme, die vom Grund eines Brunnens zu kommen schien, bat ich sie inständig:

– Bitte keinen Brunnen, ja?

Sie sagte ja und machte sich an die Arbeit. Meine Lider wurden schwer und schwerer, alles verschwamm vor meinen Augen, meine Mutter bewegte sich immer langsamer, alles im Zimmer schien zu schweben, zu fliegen, die verstaubten Zeitungen, die Schüssel mit Klebstoff, die Schere, das Fadenknäuel, alles …

Und von weit, weit her schien meine Mutter zu mir zu sagen:

– Morgen weck ich dich ganz früh, damit du zu Fuß zur Schule gehen kannst, im Schulbus geht dein Werkstück ja kaputt …

Am nächsten Morgen war es noch dunkel, als meine Mutter mich weckte. Ich schlug die Augen auf und sah Licht brennen, und auf dem Sandali strahlte ein weißes Brünnlein, neben dem ein Eimerchen stand. Begeistert sprang ich mit einem Satz aus dem Bett, um den Brunnen anzufassen. Ich war sprachlos. Etwas so Schönes hatte ich noch nie gesehen. Auf eine viereckige Grundfläche hatte meine Mutter den runden Brunnen geklebt, an den Brunnenrand, einander gegenüber, zwei kurze, schmale Streifen Papier, die sie geschickt durchbohrt hatte. Durch die beiden Löcher war ein zurechtgeschnittenes Stück Besenreisig geschoben. Um dieses Stöckchen hatte sie ein Ende eines Fadens gewickelt, am anderen Ende hing das winzige weiße Eimerchen, in rührender Kleinarbeit gebastelt. Reste vom grünen Drachenpapier meines Bruders hatte sie in schmale Streifen geschnitten und rund um den Brunnen auf das Viereck geklebt. So stand der Brunnen im Grünen. Entzückt und beinahe zärtlich strich ich mit einem Finger über jedes Teil dieses Bauwerks und lobte meine Mutter im stillen. Meine Mutter kniete auf ihrem Gebetsteppich, hielt ihre Hände zum Gebet erhoben, schaute hoch zu den Säulen, die die Decke trugen, als sei dort jemand, dem sie ihr Anliegen anvertrauen könnte.

Schließlich sagte sie Amen, fuhr sich mit den Handflächen übers Gesicht. Und während sie ihren Gebetsteppich ordentlich zusammenfaltete, sagte sie:

– Insha'allah, du bestehst deine Prüfung bestimmt.

Damit keine andere sich rühmen könnte, diesen Brunnen mit Eimer gebaut zu haben, nahm ich meinen Bleistift, machte die Spitze mit Spucke feucht und schrieb meinen Namen behutsam in Schönschrift auf das Eimerchen. Vor lauter Aufregung bekam ich keinen Bissen Frühstück runter. Ich mußte ohne meinen Frühstückstee auskommen, zog mich an, setzte meinen Ranzen auf, klemmte meine Schiefertafel unter einen Arm, nahm in die andere Hand mein Werkstück, hielt es hoch, weit genug vom Körper weg, und ging aus dem Haus. Meine Mutter begleitete mich bis ans Tor, und als ich schon auf der Straße war, rief sie mir hinterher: Achte auf dein Werkstück.

Weil die Sonne noch nicht aufgegangen war, sahen Kabuls enge, dunkle Gassen enger und dunkler aus als bei Tag. Die Stadt schlief noch. Plötzlich kreuzte doch ein Passant meinen Weg, er kam wohl direkt aus dem Hammam, denn er dampfte noch von Kopf bis Fuß und starrte mich und mein Werkstück verwundert an.

Mein Weg zur Schule war sehr weit, und ich fuhr normalerweise mit dem Schulbus, doch heute ging ich wie auf Wolken, leicht und beschwingt durch die vielen verschlungenen Gassen. Als ich die Schule endlich erreicht hatte, war der Pförtner gerade aufgewacht. Er saß auf einer Bank, ähnlich den Bänken in unserem Klassenzimmer, hatte ein Stück trockenes Fladenbrot auf den Knien und ein Glas Tee neben sich stehen, riß hin und wieder ein großes Stück vom Fladen ab, rollte es zusammen, steckte es in den Mund und trank schluckweise Tee hinterher. Der Pförtner war ein hagerer Mann, ein mürrischer alter Kerl, der immer hustete, obwohl er sommers wie winters dicke Wollsachen trug, und manchmal ging er mit dem langen krummen Stock auf uns los, den er selten aus der Hand legte. Wir alle hatten Angst vor ihm. Anfangs bemerkte er mich gar nicht. Er war völlig in sein Frühstück vertieft und schien den Geschmack von trocken Brot mit süßem Tee auszukosten. Irgendwann hob er doch den Kopf. Er rieb sich mit dem Handrücken seine kleinen Triefaugen, starrte mich verwundert an, hörte auf zu kauen und knurrte mit vollem Mund:

– Geht's dir gut, Kind? Hast wohl die Nacht nicht schlafen können.

Und schon fing er an zu husten.

Mir wurde angst und bange. Ich dachte, gleich geht er mit seinem krummen Knüppel auf mich los. Ich ging ein paar Schritte rückwärts, zeigte auf mein Brünnlein mit Eimer und stammelte:

– W-weil das sonst kaputtgeht ... zu Fuß ge ...

Er sah mich so grimmig an, daß ich kein weiteres Wort herausbrachte. Ich betrat den Schulhof, kehrte dem Pförtner sofort den Rücken und wollte auf dem schnellsten Weg zum Klassenzimmer laufen. Doch schon nach wenigen Schritten blieb ich stehen, wie angewurzelt. Der Pförtner rief hinter mir her:

– Komm!

Er hatte mich verhext. Wie eine aufgezogene Puppe, automatisch, ging ich zurück, blieb dicht vor ihm stehen, hob den Kopf und sah zu ihm hoch. Von unten betrachtet, sah sein Gesicht aus wie eine häßliche Fratze. Er gaffte mich böse an und bellte:

– Los, ab in die Klasse, sonst verläufst du dich!

Und gleich bekam er wieder einen so starken Hustenanfall, daß ihm die Augen aus dem Kopf quollen.

Mit zittrigen Schritten ging ich ins Schulhaus und setzte mich auf einen kaputten Stuhl an der Tür. Mir war kalt. Unser Klassenzimmer sah traurig aus. Die Fensterscheiben zerbrochen und staubig, die Bäume davor vertrocknet, nackt und kahl, und ein alter Gärtner saß an einen dieser toten Bäume gelehnt, hielt seine hageren Knie umfaßt und sah die Massen trocknen Laubs an, als sei es seine Pflicht, tagein, tagaus so in einer Ecke zu sitzen und die Jahreszeiten kommen und gehen zu sehen. Ein schauderhafter Anblick. Ich zitterte. Ob vor Kälte oder vor Angst, weiß ich nicht mehr. Meine Finger jedenfalls waren taub vor Kälte. Doch meine Handarbeit ließ ich nicht los. Nach und nach kamen auch meine Klassenkameradinnen und erfüllten das eisige, traurige Schulhaus mit ihrem Geschrei.

Es läutete. Wir gingen ins Klassenzimmer. Die Lehrerin für Zeichnen und Werken kam in die Klasse und stellte sich an ihr Pult. Ich fand, sie sah zugleich traurig und böse aus. Ihre Augen waren geschwollen. Als ob sie geweint hätte. Die kleine Gestalt wirkte heute groß. Anders als sonst holte sie diesmal nicht ihre Nylonstrümpfe aus der Handtasche und fing nicht an, sie zu stopfen. Statt dessen kramte sie einen Wust von Blättern hervor und begann, unsere Namen einzeln vorzulesen. Ich weiß nicht, warum ich plötzlich Angst bekam. Jede Schülerin, die sie aufrief, mußte mit ihrer Handarbeit zu ihr ans Pult kommen und ihr das Werkstück zeigen. Weiß der Himmel, warum die Lehrerin an jenem Tag pausenlos auf uns einschrie und schimpfte.

Sie las meinen Namen vor. Ich schoß von meinem Platz hoch, nahm mein Brünnlein mit Eimer, ging ans Pult und blieb vor der Lehrerin stehen. Weil ich klein war, konnte ich kaum erkennen, was auf dem Pult lag. Ich hörte mein Herz klopfen. Meine Zähne klapperten. Trotz allem hielt ich mein Werkstück stolz in die Höhe, damit es ganz zu sehen wäre. Doch plötzlich stieß unsere Lehrerin für Zeichnen und Werken einen schrillen Schrei aus:

– Was ist das denn!

Ich antwortete leise, meine Stimme klang, als käme sie aus einem tiefen Brunnen:

– Brunnen mit Eimer.

– Brunnen mit Eimer,

äffte unsere Lehrerin für Zeichnen und Werken mich nach.

– Da gibt man euch eine Aufgabe, und ihr rennt alle los und bastelt Brunnen mit Eimern ... Ihr Holzköpfe. Ich schaute mich hilflos um. Ich suchte meine Mutter, hätte mich am liebsten in ihre Arme verkrochen. Aber meine Mutter war nicht da. Mit erstickter Stimme sagte ich:

– Da ist sogar Grün drumrum.

Und die Lehrerin brüllte wieder:

– Was soll ich mit Grün? Dreh du dich im Grünen, bis es dir zum Hals raushängt. Außerdem ist der Brunnen schief, siehst du das, oder bist du blind?

Ich überhörte ihre scharfen Worte und sah mir den Brunnen genau an, konnte aber nicht eine schiefe Stelle entdekken. In meinen Augen war er einfach weiß und hübsch anzusehen.

Unsere Lehrerin für Zeichnen und Werken riß mir meinen Brunnen aus der Hand und schleuderte ihn in eine Ekke. Den Tränen nahe sagte ich, vielleicht auch, um einen letzten Versuch zu machen, heil davonzukommen:

– Den hat meine Mutter gebaut!

– Dann hat deine Mutter schlecht gebaut!

Das saß. Nun flossen die Tränen. Der Klassenraum schien plötzlich in Dunst und Staub getaucht. Alles verschwamm vor meinen Augen. Ich ballte meine Fäuste mit erstaunlicher Kraft. Ratlos stand ich da, zitternd, die Tränen liefen mir übers Gesicht, und wieder schrie die Lehrerin:

– Worauf wartest du noch, geh!

Ich ging in die Ecke, in der mein Brunnen lag. Er war so zur Seite gekippt, daß auf dem Eimer die Hälfte meines Namens zu lesen war. Vorsichtig hob ich meinen Brunnen auf.

Als ich wieder zu Hause war, sagte ich meiner Mutter kein Wort von alledem. Sie nahm mir den Brunnen zufrieden und vorsichtig ab und stellte ihn aufs Holzregal, dorthin, wo wir alle wichtigen und wertvollen Dokumente aufbewahrten, Ausweise, Bittschriften, Quittungen. Die Zeit verging. Bis zu dem Tag, an dem es Noten gab. Ich kam aus der Schule heim, weinend und mit hängendem Kopf. Meine Mutter kam mir eilig entgegen und fragte erwartungsvoll:

– Hast du bestanden?

Ich sagte:

– Nein.

– Bist du durchgefallen?

Ich antwortete:

– Hmhmm.

– Durchgefallen, in welchem Fach denn?

Ich senkte den Kopf und sagte, ohne zu zögern:

– Farsi.

Meine Mutter wunderte sich:

– In Farsi durchgefallen?

– Hmhmm.

Sie schüttelte den Kopf:

– Du hast doch jeden Tag geübt ..., sagte sie und sang wie ich: Setzt in unser Land der unreine Feind ... Alles umsonst, nun bist du doch durchgefallen.

Meine Mutter hatte recht. Als wir es lernten, sang ich dieses Lied immer gerne und aus vollem Hals. Es machte mir großen Spaß. Es hieß das Lied von der Unabhängigkeit und gefiel mir sehr. Ich weiß nicht, ob ich die Melodie mehr mochte oder das Bild des schönen großen Jungen, der begeistert Afghanistans Trikolore schwang, uns dabei anzusehen schien und sang:

Setzt in unser Land
Der unreine Feind
Auch nur einen Fuß
Brechen wir die Beine ihm
Wenn auf unser Land
Der unreine Feind
Auch nur ein Auge wirft
Reißen wir ihm beide Augen aus
Reißen wir ihm beide Augen aus.

Am liebsten hörte ich das Lied, wenn wir, klein und schmächtig, uns immer tiefer in unsere schwarzen Schuluniformen kauerten, geräuschvoll die Nasen hochzogen, auf der Suche nach Taschentüchern hastig und hoffnungslos in unseren Taschen und Ranzen kramten und dieses Lied dabei laut und mit einer Stimme hinausposaunten, daß die Wände unseres Klassenzimmers wackelten, das überquoll von den gebrochenen Beinen aller imaginären Feinde, die einen Fuß in unser Land gesetzt, und von den ausgerissenen Augen aller Unsichtbaren, die begierige Blick auf unser Land geworfen hatten. Vielleicht spürten wir ja damals unbewußt, was Heimatliebe heißt, lernten, unser Land zu ehren, und sangen deshalb dieses Lied zu jeder x-beliebigen Gelegenheit, an jedem passenden und unpassenden Ort.

Deshalb war meine Mutter ja auch so überrascht, als sie hörte, daß ich in Farsi durchgefallen war. Für sie, die weder lesen noch schreiben konnte, faßte dieses Lied, von mir so oft gesungen, kurz und knapp zusammen, was Farsi hieß. Und nie erfuhr meine Mutter, daß ich in Zeichnen und Werken durchgefallen war. Nicht in Farsi.

Das Meisterwerk der Baukunst meiner Mutter aber, ihr Brunnen mit Eimer, zierte viele Jahre lang unser Holzregal, und das Liedchen summe ich dann und wann vor mich hin, ohne daß es die geringste Spur von Melancholie oder Sehnsucht in mir erweckt, und meine Stimme klingt, als käme sie aus einem tiefen Brunnen, dem Brunnen, den zu bauen meine Mutter von ihrer Mutter und die wohl wiederum von ihrer Mutter gelernt hatte.

Gute Freundinnen

Susanne Fischer

Zuckerwatte und Gesang

Gierig schnappte ich nach dem Schlaf, der immer seltener bleiben wollte. Ich hatte es aufgegeben, mich morgens vom Bett zum Sofa und abends wieder zurückzuschleppen. Es war zu umständlich, also blieb ich auf dem Sofa liegen. Inzwischen schlief ich sogar häufiger als früher, aber immer nur kurz, ein Krümelschlaf über Tag und Nacht verteilt. Versteckt zwischen den dicken Kissen lauerte er mir auf und überfiel mich minutenlang, um dann wieder für ein paar Stunden zu verschwinden. Als die Wanduhr noch tickte, hatte ich versucht, irgendein Gesetz in der Folge dieser kurzen Ohnmachten zu entdecken, also etwas, woran ich mich halten konnte, aber bald fand ich heraus, daß mein Schlaf sich nicht nur von der Dunkelheit gelöst hatte, sondern überhaupt nicht länger einem Rhythmus gehorchen wollte.

Deshalb machte es mir fast nichts mehr aus, als die Uhr stehenblieb. Ein paarmal rief ich noch die Zeitansage an, aber irgendwann ging das Telefon kaputt. Mit den Tageszeiten schienen allmählich auch die Jahreszeiten zu verschwimmen. Es wurde jetzt immer dunkler. Das ist der Herbst, sagte Lies, wenn sie mich besuchen kam, aber ich hatte noch nie eine so finstere Zeit erlebt, nicht einmal im Winter. Die Nächte fraßen immer größere Stücke aus den Tagen heraus.

Am liebsten war es mir, wenn Lies allein kam, aber weil den anderen das egal war, kamen sie meistens mit. Sie brachten mir Pralinen und Geschichten. Hast du schon gehört? Das Schaustellerkind ist tot. Nein, sagte ich, obwohl ich alles längst wußte. Erzählt doch mal. Dann nickte ich kurz ein, denn meinen Körper kümmerte es nicht, ob ich Besuch hatte.

Als ich wieder erwachte, hatte die Geschichte schon Fahrt aufgenommen und rauschte mit vollen Segeln an mir vorbei. Was machen die eigentlich? fragte ich. Die haben ein Karussell, sagte Ine. Quatsch, das waren die anderen, die Lewtsch ..., Letsch ..., nee, na, egal, die mit dem komischen Opa, die sind doch schon seit Jahren weg. Hat Hermann nicht eine von den Töchtern geheiratet? fragte Ille. Nein. Doch. Also, was ist nun mit dem Schaustellerkind. Das ist tot, überfahren worden. Wir kommen ein anderes Mal wieder, wenn es dir besser geht. Gute Nacht.

Gute Nacht? Draußen stand die Sonne im Süden, aber nicht sehr hoch; so niedrig hing sie sonst doch nie. Jedenfalls hatten sie die Pralinen dagelassen. Als die Sonne noch ein Stück nach unten gerutscht war, schaltete ich den Fernseher ein. Die Fernbedienung funktionierte noch, aber das Bild sah irgendwie matschig aus. Süchtig war ich geworden nach Filmen, Kriminalfilmen mit bitterbösen Mördern und hoffnungslos hetzenden Polizisten. In meinem Apparat lief dasselbe wie bei Lies und den anderen, aber erkennen konnte ich nur etwas, wenn ich von der Seite hinsah, aus dem Augenwinkel. Verschob ich meinen schweren Körper auf dem Sofa, wirkte das Bild sofort, als habe jemand Soße darüber gegossen. Also verharrte ich mit halb verrenktem Kopf und unbequem abgewinkeltem Arm auf meinem Kissenturm. Wenn ich mich in die andere Richtung drehte, konnte ich über den langen Feldweg auf die Straße spähen. Da es aber meist dunkel war, gab es dort nicht viel zu sehen.

Iß das, das ist gut für dich, sagte Lies, als sie das nächste Mal kam, und reichte mir ein blasses Salatblatt. Ich habe es extra für dich gepflückt. Ich gehorchte, schon weil sie heute ohne die anderen da war. Sie wusch mir den Gips.

Darunter schabte und juckte es, als ob etwas Ungutes wucherte, ja, es wuchs und wuchs, und eines Tages würde der Gips aufplatzen wie eine harte Fruchtschale, um sein Inneres preiszugeben.

Das Schluchzen und Jammern, hast du es nicht gehört? fragte Lies. Es wurde ja täglich lauter, es war lauter als die Glocken, hörst du? Man sagt, sie hätten Heulweiber gemietet, es gibt Heulweiber bei den Schaustellern, wußtest du das? Du mußt sie gehört haben, es ist doch nicht weit von hier.

Ich habe nichts gehört, gar nichts. Ich höre auch die Glocken schon lange nicht mehr.

Tagelang ging das, erzählte Lies. Bitte bitte, ich respektiere Trauer, ein Kind ist gestorben, das ist schlimm. Aber man kann auch leise weinen. Die Feuerwehrübung konnte nicht stattfinden, man hätte die Sirene nicht gehört.

Wieso? Fragte ich dumm.

Die Frauen waren sehr enttäuscht, sie sind jetzt alle bei der Feuerwehr, und die Übung fiel aus, weil man die Sirene nicht gehört hätte. Wegen der gemieteten Heulweiber. Die sitzen jetzt überall.

Aber Lies, sagte ich. Wie kann man die Sirene nicht hören. Sie hat schon Fensterscheiben zerspringen lassen. Außerdem ist die Feuerwehrübung immer um sechs, da wäre es doch auch einmal ohne Sirene gegangen.

Woher willst du wissen, wann Feuerwehrübung ist, du warst seit Wochen nicht mehr vor der Tür. Deine Uhr ist stehengeblieben. Und ohne Sirene geht es nicht, das ist Vorschrift. Sie haben uns alle um den Verstand geheult, die Weiber, sie wollten nicht aufhören. Der Bürgermeister ist schließlich dagewesen. Juckt dein Gips?

Ja, wimmerte ich, er juckt wie hundert Ameisen. Erzähl mir mehr.

Morgen vielleicht, sagte Lies schnippisch. Für heute

muß ich nach Hause. Ich habe schließlich auch ein Leben. Sie riß mir mein Lieblingskissen hinter dem Hals hervor, so daß ich weit zurückfiel in die angeschmuddelte Sofaecke. Du solltest dich mal waschen, sagte sie. Auf Wiedersehen. Das Kissen hatte sie unter den Arm geklemmt.

Ich kroch auf allen vieren ins Badezimmer. Die beiden Gipsbeine malten weiße Spuren auf die dunklen Kacheln. Lange ließ ich das Wasser laufen, aber es wurde nicht warm. Warum sollte ich mich waschen, wenn ich mich nicht unter dem Gips säubern konnte, dort, wo es am nötigsten war. Ich rieb mir schließlich das Gesicht mit einem feuchten Handtuchzipfel ab und stäubte etwas Parfum über mich. Dann kroch ich zurück auf mein Sofa. Als ich endlich eingeschlafen war, träumte ich, daß ich auf meinen Gipsfüßen stand, während das Blut an den Schenkeln über den Gipsrand sprudelte. Darüber erschrak ich, aber zugleich war ich erleichtert, weil das Jucken nachließ und weil es überhaupt nicht weh tat, obwohl es so gefährlich aussah.

Noch ehe ich alle Pralinen gegessen hatte, kamen sie wieder. Du solltest es dir ansehen, sagte Irmi, es ist nicht zu glauben. Ja, sagten die anderen, das muß man gesehen haben. Es war weiß Gott ein nettes Kind, ein niedliches Kind, aber trotzdem. Ein Plastikgarten, ein Plastikzaun, Plastikblumen und ein Plastikwindlicht. Ein ewiges Licht, sagte Ine, die gern mehr wußte. Die sind immer aus Plastik, aus ewigem Plastik.

Vielleicht sind sie katholisch, sagte ich.

Direkt an der Straße? fragte Ille. Was jemand glaubt, geht keinen was an, aber man muß doch nicht mitten auf der Straße katholisch sein. Neulich hat es da noch einen Unfall gegeben, das haben sie nun davon. Man sieht ja vor Schreck die Fahrbahn nicht mehr, bei dem Altar am Rand. Das war dann aber nur ein Blechschaden. Es ist gut, daß wir jetzt alle bei der Feuerwehr sind, sagte Ille. Ja, aber du solltest es dir ansehen, sagte Irmi. Das muß man wirklich gesehen haben. Die lassen die anderen Kinder Bilder malen, und die hängen sie an ihrem Plastikzaun auf. Wenn sie doch traurig sind, sagte Lies, aber sie sagte es nur, um die anderen in ihren Wechselgesängen anzufeuern. Traurig, ha! rief Irmi. Ihre Tante hat am nächsten Tag schon das Barbiepferd für die eigene Tochter geholt. Das macht man doch nicht, wenn man trauert.

Am traurigsten ist ihr Onkel; ihre Mutter sieht aus wie immer, erklärte Ine. Ach, ich seh sie doch noch, die Kleine mit den langen Zöpfen. Die Dicke? Nein, die Dicke lebt noch. Die Kleine, ausgerechnet die Kleine mußte es erwischen. Die immer mit dem Hund ging. Es war die Hübscheste von allen. Die war so oft bei mir, sagte Irmi. Bei dir? Die war doch nicht bei dir. Doch, wenn sie die Zeitung brachte oder die Prospekte, beharrte Irmi trotzig. Auf jeden Fall solltest du es dir ansehen, sagte Ine. Natürlich, das sollte ich, sagte ich. Das muß man gesehen haben.

Sie versuchten, mich herauszulocken, obwohl ich es auf allen vieren gerade bis zur Toilette schaffte. Ich sollte mit eigenen Augen einen Plastikgarten an einer Landstraße begutachten, weil man ihn gesehen haben mußte, um ihnen zu glauben. Eigentlich machten sie mich so nur mißtrauisch, denn sie wußten so gut wie ich, daß ich nicht hinauskonnte. Immer waren sie schockiert, wenn sie mich wiedersahen. Das konnte doch nicht ich sein, die hier so tonnenhaft verpuppt auf dem Sofa ruhte, das glaubte ich ja selbst nicht. Das mußte man gesehen haben.

Lies, bat ich, als sie das nächste Mal allein kam, wo ist mein Kissen? Welches Kissen, sagte sie achtlos, ich habe dir etwas mitgebracht, sieh her. Sie entrollte ein längliches Päckchen. Schau, sagte sie, das ist das Allerneueste. Auch für Altgeräte nutzbar. Sie breitete ein dünnes, grünliches Kunststoffblatt vor meinem Fernseher aus. Wozu ist das?

fragte ich. Das macht das Bild besser. Deshalb ist es gerade für Altgeräte gut. Sie strich die Folie glatt, die wie von selbst am Bildschirm haftete. Man kann sowieso kaum noch etwas erkennen, das hilft bestimmt nicht, sagte ich zaghaft. Lies schaltete den Fernseher ein, aber so, wie ich lag, sah ich den Bildschirm nicht richtig.

Lies, was ist mit meinen Beinen? Der Arzt war schon so lange nicht mehr da. Letztes Mal hat er gesagt, ich müßte bald wieder gehen können. Soll ich es probieren? Auf keinen Fall, antwortete Lies. Nicht, wenn der Gips noch dran ist. Da kann man alles nur noch schlimmer machen. Warte auf den Arzt. Er kommt ja nicht, jammerte ich, am Anfang kam er jeden Tag, aber jetzt, ich weiß nicht, wann er das letzte Mal da war. Die Tage sind so durcheinander, wenn du weißt, was ich meine. Nein, sagte Lies grob, das weiß ich nicht. Wenn man genug zu tun hat, gerät einem nichts durcheinander. Ich geh dann mal. Sie legte die Tischdecke zusammen und nahm sie mit. Die wasche ich, sagte sie, ehe sie verschwand. Ich kroch zum Fernseher, um die Folie abzuziehen, doch durch die Hitze war sie mit der Oberfläche verschmolzen. Das Bild war nicht besser als vorher, aber grün. Die Verbrecher bewegten sich wie Schemen in einem Aquarium, so daß die Polizisten sie niemals finden würden. Ich hatte keinen Spaß mehr daran und knipste den Fernseher aus.

Eigentlich macht doch die Feuerwehr die Beerdigungen, erzählte Ille, als sie mit den anderen das nächste Mal neben meinem Sofa saß. Sie häuften Schokolade auf meine tauben Beine. Nie kam eine von ihnen allein, außer Lies. Sie wollten ja den Sarg unbedingt selbst tragen, sogar das, fuhr Ille fort. Ein Wunder, daß die nicht auch die Kirche selbst bauen wollten. Und daß sie überhaupt in die Kirche gehen. Aber das Kaffeetrinken war schäbig! rief Ine dazwischen. Wenn man richtig traurig ist, macht man doch ein ordentliches Kaffeetrinken. Wir waren nicht mal eingeladen, nur Familie. Da ist doch irgendwas nicht in Ordnung, meinte Irmi. Aber es war ganz klar ein Unfall, sagte Lies überrascht. Natürlich, riefen die anderen im Chor, natürlich war es ein Unfall, aber der Onkel, der war wirklich traurig. Wo ist meine Tischdecke, fragte ich Lies. Wofür brauchst du eine Tischdecke, fragte Ine, die immer alles wissen mußte, damit sie hinterher alles wußte. Lies wollte sie waschen, erklärte ich, aber Lies sah an mir vorbei und verdrehte die Augen, als ob ich etwas vollkommen Absurdes gesagt hätte. Mein Kissen, sagte ich vor mich hin, mein Kissen, das ist auch so etwas.

Du kennst den doch, den Onkel, sagte Ine jetzt zu mir, und Ille und Irmi nickten. Wie ist der denn so? Den kenne ich gar nicht, erwiderte ich patzig. Man hat ihn aber hier bei deinem Haus gesehen, sagte Ine. Das wundert mich doch sehr, wenn du ihn gar nicht kennst. Mein Gott, er hat mir einen Brief gebracht, das ist doch nicht kennen. Wenn man Briefe von ihm kriegt? Der war aus Versehen bei ihm eingeworfen. Bei ihm? Aber das ist doch ganz woanders. Fragt doch die Briefträgerin! Ich versuchte zu brüllen, aber es kam nur ein schäbiges Krächzen heraus. Schon länger merkte ich, daß mein Atem flacher wurde, wahrscheinlich lag es an meinem Gewicht. Vielleicht drückte ich mir langsam selbst die Luft ab. Soso, die Briefträgerin, aha, hmhm, so redeten sie durcheinander. Und du kennst den Onkel wirklich nicht. Wenn ich es euch doch sage, keuchte ich. Mein Bauch wackelte jedesmal, wenn ich etwas sagte. Ein Wunder, daß ich das erst jetzt bemerkte.

Mein Gips wuchs langsam, er leckte an meinem Bauch und streckte sich bis zum Hals hoch. Dabei preßte er mir den Brustkorb flach und griff mit langen Fingern in mein Gesicht. Ehe es in den Gips einwuchs, erwachte ich, und die Frauen waren fort. Sie hatten den Fernseher eingeschaltet, aber das Bild schimmerte noch diffuser als beim letzten Mal, nur noch eine brodelnde Suppe schwappte über den Schirm. Jetzt konnte ich nicht einmal mehr die Mörder von den Guten unterscheiden. Im Zimmer war es dunkel, doch ich hörte ein Rascheln irgendwo im Haus. Lies, bat ich, Lies, wenn du da bist, dann komm jetzt heraus. Mein dünnes Stimmchen fiepte erbärmlich. Lies, was hast du denn da? Sie raschelte mit Papier und mit Stoff. Das ist deine Uniform, sagte sie, wenn du wieder auf den Beinen bist, machst du ja doch bei uns mit. Es war billiger, sie gleich jetzt zu bestellen.

Die Knöpfe an der Uniform glänzten sogar im Dunkeln metallisch. Sofort war ich stolz darauf, aber als Lies mir die Jacke zum Befühlen gab, merkte ich, daß sie viel zu klein war. Sie hätte vielleicht Lies gepaßt, aber nicht dem Sofaklumpen, in den ich mich verwandelt hatte.

Ich muß dir was sagen, murmelte sie jetzt, das habe ich überhaupt noch nicht erzählt. Sie lassen immer den Motor laufen, damit die Scheinwerfer auf das Grab leuchten. Das macht man doch nicht, man geht doch nicht nachts auf den Friedhof! Gerade, daß sie mit ihrem Auto nicht über die anderen Gräber fahren. Jedenfalls hat man das noch nicht gesehen, aber wundern, also wundern würde es mich nicht. Das geht oft stundenlang, da am Grab, die singen Lieder, mitten in der Nacht. Irmi war doch auch mal nachts da, erwiderte ich unlogisch. Ja, Irmi, weil ihr Mann das nicht wissen sollte, außerdem war das abends. Der hätte Irmi das verboten. Aber denen verbietet doch keiner was. Außerdem hat Irmi nicht gesungen! Vielleicht wollen sie nicht gestört werden, schlug ich vor. Ach was, uns stören die ja auch andauernd. Sogar dich stören sie hier auf deinem Sofa, mit ihren Heulweibern, das ganze Dorf stören sie. Da können sie doch jedenfalls im Hellen auf den Friedhof gehen, wo jeder sieht, was sie machen.

Hat man eigentlich den Fahrer schon? fragte ich, es war doch Fahrerflucht, oder nicht?

Na, weißt du, antwortete Lies, schon, ja, Fahrerflucht, aber was hat das Mädchen im Dunkeln mitten auf der Landstraße zu suchen? Zu Fuß? Die Kleine? Man läßt doch ein Kind nicht auf die Landstraße, allein, zu Fuß, im Dunkeln. Da fragt man sich doch.

Hat man den Fahrer schon gefaßt?

Weißt du, sagte Lies, erzähl jetzt du mir mal was, von dem Onkel. Was du den anderen nicht erzählt hast. Und stell dich bloß nicht dumm, du schuldest mir was. Der Onkel, der war nett, flüsterte ich, aber es war wirklich nur der Brief. Früher soll er Zuckerwatte verkauft haben, auf den Schützenfesten, bis er Ausschlag bekam von dem Zeug. Und mehr weiß ich auch nicht. Es heißt, ihr hättet was miteinander, versuchte es Lies noch einmal. Wenn du mich fragst, sieht es verdammt danach aus. Ich mußte lachen, bis all mein Fett wackelte. Seh ich aus, als hätte ich was mit einem? Nein, sagte Lies ehrlich, wenn du willst, erzähle ich den anderen, daß du beim Grabe deiner Mutter geschworen hast, du hättest nichts mit ihm. Das ist mir egal, log ich. Wenn ich sage, daß du was von ihm weißt, kommen die anderen auch wieder, lockte Lies. Jetzt muß ich aber schnell nach Hause. Und schon verschwand sie in der Dämmerung, die gar nicht mehr aus dem Zimmer weichen wollte. Ich schreckte noch häufiger aus dem Schlaf, um endlich einmal das Tageslicht zu erwischen, aber es klappte nicht. Die Uniformknöpfe schimmerten tröstlich neben meinem Lager. Eines Tages würde ich wieder stehen und gehen können wie die anderen.

Lies hat gesagt, sie halten schwarze Messen, flüsterte Ille. Ihre Haare kitzelten mein Gesicht, davon wachte ich auf. Hast du das auch schon gehört? Nachts, auf dem Friedhof, stundenlang. Davon wird das Kind doch auch nicht wieder lebendig, sagte Ine und schlug sich auf den Mund, als hätte sie etwas Schreckliches gesagt. Was ist jetzt mit dem Onkel? fragte Irmi, ist er auch bei den schwarzen Messen? Die Stille stand wie eine Wand um mein Sofa. Natürlich ist er dabei, sagte ich, wieso sollte er das nicht sein. Sein Ausschlag ist so fürchterlich, daß er nur nachts das Haus verläßt. Nein, wirklich? hauchte Ille in heiserem Entzücken. Hast du ihn dir genau angesehen? Kratzt er sich? Angeblich kommt das von der Zuckerwatte, aber wenn ihr mich fragt, ist das psychisch, warf Ine ein. Dem geht es ja so schlecht, seit die Kleine tot ist, das ist doch nicht normal, so was. Sie hatte immer ziemlich viel Taschengeld, und die Eltern kriegen Sozialhilfe, weil das Karussell nicht genug einbringt. Also wenn ihr mich fragt, da war was, sagte Ine, aber sagt es bloß nicht weiter. Sie war oft bei ihrem Onkel, nickte Irmi, ja, die Mutter war ja mit arbeiten, kassieren, die Zuckermandeln rösten. Sie war wirklich sehr oft bei ihrem Onkel. Der ja auch gar keine Freundin hat, ergänzte Lies mit einem eindringlichen Blick auf mich. Nein, wahrscheinlich nicht, flüsterte ich, wahrscheinlich nicht. Jedenfalls hat er nichts davon gesagt. Ich glaube, wir haben etwas herausgefunden, wisperte Ine, aber sprecht um Gottes willen mit niemandem darüber.

Ehe sie gingen, streichelten sie alle erst meine verfilzten Haare und dann meine Uniformjacke, mit der ich mich zugedeckt hatte. Wird schon wieder, wirst sehen, murmelten sie.

Plötzlich prasselte es in der Schwärze, ich erwachte. Regen, dachte ich, endlich Regen, besser als der ewige Nebel um mein Haus. Dann blitzte es bläulich auf, ein Gewitter, und wieder und wieder. Na, jedenfalls Wetter, sprach ich mir Mut zu, aber da blendete mich ein Scheinwerfer, und ich erkannte ein Blaulicht. Ich robbte über die Sofalandschaft, bis ich richtig hinaussehen konnte. Da standen sie mit den C-Rohren und zielten auf mein Dach. Nein, jammerte ich leise, nicht auch das noch. Übung, brüllte Lies, keine Angst! Übung! Ich verkroch mich im Sofa, die Uniformjacke über dem Kopf. Dann hörte ich ein kleines, sattes Schmatzen, langsam und regelmäßig. Es tropfte auf mein Sofa. Ich würde es nicht beiseite rücken können.

Lies, wimmerte ich beim nächsten Mal, schau, es ist neblig in meinem Zimmer, mein Sofa ist naß. Das wart ihr. Und wieso habe ich die Sirene nicht gehört, dann hättet ihr mich nicht so erschreckt. Die Sirene ist kaputt, sagte Lies, und was das Nasse angeht – sie rümpfte anzüglich die Nase. Lies, bitte, kannst du nicht den Arzt fragen, ob er bald wiederkommt? Lies. Jetzt flüsterte ich nur noch, so daß sie ganz nahe kommen mußte. Widerstrebend kniete sie sich neben mein Sofa. Lies, bitte, wie ist das passiert mit meinen Beinen? Streng sah sie mich an: Du erinnerst dich nicht? Nein, weinte ich, ich weiß es nicht mehr, es ist weg. Wie weggeblasen. War ich betrunken, daß ich nichts mehr weiß? Du hattest eine Gehirnerschütterung, sagte Lies. Es war ein Unfall, denke ich. Denkst du? Ja, denke ich. Man hat dich mitten im Wald gefunden, keine Ahnung, wie du dahingekommen bist, schade, wir hatten gedacht, du würdest es uns sagen. Lies, jammerte ich, aber sie war schon fort.

Es kam eine lange Zeit, in der mich niemand besuchte. Es gab keine Tage, keine Nächte, manchmal hing plötzlich wieder die Sonne mitten am Himmel wie hastig festgenagelt, manchmal klebte dort ein Mond ohne Strahlen, ohne Schein, wie aus Papier geschnitten. Es dauerte eine Weile, bis ich einsah, daß sie mich aufgegeben hatten. Ich vertrieb mir die Zeit damit, alle Sofakissen im Handwaschbecken zu waschen, nacheinander natürlich, ich packte sie mit den Zähnen, wenn ich ins Bad kroch und legte sie zum Trocknen auf den Fußboden. Während ich das tat, versuchte ich mich daran zu erinnern, was mir die Beine gebrochen hatte, aber alles, woran ich zurückdenken konnte, war ein Abend mit den anderen bei Lies, und wie ich dann in mein Auto stieg.

Als ich alle Kissen gewaschen hatte, fingen die meisten an zu schimmeln und zu stinken. Ich warf sie in den Flur. Von meinem unbequemen Sofathron kroch ich in die Küche und versuchte, mit der Haushaltsschere meinen Gips aufzuschneiden. Als das nicht gelang, trommelte ich mit dem Nudelholz auf den toten grauen Röhren herum. Dabei schrie und heulte ich vor Schmerzen, aber seltsamerweise tat mir der Schmerz wohl. Schließlich legte ich mich mit dem Gips in die Badewanne, bis meine Zähne vom kalten Wasser klapperten. Der Gips und die krümelige Schicht darunter ließen sich endlich von meinem Körper trennen, und an beiden Beinen waren lange, wulstige Narbennähte zu sehen. Ich versuchte die Füße zu bewegen, aber es ging nicht. Ich schob und zog mich aus der Wanne. Kein einziges sauberes Kleidungsstück besaß ich mehr; die meisten hatte Lies zum Waschen mitgenommen und noch nicht zurückgebracht. Nackt kroch ich zurück zu meinem dämpfigen Sofa, zog die Uniformjacke und eine schmutzige Wolldekke über mich und schlief ein.

Als ich erwachte, lag das Zimmer im Dunkeln wie meist, aber trotzdem hatte sich etwas verändert. Mir schien, ich hätte länger geschlafen als sonst. Ein Schimmer tanzte über den Möbeln und draußen über dem Feldweg wie von Mondschein, dabei war der Mond gar nicht zu sehen. Weil mich fürchterlich fror, bewegte ich meine Zehen, noch ehe ich wußte, daß ich es tat. Die Beine würden auch wieder laufen, das ahnte ich jetzt zum erstenmal, sie würden es schaffen, der Spuk würde ein Ende nehmen, und Lies würde mir meine Sachen zurückgeben. Oder ich könnte mir neue kaufen; ja, das wäre besser, saubere Hosen und Hemden und Kleider, dazu auch eine neue Uhr und ein neues Sofa. Und einen neuen Fernseher, und mehrere Paar Schuhe. Ein neues Telefon, mit dem man die Sperrmüllabfuhr bestellen konnte.

Jetzt sollen sie auch noch ihre Katze da begraben haben, flüsterte Irmi, auf dem Friedhof, neben dem Kind! Das machen die Zigeuner, damit die Seele wandert, die Katze war nur betäubt und hat noch gelebt. Das ist doch Voodoo, jubilierte Ille, das muß man gesehen haben. Da waren wieder Scheinwerfer an die halbe Nacht. Neulich dachte ich sogar, das Mädchen wäre wieder da, da ging ein Kind mit einem Hund. Nein! Ine schlug sich die Hand vor den Mund. Du hast sie gesehen? Wirklich? Nun ja, antwortete Ille, es kam mir so vor. Es war derselbe Hund und ein Mädchen, das aussah wie sie. Aber sie ist ja tot, oder? Das kann sie doch nicht gewesen sein? Vielleicht ihre Schwester? Geht die jetzt zum Onkel?

Sie sprachen alle durcheinander, gerade in dem Augenblick, als ich wußte, was mir die Beine gebrochen hatte. Ruhig! rief ich, Seid endlich ruhig! Ihre Stille fiel wie eine warme Decke über mich. Meine Beine, sagte ich, eben wußte ich es wieder, mit meinen Beinen. Wie das passiert ist, ich wußte es! Ich bin doch nicht komplett verblödet. Ach ja, sagte Ille, deine Beine. Soso, machte Irmi. Hm? fragte Ine.

Ihr, sagte ich ruhig, ihr wart das. Ihr habt mich in den Wald gelockt und mir die Beine gebrochen. Na na, sagte Lies, so war es ja nun auch wieder nicht. Dein Auto, das war hin, dort auf der Landstraße. Und wie du in den Wald gekommen bist, keine Ahnung, das mußt du dich schon selbst fragen. Mein Schwager hat es repariert, sang Ine in mein Ohr, er hat es schnell gemacht, du bist doch eine von uns. Bergungen sind schließlich immer noch Sache der Feuerwehr, wir hatten das im Handumdrehen erledigt, das hatte alles seine Ordnung. Dafür üben wir schließlich. Wir waren alle dabei, es hatte seine Ordnung, wirklich, das kannst du uns glauben.

Nein, sagte ich. Das ist nicht wahr.

Doch, antworteten sie.

Morgen ist Übungsabend, und bis dahin kannst du wieder laufen. Im Gleichschritt verließen sie mein Zimmer, in dem der Nebel dichter wurde und die Dunkelheit unaufhaltsam eindrang.

Silvina Ocampo

Vertrauliche Briefe

Liebe Prilidiana,

seit unserer Schulzeit, wo wir uns nicht mehr so oft treffen, bist du meine Freundin geblieben, per Brief und am Telephon. Jetzt möchte ich dich gerne sehen, weil du mir lieb bist, das weißt du ja, deswegen bist du ja auch Patentante von meinem Sohn geworden. Ich muß dir von Tomi erzählen, denn an dem Nachmittag von der Taufe habe ich dir kaum etwas von dem gesagt, was ich dir alles sagen wollte, weil da so viele Leute waren.

Ich habe Tomi vergöttert, vielleicht weil ich gerade in anderen Umständen war, und mein Kind sollte so aussehen wie er. Als Tomi sieben Monate alt wurde, war er in gewisser Weise die wichtigste Person im Haus. Der arme Kleine, ein Waisenkind, ich mußte mich um ihn kümmern. An ihm habe ich gelernt, die Windeln so zu wickeln, daß die übrigen Sachen nicht naß werden; an ihm habe ich gelernt, ihn zu baden, ihm die Öhrchen und den Nabel sauberzumachen; an ihm habe ich gelernt, die Fläschchen fertigzumachen.

Es gibt Dinge, die keiner glaubt, aber über die alle so sprechen, als glaubten sie, daß sie wahr wären, und diese Dinge hängen mit Tomi zusammen, aber um sie zu erklären, muß ich von der Vergangenheit erzählen.

Bei uns tauchte, wie man mir erzählt hat, sechzig Jahre vor meiner Geburt (meine Ururgroßeltern lebten noch) in einem Mansardenzimmer, dem vielleicht hübschesten des ganzen Hauses, ein alter Mann auf, ein uralter Mann. Wenn ich ihn entdeckt hätte, ich wäre gestorben. Wer hat ihn als erster gesehen? Keiner weiß es. Niemand im Haus stritt sich um die Ehre oder das Grauen, ihn gefunden zu haben, denn sofort hatte man sich an seinen Anblick gewöhnt, und niemals wäre ihnen in den Sinn gekommen, daß er irgendwann einmal nicht dagewesen war, als Teil der Familie, der Freud und Leid mit ihnen erlebte, ihre Tanzfeste und ihre Totenwachen. Wie es schien, war er uralt, mit einem Netz von Falten, die sein ganzes Gesicht durchfurchten, und Haaren, die aussahen wie das Innenleben einer verschlissenen Matratze. Ich habe Photos von ihm: ein Mann mit einem mürrischen, fast schon unausstehlichen Gesichtsausdruck, aber korrekt in seiner Kleidung und gepflegt. Man braucht mir nicht erst zu sagen, daß er gute Manieren hatte: Es genügt mir, die Haltung zu sehen, die er einnahm, wenn man ihn photographierte. Ich rede so, wie meine Großmutter reden würde: Er war ein richtiger Herr, in jeder Hinsicht. Wäre es anders gewesen, hätten sie ihn hinausgeworfen, denn wer erlaubt irgend jemandem, der sich auf mysteriöse Art in das Haus einer Familie eingeschlichen hat, für unbegrenzte Zeit zu bleiben? Das würde man keinem Hund und keinem Kind erlauben, viel weniger einem Mann. Also mußte die Situation schon außergewöhnlich schmeichelhaft sein und der alte Mann ganz besonders fein und liebenswert oder wohlhabend. Ich habe dir diese Dinge nie erzählt, weil ich mich deswegen schämte. Dein Großvater brüstet sich mit seinem Stammbaum, und daß irgendein unbekannter Kerl bei uns wie ein Familienmitglied sein sollte, wäre ihm unerträglich gewesen. Mama, die nicht viel für Zärtlichkeiten übrig hat, vergötterte den alten Toni, der schon nicht mehr so alt war, und für jedes Bonbon, das er ihr schenkte, gab sie ihm ein Küßchen und schlang ihm dabei die Ärmchen um den Hals, was meiner Großmutter zuwider war, denn die Bonbons lagen lose in der Tasche des Alten, der schon nicht mehr so alt war, oder in seinem Schnupftuch.

Weil ihn alle ständig sahen, bemerkte niemand im Haus,

wie er nach ein paar Jahren jünger geworden war. Eines Tages kam ihn nach ich weiß nicht wie langer Zeit ein Freund in seinem Alter wieder einmal besuchen. Ein kurzer Plausch reichte aus, um den Freund in Staunen zu versetzen, der zu meiner Urgroßmutter ins Zimmer stürzte und, wie man mir erzählt hat, ihr die bange Frage stellte:

»Señora Joaquina, ist Toni Toni, oder hat er sich in einen anderen verwandelt?«

Erstaunt sagte meine Urgroßmutter zu ihm:

»Er ist noch immer derselbe Don Toni. Worin soll denn der Unterschied liegen? Jeden lieben Tag sehe ich ihn, und er schaut nicht einen Deut anders aus.«

»Señora, der Unterschied liegt im Alter. Er hat sich derart verjüngt, daß bei ihm nur noch die senkrechten Falten übrig sind. Ich nehme doch an, daß er sich nicht hat liften lassen.«

»Wenn man mit jemandem so lange zusammenwohnt, dann bemerkt man solche Lappalien nicht.«

Aber bei meiner Urgroßmutter, die Don Toni schon immer mißtraut hatte, rührte sich wieder das Mißtrauen.

»Was für einen komischen Freund dieser Alte hat!« sagte sie zu meiner Großtante. »Wer achtet in dem Alter schon auf Falten? Wirklich, manchmal macht es mir angst, einen Eindringling im Haus zu beherbergen.«

Und meine Großtante, die älteste, die den Alten (der schon nicht mehr so alt war) wahnsinnig gern mochte, antwortete:

»Heißt es etwa nicht in der Bibel, *wir wissen nicht, woher wir kommen, noch wohin wir gehen?* Wir sind alle in haargenau der gleichen Situation. Warum sollten wir Don Toni einen Eindringling nennen? Wir sind auch Eindringlinge, und wenn wir das sind, warum sind wir dann so verächtlich und werfen den anderen etwas so Normales vor?«

Meine Urgroßmutter und meine älteste Großtante sprachen vier Monate nicht miteinander, und das ist die reine Wahrheit.

»Dieser Alte bringt Zwietracht in die Familie«, rief meine Urgroßmutter aus, als sie mit dem Dienstmädchen allein war, das gerne klatschte und es dem Alten brühwarm weitererzählte, woraufhin man sich zerstritt und wieder versöhnte, was die Bande, die unsere Familie mit Don Toni verknüpften, aufs neue festigte.

Um diese Zeit herum war es auch, daß Don Toni sich dem Architekturstudium zuwandte. Manch einer lachte über ihn, weil er so spät mit dem Studium eines so schwierigen Gebietes begann.

»Es ist nie zu spät, wenn einem das Glück zur Seite steht«, pflegte er zu sagen.

Er kaufte sich einen Zeichentisch. Er studierte und zeichnete bis spät in die Nacht. Wenn einmal das Licht ausfiel, zündete er eine Kerze an und lernte weiter, als wäre nichts gewesen. Er zeichnete Pläne von Häusern, von Kirchen, vor allem von Grabgewölben, so als habe er Sehnsucht nach dem Tod. Er dachte daran, die Aufnahmeprüfung für die Universität zu machen. Er bestand die Prüfung, aber meine Großmutter sagte hinterher, es wäre Betrug gewesen.

Wie es scheint, fragte ihn spöttisch ein Professor, als er ihn eines Tages in die Universität kommen sah:

»Haben Sie vor, noch lange zu leben? So wie Methusalem?«

»Warum?« fragte Don Toni.

»Weil, sollten Sie vorhaben, Ihr Examen als Architekt abzulegen ... nun, ich rede besser nicht weiter, aus Respekt vor dem Alter.«

»Und warum nicht?« wollte Don Toni ganz arglos wissen.

»Überlegen Sie mal, wie alt Sie in sechs Jahren sein werden, falls Sie überhaupt bis dahin kommen.«

»Darüber mache ich mir keine Gedanken«, antwortete Don Toni, ohne böse zu werden. »*Piano piano si va lontano.*«

»Tatsächlich wäre es besser, wenn Sie sich dem Piano widmen würden, denn das mit dem lontano, dem Weitkommen zu schaffen, scheint mir in Ihrem Fall ziemlich problematisch.«

»Lernen Sie erst einmal reden«, antwortete Don Toni und kämmte sich sein Matratzenhaar, das jetzt auf seinem Kopf glänzte, denn er fing an, Brillantine zu benutzen.

All das weiß ich von meiner Großmutter, denn Mama, die nichts für sich behalten konnte, war damals noch nicht geboren. Mama kam zur Welt, als Don Toni gerade verlobt war und diese eleganten Gabardineanzüge trug und einen Ring mit einem blauen Stein am kleinen Finger. Nach seinen Plänen hatte er schon ein Haus in Tigre gebaut, das an den Regattatagen für Aufsehen sorgte, weil seine Balkons so originell waren, und eine Kapelle in barockem Stil, wie es in ganz Buenos Aires keine zweite gab.

An dem Tag, als er seine Verlobung einging, oder genauer am Tag darauf, kamen er und die Verlobte auf Einladung meiner Großmutter zum Tee nach Hause. Die Verlobte war wunderschön und, wie allgemein erzählt wird, eine bemerkenswerte Gitarrenspielerin. Irgendwann hatte sie einmal eine Schönheitskonkurrenz gewonnen. Manch einer vermutete, daß Toni sich die Haare färbte, andere wiederum sagten, das Haar hätte wieder seine natürliche Farbe bekommen, als Folge der verliebten Hochstimmung, die in ihm dank der Verlobten erwacht war. Rondita (so hieß die Verlobte) bekam sehr bald heraus, welches Alter Don Toni zu haben sich erdreistete, obwohl niemand Genaues darüber wußte. Ihr fehlte der Mut, es ihm ins Gesicht zu sagen, höchstens mit Andeutungen, und schließlich mit der Rückgabe des Verlobungsrings, den sie ihm an einem sonnigen Morgen ins Gesicht warf. Die Schönheit verbrachte danach eine Woche in ihrem Zimmer, ohne herauszukommen, und suchte verzweifelt in ihrem Gedächtnis nach irgendeinem Jüngling, in den sie sich verlieben konnte. Als sie feststellte, daß niemand besser war als Don Toni, hatte Don Toni sie vergessen, um sich viel jüngeren Mädchen zuzuwenden. Tatsache ist, daß Don Toni aus Trotz anfing, Sport zu treiben, und sich so sehr verjüngte, daß die Leute ihn auf der Straße nicht mehr erkannten. Man sagt, er wäre einfach toll gewesen. Meine Großmutter mußte den Hörer aushängen vor lauter Anrufen: Ist Don Toni da? Ist Don Toni schon fort? Man hörte überhaupt keinen anderen Namen im Haus.

Als er sein Examen als Architekt ablegte (oder sagte, er habe es abgelegt), war das ein richtiges Ereignis. Ich erfuhr durch den Zwerg aus der Metzgerei davon, denn meine Großmutter leugnete immer die Erfolge von Don Toni, und der Zwerg sagte immer die Wahrheit, auch wenn die Wahrheit fast immer schmerzt. Im zweiten Hof des Hauses gab es ein Festmahl mit Kaviar und französischem Champagner. Von der Straße her sah man die Tische. Der Zwerg konnte sogar die Farbe der Teller und die Spitzen erkennen. Es war Dezember. Mama, die damals noch klein war, weinte in ihrem Zimmer, weil das Kindermädchen sie alleine ließ, um sich heimlich die Besucher anzusehen. Von jener Nacht behielt Mama eine fast unheilbare Neurose zurück. Don Toni war ein so stattlicher Bursche, daß ihn sogar Pita Roca anstarrte und Paulina Acosta, tief ausgeschnitten wie immer, eine Ohnmacht vortäuschte, damit er sie abhörte. Das ist vielleicht die Erfindung einer Wirtschafterin (denn zu jener Zeit gab es noch Wirtschafterinnen, genauso wie Ammen), aber etwas Wahres wird schon daran sein; jedenfalls besitze ich ein ganz gewöhnliches, kunstloses Photo, auf dem der Kerl toll aussieht. Die Frauen stritten sich um ihn, vor allem die ganz jungen, die am liebsten einen Mann haben wollten, der schon älter war und lebenstüchtig, und nicht einen dummen Jungen. Don Toni war auch wirklich zum Verlieben mit seinem Bart und allem. Mit was für einer Meisterschaft er das Feuer in den Herzen seiner Verehrerinnen nährte! In sein Büro kamen nicht nur Frauen, die Pläne von Wohnungen oder Grabstätten wollten, sondern Frauen, die ihn liebten, weil sie ihn auf irgendeiner Party getroffen hatten. Viele ruinierten sich, weil sie ein Grabmal errichten lassen wollten, ohne über die nötigen Mittel zu verfügen. Und so vergingen die Jahre, die ihn zwischen Liebe und Architekturbüro immer jünger werden ließen, zwischen Geschäften und Muße. Und so kam er ins Jünglingsalter, als Mama heiratete und sich platonisch in ihn verliebte, und in die Pubertät, als die Schönheit seines Gesichts eine Prinzessin derart beeindruckte, daß sie völlig aus dem Häuschen geriet, weil sie ihn nicht küssen konnte; und in die Kindheit, als das elektronische Spielzeug sein Zimmer füllte und die Raumfahrerbildchen an den Spiegeltüren seines Schrankes klebten; und in das unersättliche und nicht zu bändigende Alter der Fläschchen, wo der Mensch wie ein kleiner Kranker ist, der nicht alleine zurechtkommt, weil er ein faltiges Kind von wenigen Monaten ist.

Meine Schlußfolgerungen gehen ins Grenzenlose: Meine Großmutter trägt die Schuld; manchmal wiederum weise ich die verrückte Vorstellung zurück, daß Tomi Don Toni sein soll, daß sich das *n* in ein *m* verwandelt hat und der Mann in ein Kind. Aber wer kann mir wohl jetzt die Zweifel nehmen, die in meinem Innersten wühlen? Du vielleicht, denn du siehst die Dinge von außen.

Tomi ist genau in dem Augenblick verschwunden, wo ich entbunden habe. Der letzte Satz, den er zu mir sagte, war:

»Ich mag nicht, daß du einen Minirock trägst oder durchsichtige Sachen«, und so weiter und so fort – wie ein uralter Greis.

»Ach, scher dich doch zum Teufel«, habe ich ihm geantwortet, ohne zu wissen, daß mir das mein ganzes Leben lang leid tun würde, denn der letzte Satz, den man sagt, ist immer der, der zählt.

Wenn ich es recht bedenke, dann hat niemand Tomi zu uns nach Hause mitgebracht, genau wie Don Toni. Er wurde vom Jugendlichen zum Kind, ohne daß ich oder sonst irgendwer im Haus es bemerkt hätte. Ob wir alle Tomaten auf den Augen hatten? Mir ist, als wäre es heute gewesen: Als er fünf Jahre alt war, hat er mir ein Photo gezeigt und es mir mit den Worten geschenkt:

»Das ist ein Photo aus der Zeit, als ich noch alt war. Es ist kein anderes mehr da, das ich dir schenken könnte.«

Mir kam das normal vor, so normal, daß ich es niemandem erzählt habe; oder aber es kam mir so wenig normal vor, daß ich es niemandem erzählt habe. Ihn so reden zu hören verdoppelte die Zärtlichkeit, die ich für ihn empfand, und meine Blindheit. Alle sind wir in der Liebe blind.

Schreib mir und sag mir, was du von all dem hältst. Wenn es die Hölle gibt, dann ist es bestimmt die, die ich mit Tomis Verschwinden kennengelernt habe, das niemand zu Hause zugibt. Was für ein guter Spielkamerad wäre er für meinen Sohn gewesen! Mir kommen die Tränen, wenn ich die Photos aus der Zeit ansehe, wo er ganz alt war. Du wirst mir wieder wie letztes Mal sagen, ich sollte eine Psychoanalyse machen. Nur zu. Tausend Küsse von deiner

Paula

Liebe Paula!

Ich habe deinen Brief gelesen – als wenn du chinesisch schreiben würdest! Und wo wir doch so gute Freundinnen sind! Du machst dir alles zu kompliziert, wegen nichts und wieder nichts, das glaube ich nämlich. Don Toni, von dem ich bei dir zu Hause habe erzählen hören, brachte mich zum Gähnen, sobald von ihm die Rede war. Und dann hat sich Don Toni also, nachdem er sich bei euch zu Hause eingenistet hatte, zu allem Überfluß auch noch in Tomi verwandelt. Hat dir das deine Großmutter gesagt? Das soll sie jemand anderem erzählen. Diese Alte ist das Letzte, und du hörst auch noch auf sie. Für mich ist da was faul, denn sag mal, wer kriegt das in den Kopf, daß da ein Mann so einfach über Nacht im Haus auftaucht, ohne daß man ihn rauswirft und ohne daß irgendwem einfiele, die Polizei zu rufen, um zu sehen, ob das nicht ein Überfall ist, ein Lepröser, ein Dieb oder ein Verrückter, der aus einem Irrenhaus entsprungen ist. Menschenskind, haben deine Eltern denn gar nicht gemerkt, in was für eine Gefahr sie die ganze Familie gebracht haben? Was soll ich dazu sagen, ich hätte im Traum nie gedacht, daß so etwas bei dir zu Hause passieren könnte, wo sie doch immer so streng mit dir gewesen sind: »Kind, geh nur nicht in Hosen und noch weniger im Minirock ins Kino in der Calle Lavalle«, »Dieser Büstenhalter betont deine Brust aber sehr«, »Ist dieser Gürtel nicht zu eng für dich?« An dem Tag, als *Rocco und seine Brüder* lief, mit Alain Delon, freigegeben ab achtzehn, da gab es einen Heidenkrach. Ist das vielleicht gerecht? Wir waren fünfzehn Jahre alt: In Indien heiraten die Mädchen mit zwölf. Man hat schon verdammt verrückte Eltern; es scheint so, als würden sie einen hassen vor lauter Liebe.

Was ich am wenigsten verstehe, ist deine Sorge um Tomi. Ich habe mein Hündchen Macho sehr lieb gehabt, aber als es verschwunden ist, dachte ich, so, als wenn ich es überhaupt nie gekannt hätte: Es gibt noch andere Hündchen auf der Welt, und ich habe mir ein anderes, noch süßeres besorgt, das nicht alles so schmutzig macht. Ich sage ja nicht, daß es dasselbe wäre, aber glaub nicht, das wäre so ein Riesenunterschied; jedenfalls ist ein Kind ganz schön lästig. Wer weiß denn besser als ich, was sie so anstellen, wenn sie einem auf das beste Kleid kotzen, das man hat! Ich wollte keine Kinder haben, das habe ich dir ja am Tag der Taufe gesagt; aber Adrian hat protestiert: »Und warum haben wir dann geheiratet, altes Mädchen? Wenn nicht, um Kinder zu haben, hat sich doch die ganze Mühe nicht gelohnt.« Glaubst du wohl, daß ich nach diesem Satz ganz eiskalt geworden bin? Ich habe gar nicht geantwortet, denn wenn ich antworte, dann koche ich über vor Wut, und wenn ich richtig wütend werde, dann hätte ich ihm eine mit dem Buttermesser verpaßt, das ich in der Hand hatte. Das Leben ist traurig, meine Beste; man kann es drehen, wie man will. Und da sorgst du dich noch wegen einem Phantom, wegen diesem Tomi, der verschwunden ist. Was willst du mehr? Seine Anziehsachen kann dein Kind gebrauchen, oder ist er mitsamt den Sachen weg? Als ich die gesehen habe, da habe ich richtige Stielaugen gekriegt. Was für Ziersäumchen, was für Hohlsäume, was für eine Broderie, was für eine Stickerei! Das war wie die Sachen vom Jesuskind, im Kloster der Zerlumpten Mädchen, weißt du noch? Oder hast du unsere Späße schon vergessen? Und der saubere Priester, der uns die Beichte abnahm: »Was für eine Sünde noch, meine Tochter? Was sonst noch für eine kleine Sünde? Denk nach.« Und es war immer dieselbe kleine Sünde, die wir beichteten, und dieselbe kleine Sünde, die er von uns hören wollte, und dieselbe Buße, die er uns auferlegte. Wie alt war Tomi zu der Zeit? Du hast mir gesagt, daß ihr euch im Badezimmer eingesperrt und ein Päckchen Zigaretten geraucht habt und daß er dir einen Kuß gegeben hat, wie im Kino, als du ohnmächtig geworden bist. Er war älter als du, und später warst du älter als er. Das gibt absolut keinen Sinn. Ich kann mich am Knie kratzen, soviel ich will, ich verstehe nur Bahnhof, und das schlimmste ist, daß es mir angst macht. Wenn die Menschen auf einmal auf die Idee kämen, so zu leben wie Don Toni, rückwärts, was würde dann passieren? Wenn sie eines schönen Tages, wo sie schon Kinder wären, verschwinden würden, dann gäbe es zumindest nicht so viele Überraschungen, wir wüßten (außer bei einem Unfall), wie lange sie leben. Ob das wohl möglich wäre, Mädchen, daß das passierte? Ich habe da so meine Zweifel, aber mir kommt es so vor, als wäre ich nicht gerade auf dem besten Weg, dich zu beruhigen, also tschau, ein Kuß für den Kleinen und einer für dich.

Prilidiana

Schwesterlich

Lisa St Aubin de Téran

Ich hasse Kino

Es war ein frostiger Tag Ende Februar, und der Wind hatte Meeresnebel auf einige Cafés zugetrieben, die sich in der Nebensaison darum bemühten, den Angriffen uneleganter Kälte und Leere zu trotzen. Zwei Frauen, die eine alt, die andere jung, saßen in der verglasten Ecke eines ansonsten verlassenen Hotelcafés. Fünf, sechs Meter hinter ihnen stand eine Schar uniformierter Kellner, wie Matadore, die aufgereiht warten, bis sie dran sind gegen den Stier. Draußen schossen ein, zwei vereinzelte Möwen über dort ankernde Fischerboote und die Reihen vertäuter Vergnügungsboote hin. Auf der engen Straße herrschte wenig Betrieb. Einige Geschäfte hatten geöffnet und verkauften Brot, Wein oder Zigaretten, aber die meisten hatten sich offenbar mit der Tatsache abgefunden, daß erst eine Sommertransfusion aus Touristen und Sonne ihre Türen öffnen und ihre Rolläden hochziehen würde.

Die großen Steinplatten vor dem Hotel waren noch bleich vom morgendlichen Frost. Jenseits der Straßen trafen eine schmale Promenade und ein felsiger Strand fast zögernd auf das Meer. Vielleicht blieb nur das Meer von der Notlage dieses kleinen Ortes an der italienischen Riviera unberührt, der unfähig war, die toten Monate anmutig zu überstehen, und außerstande, etwas Sonne herbeizubeschwören. Die beiden Frauen blickten hin und wieder vom porphyrfarbenen Bodensatz ihrer festgewordenen Schokolade auf das beharrliche Blau des Meeres.

Sie kannten einander nicht näher. Die Leere des Ortes sowie der Umstand, daß sie beide Engländerinnen waren, hatten sie zusammengeführt. Sie glichen gestrandeten Walen, die einander an einem fremden Strand Gesellschaft leisteten und denen die Kraft aufzubrechen ebenso fehlte wie der Wille zu bleiben. Im Abstand von wenigen Minuten versuchten sie, ein Gespräch in Gang zu bringen. Draußen am Strand, windgeschützt durch das wehrhafte Fundament einer reich verzierten Kirche, besserten zwei Fischer ungeachtet des Wetters ihre Netze aus. Es waren ein älterer und ein jüngerer Mann, jeder flickte an einem Ende eines breiten Netzes. Im Hotel rührte die ältere Frau im Satz ihrer Schokolade und fuhr dann fort, ihre Serviette so zu falten, daß sie einem Vogel glich, während ihre Begleiterin versuchte, die Löcher aus Stille zu flicken, die beharrlich zwischen ihnen hingen. An der Straße lockte ein verblichenes Plakat in einen lang vergessenen Film. Die verfremdeten Farben brachten sie auf eine Idee, und sie sprach wieder, hoffnungsvoll.

»Wie wäre es mit Kino?«

Die ältere Frau antwortete, plötzlich heftig, aus ihren Pelzhüllen heraus: »Ich hasse Kino!«

Dann hörte sie auf, das Papier zu falten, und machte, wie eine vollendete Schauspielerin, den runden Rokoko-Tisch zu ihrer Bühne. Mit nahezu unmerklichem Nicken holte sie zwei Kellner in ihre Ecke und bestellte Martinis. Mit einer winzigen Bewegung der Schulter streifte sie den Nerzmantel ab. Es schien, als erleichtere sie sich körperlich den Zugang zu einer nicht verheilten Erinnerung, als würde sie von einem Sog ihrer Jugend aus ihrem jetzigen müßigen Wohlstand in eine bedrängte und ärmliche Vergangenheit gezogen. Sie drehte den großen Saphir an ihrem Mittelfinger und sagte: »Ich war die Jüngste. Meine beiden älteren Schwestern waren alt genug, um begeistert ins Kino zu gehen, aber zu jung, um machen zu können, was sie wollten. Daher mußten sie immer meinen Vater um Erlaubnis bitten, wenn sie gehen wollten, und er hatte stets dieselbe Antwort: ›Wenn ihr Mary mitnehmt.‹ Das war ich.«

Sie machte eine Pause, verengte die blauen Augen ein wenig, richtete Untersetzer und Aschenbecher symmetrisch aus.

»Ich störte. Ich war fünf, sechs, sieben, und Mutter war krank. Ich glaube, sie haßten mich. Ich weiß noch, wie sie mich die Straßen entlangzogen zu diesen Mittagsvorstellungen, sie zerrten mich am Arm, bis er schmerzte. Wenn ich weinte, zogen sie mich an den Haaren.«

Die jüngere Frau wollte etwas sagen, doch die andere stoppte sie mit einer kleinen Geste der manikürten Hand.

»Sie waren nicht böse. Aber sie hatten schon Freunde, und sie lebten ihr eigenes Leben. Es war sicher auch für sie nicht einfach, Mutter war im Krankenhaus, und Vater führte den Haushalt wie die Kasernen, in denen er immer gelebt hatte. Ich störte einfach.«

Ich verstand die Filme nicht, verband nicht einmal die Namen mit Gesichtern. Da waren Douglas Fairbanks, Mary Pickford, Clark Gable und viele andere, über die meine Schwestern sich unterhielten, aber ich wußte nicht, wer sie waren.

Es war im Kino immer dunkel. Das war für mich das schlimmste. Ich fürchtete mich so im Dunkeln. Ich weinte immer, und dann zwickten sie mich, bis ich aufhörte. Diese Filme schienen gar kein Ende zu nehmen.

Ich habe nie verstanden, wieso jemand Vergnügen daran hat und dafür bezahlt, in einem dunklen Saal zu sitzen und auf diese absurden vergänglichen Schatten zu schauen.

Ich betete die ganze Woche, daß ich nicht gehen müßte. Aber die Mädchen waren süchtig danach. Sie wollten immer, selbst wenn der Preis dafür war, mich mitnehmen zu müssen. Sie nahmen mich also mit und beglichen auf dem Weg dorthin all ihre Rechnungen mit Zerren und Kneifen.

Dann verstummte sie ebenso abrupt, wie sie zu sprechen begonnen hatte, und wandte sich ihrem Apéritif in einem

Glas mit gedrehtem Fuß zu sowie dem Tellerchen mit Oliven und Nüssen, das auf den Tisch gestellt worden war. Die jüngere Frau blickte sie an, wollte mehr hören.

»Wie lange war Ihre Mutter krank?«

Die ältere Frau hörte auf, in den Oliven herumzustochern und hielt inne, das Cocktailspießchen halb erhoben. Das Wort schien sie traurig und weich zu stimmen. Dann durchstieß sie eine grüne Olive auf dem Teller und sagte: »Sie war immer krank. Immer.«

Sie saßen wieder schweigend, blickten auf das Meer hinaus. Zwischen ihnen lag keine Beklommenheit mehr. Das drängende Bedürfnis zu sprechen war verebbt und nahm nun erneut Anlauf, wie die Wellen in der Ferne. Schließlich kehrte die ältere Frau aus ihrer Gedankenverlorenheit zurück.

»Sie hatte Tb, das war der Krebs jener Tage. Anfangs war sie zu Hause, lag aber immer, ruhte sich aus. Es schien ihr nie besser zu gehen. Es war, als käme sie nach Hause, um noch kränker zu werden. Dann kehrte sie ins Krankenhaus zurück, auf die Isolierstation. Dort konnte ich sie nicht besuchen. Es war nicht gestattet. Aber mein Vater und ein Onkel, glaube ich, kletterten auf eine Mauer und hielten mich an die Gitterstäbe ihres Fensters, dann konnte ich sie im Bett sehen. Selbst als winziges Ding konnte ich mich stundenlang an diesen Stäben festhalten.«

Aber wie krank sie auch sein mochte, sie hatte immer ein Lächeln für mich. Ich war ihr Liebling, ihr Kleines. Sie fehlte mir jede Minute, die sie fort war, aber sie kam immer wieder zurück. Und dann hatten wir es sehr schön miteinander, das entschädigte mich für die übrige Zeit. Sie kannte so viele Spiele und Lieder, Sie würden es nicht glauben; aber das alles brauchte ich nicht. Es genügte mir, auf ihrem Schoß zu sitzen – oder mit dem Kopf auf ihrem Kissen zu liegen, wenn sie zu schwach zum Sitzen war – und ihre Nähe zu spüren.

Ich kann mich nicht erinnern, daß sie einmal nicht krank gewesen wäre. Sie verwöhnte mich. Ich glaube, das machte meine Schwestern eifersüchtig. Ich war zehn Jahre jünger als sie, und es muß sie geärgert haben, daß ich so viel von Mutters Zeit beanspruchte. Sie wußten, daß sie starb, ich wußte es nicht. Ich wußte nur, daß sie immer wieder fort mußte, aber daß sie zurückkommen, mit mir kuscheln und mich beschützen würde, und sie konnten mich nicht zwikken und ins Kino zerren, wenn sie da war. Selbst wenn sie es getan hätten, wäre es egal gewesen, solange ich dann zu ihr nach Haus gehen konnte.

Sie trug immer weiß, weiße Seide und weiße Leinennachthemden, und ihr Bettzeug war immer sauber und duftete nach Lavendel, von den Säckchen, die sie in die Schränke legte. Ich weiß nicht, wie sie von ihrem Krankenbett aus den Haushalt führte, aber sie tat es, sogar nach den militärischen Standards, die mein Vater verlangte. Er war nicht immer zu Hause. Manchmal war er bei der Armee. Ich glaube, er ist einmal mit jemandem durchgebrannt, aber er kam zurück, als ich ungefähr sieben war, und blieb.

Ich erinnere mich noch an das letzte Mal, als sie mich auf die Fensterbrüstung vor der Isolierstation hoben. Ich war damals acht und fast zu groß, um mich an der Umrandung festzuklammern. Die anderen in den Betten um sie herum sahen immer grau aus, aber von Mutter ging eine Art Glanz aus. Sie waren meist sehr dünn, die Patientinnen auf der Station, und durch das Fenster schien es, als schimmerten sie. Ich erinnere mich, daß Mutter dünner wirkte als sonst, und obwohl sie lächelte, als sie mich sah, kam es mir vor, als sei in ihrem Blick etwas Schweres, so, als sei ich zur falschen Zeit gekommen. Das Gefühl hatte ich noch nie gehabt. Selbst wenn sie hustete, zu Hause durfte ich ins Zimmer schlüpfen und in einer Ecke warten, bis es ihr wieder gut genug ging, daß ich ihre Hand halten und ihr das Haar streicheln konnte. Sie hatte wunderbares Haar.

Vater hatte es an diesem Tag eilig. Er hatte getrunken und wollte fort. Er sagte, ich solle herunterkommen, aber ich kam nicht. Wir taten immer, was Vater sagte. Das mußten wir. Aber dieses eine Mal wollte ich bleiben, mich an die Stäbe dieser Station im Parterre klammern und hineinsehen, bis Mutters Stirn sich bei meinem Anblick aufhellen würde. Aber an jenem Tag geschah das nicht.

Alles war so eigenartig. Vater zog mich nicht herunter und bestrafte mich, sondern ließ mich dort und zwang meine Schwestern, mich hochzuhalten, nachdem er gegangen war.

Mutter und ich konnten uns durch die Fensterscheibe hindurch Sachen zuflüstern, wir lasen von den Lippen und benutzten Zeichensprache. Wir haben immer richtig alberne Dinge gesagt. An jenem Tag schien sie zu traurig, um mit mir zu sprechen. Es wurde dunkel, und meine Arme schmerzten. Die Straßenlaternen brannten schon, und meine Schwestern waren völlig außer sich, weil sie fortwollten, als ich endlich herunterkletterte. Der Heimweg zu den trostlosen Reihenhäusern am Stadtrand, wo wir wohnten, war lang.

Damals habe ich meine Mutter das letzte Mal lebend gesehen. Sie hatte gesagt, sie käme immer wieder. Ich hatte ihr geglaubt. Sie kam wirklich noch einmal, immer noch in Weiß, aber sie legten sie ins Wohnzimmer auf den Eßtisch, dem sie zum Ausziehen das Mittelstück eingesetzt hatten. Familienangehörige kamen, um ihr die letzte Ehre zu erweisen, und der Sarg blieb die ganze Nacht offen stehen. Das war damals üblich, vor dem Krieg.

Ich saß bei ihr, im Dunkeln, die ganze Nacht. Ich hatte einen Stuhl mit einem dicken Kissen, so daß ich über den Rand des Sargs reichen konnte, und ich hielt ihre Hand. Es fiel mir schwer, aber es war immer noch leichter, als sie nicht zu halten. Ich weiß noch, daß ich mich für sie freute, weil sie nicht mehr bekümmert aussah, wir waren allein, wie zu unseren besten Zeiten, und sie war zurückgekommen, wie sie es versprochen hatte. Ich konnte Dunkelheit nie ertragen, aber in jener Nacht machte sie mir nichts aus. Ich erzählte ihr alles mögliche, redete nur so dahin. Ich weiß nicht, ob jemand wußte, daß ich dort war. Es spielte eigentlich nie mehr eine Rolle, nach Mutters Tod. Ich störte bloß, und alle waren froh, wenn sie mich fünf Minuten von hinten sahen.

Ich war immer zapplig. Diese Zappligkeit hat mir eine Menge Schwierigkeiten bereitet. Meine Mutter nannte es ›Zauber weben‹, wenn ich die Hände nicht stillhalten konnte.

Meine Schwestern gingen bis zu dreimal die Woche ins Kino.

Ich ertrug es nicht, als sie den Sarg schlossen. Ich wollte sie daran hindern, wurde aber fortgezogen und in ein Zimmer gesperrt. Ich ertrug es nicht, sie mir im Dunkeln vorzustellen, ohne Luft, wo nur diese Schatten mit Geistern, Cowboys, fremden Frauen und brüllenden Männern über den Deckel huschten.

Meine Schwestern saßen im Kino immer in der mittleren Reihe. Was immer sie taten, sie taten es in der mittleren Reihe. Die hinteren Reihen hatten nahezu etwas Verbotenes, die vorderen waren zu sichtbar. Ich bekam immer furchtbare Angst, wenn das Licht ausging.

Als der Krieg kam, war ich vierzehn. Für mich war es wie eine Erlösung. Die Mädchen gingen fort und leisteten ihren Teil, Vater kehrte zu seinem Regiment zurück, und ich war allein. Ich war schon seit Mutters Tod allein gewesen. Ich war schon seit sechs Jahren allein. Aber als der Krieg kam, schleppte mich keiner mehr ins Kino, und das Dunkel der Luftschutzbunker war nichts im Vergleich zum Dunkel des Preston Astoria mit seinem abgewetzten Plüsch und den Reihen kichernder Halbwüchsiger. Ich habe mir nie mehr einen Film angesehen, Warum auch? Ich hasse Kino.«

Mit diesen Worten legte sich die ältere Frau, die ironischerweise das selbstsichere Auftreten eines alternden Filmstars hatte, den Mantel um die Schultern. Die jüngere Frau sagte nichts. Es gab wohl auch nichts zu sagen, als sie durch das Fenster auf die stets gleiche Straße hinausblickten, die an den schmalen Strand und das Meer grenzte. Ein gedämpftes Läuten klang von der Kirche herüber, die beiden Fischer begannen, fast mechanisch, ihre Netze zusammenzurollen, und eine Dunkelheit senkte sich langsam über das Städtchen.

Patricia Highsmith

Stille Nacht

Hattie zog am Kettchen der Leselampe, schob sich die Bettdecke bis unter das Kinn und wartete ruhig ab, bis Alice' Schniefen und Husten verstummte.

»Alice«, flüsterte sie.

Keine Reaktion. Sie war tatsächlich schon eingeschlafen, obwohl sie immer behauptete, kein Auge zu schließen, bevor es elf Uhr schlug.

Hattie rutschte vorsichtig zur Bettkante und streckte behutsam einen weißbestrumpften Fuß vor. Sie drehte sich um und warf einen Blick auf Alice, von der nichts als die spitze Nase sichtbar war, die zwischen den Rüschen ihrer Nachthaube und dem bis über den Mund gezogenen Laken hervorlugte. Sie bewegte sich nicht.

Hattie erhob sich leise; vor Erregung atmete sie in kurzen Stößen. Im Halbdunkel erkannte sie die zwei Gebisse in ihren Wassergläsern auf dem Nachttisch. Sie kicherte nervös.

Wie ein weißes Gespenst schlich sie durch das Zimmer, vorbei an dem viktorianischen Polstersofa. Am Nähtisch blieb sie stehen; sie klappte die Platte hoch und tastete zwischen Garnspulen und Schnittmustern, bis sie das kalte Metall der Schere berührte. Die Schere fest in der Hand haltend, durchquerte sie das Zimmer erneut. Am Abend hatte sie die Tür des Wandschranks angelehnt, so daß sie sie jetzt geräuschlos öffnen konnte. Mit zitternder Hand langte Hattie in die Schwärze, ertastete die zwei steifen Wollmäntel, ein paar Kleider. Schließlich berührte sie in Wandnähe etwas Flauschiges. Sie mußte kichern, als sie den Kleiderbügel herausholte, und die Schere glitt ihr aus der Hand. Lautes Klirren, gefolgt von halb unterdrücktem Gelächter. Hattie spähte um die Schranktür herum zu der reglosen Alice im Bett. Alice war ziemlich schwerhörig.

Mit steif nach oben gespreizten weißen Zehen stapfte Hattie zu dem Sessel am Fenster, auf den ein Streifen Mondlicht fiel, und setzte sich mit Schere und Angorastrickjacke auf dem Schoß. Zahnlos und dämonisch schimmerte ihr Gesicht im Mondlicht. Sie betrachtete die Strickjacke mit der Miene eines Menschen, der mit der Gabel ein Stück Fleisch auf dem Teller hin und her schiebt, bevor er das Messer ansetzt.

Es war wirklich eine wunderschöne Strickjacke. Alice hatte sie letzte Woche von ihrer Nichte geschickt bekommen. Ein Geburtstagsgeschenk; einen solchen Luxus hätte sich Alice niemals gegönnt. Sie war glücklich wie ein Kind und hatte die Jacke seither jeden Tag zu ihren Kleidern getragen.

Die Schere schnitt die weiche Wolle der Ärmel zwischen Bündchen und Schulter entzwei.

Hattie besah sich ihr Werk. Einen Schnitt noch. Natürlich am Rücken. Aber nicht zu lang, damit er nicht auf Anhieb zu erkennen war.

Sekunden später hatte sie die Schere in den Nähtisch zurückgelegt, die Strickjacke in den Wandschrank gehängt und lag wieder im Bett. Sie stieß einen tiefen Seufzer aus. Sie dachte an die aufgeschnittenen Ärmel, an das Gesicht, das Alice am Morgen machen würde. Die Strickjacke war unrettbar zerstört und Hattie ausgesprochen zufrieden.

Um halb neun weckte sie das Zimmermädchen. Das immergleiche Ritual: ein dreimaliges knochiges Klopfen an die Tür, begleitet von der lauten und leicht unverschämten Ankündigung: »Halb neun! Frühstück ist fertig!« Daraufhin rüttelte Hattie, die immer als erste erwachte, Alice an der Schulter.

Mechanisch setzten beide sich im Bett auf und streiften sich das Nachthemd über den Kopf, wobei saubere weiße Unterwäsche zum Vorschein kam. Beide schwiegen. Die fünf Jahre des Zusammenlebens hatten den Austausch zwischen ihnen auf das absolut Notwendigste eingedampft.

Doch an diesem Morgen mußte Hattie an die Strickjacke denken. Ihr war mulmig zumute, aber ihr fiel nichts ein, was sie hätte sagen oder tun können, um die Anspannung zu verringern. Eine Viertelstunde verbrachte sie mit ihrer Frisur. Hatties Zopf, den sie jeden Abend flocht, war einen halben Meter lang, und zweimal täglich löste sie das Haar für die hundert Bürstenstriche. Eitel war sie nur auf ihr Haar. Fertig angezogen stand sie verlegen da und tat so, als wäre sie mit ihren Druckknöpfen beschäftigt.

Alice schien sich am Waschbecken ewig Zeit zu lassen, während sie mit ihrer Lösung aus Salz und lauwarmem Wasser gurgelte. Obwohl Hatties Flasche mit rotem Mundwasser verführerisch auf der Glasplatte stand, hielt sie sich störrisch an das morgendliche Ritual mit Salz und Wasser.

»Worüber kicherst du jetzt schon wieder?« Alice wandte sich vom Becken um, ein leises Lächeln auf dem feuchten Gesicht. Hattie schwieg betreten, sah das Gebiß im Glas an und kicherte erneut.

»Hier, dein Gebiß.« Linkisch reichte sie Alice das Glas. »Ich dachte schon, du würdest ohne zum Frühstück gehen.«

»Aber Hattie, mein Gebiß habe ich doch noch nie vergessen.«

Alice lächelte unwillkürlich. Es würde ein schöner Tag werden, dachte sie. Mrs. Crumm und ihre Schwester waren von einem Wochenendausflug zurück, und nachmittags konnten sie miteinander Rommee spielen. Sie ging in Strümpfen zu dem Wandschrank, ein geistesabwesendes Lächeln in den Mundwinkeln.

Hattie sah zu, wie sie das mattblaue Kleid herausholte, das am besten zu der beigefarbenen Angorawolle paßte. Sie machte die kleinen Knöpfe vorne am Kleid einen nach dem anderen zu. Sie nahm die Strickjacke von ihrem Kleiderbügel und fuhr mit einem Arm in den Ärmel.

»Oh!« entfuhr es ihr wie ein Stöhnen. Dann verzog sie das Gesicht und blinzelte mit den Augen wie ein Kind, das in Tränen ausbricht. Die Tränen liefen ihr die Wangen herab. »H-Hattie ...« Sie sah sie an, brachte aber kein Wort heraus.

Hattie grinste unbehaglich, obwohl sie die Szene ausgiebig genoß. »Nein, sowas!« rief sie. »Wer stellt denn so etwas an?« Sie setzte sich auf die Bettkante und krümmte sich vor Lachen.

»Hattie ... Hattie, das warst du«, erklärte Alice mit zitternder Stimme. Sie hielt die Strickjacke an sich gedrückt. »Hattie ... wie gemein du bist!«

Hattie hatte sich auf das Bett fallen lassen und lachte hemmungslos. »Aber Alice, du weißt doch, daß ich keine Ahnung ... ha, ha ... Wie kommst du bloß auf die Idee ...« Vor Lachen konnte sie nicht weitersprechen.

Sie mußte ein paar Minuten liegen bleiben, bis sie sich soweit beruhigt hatte, daß sie zum Frühstück hinuntergehen konnte. Und als sie das Zimmer verließ, saß Alice in dem Sessel am Fenster und schluchzte, das Gesicht in die Angorastrickjacke gedrückt.

Alice kam erst nach unten, als sie zum Mittagessen gerufen wurde. Bei Tisch plauderte sie mit Mrs. Crumm und deren Schwester, ohne Hattie eines Blickes zu würdigen. Hattie saß Alice gegenüber; sie war schweigsam und unruhig, aber kein bißchen zerknirscht. Alice hätte sie tagelang wie Luft behandeln können, ohne damit die leisesten Gewissensbisse in ihr zu wecken.

Es war ein herrlicher Tag. Nach dem Mittagessen gingen sie mit Mrs. Crumm, ihrer Schwester und Mrs. Holland, die das Hotel leitete, in den Gramercy Park.

Alice tat so, als sei sie in ihr Buch vertieft. Es war ein Kriminalroman von ihrem Lieblingsschriftsteller, den sie sich in der Leihbücherei des Hotels ausgeliehen hatte. Mrs. Crumm und ihre Schwester bestritten das Gespräch fast ausschließlich. Ein Wochenendausflug war bedeutsam genug, um Gesprächsstoff für mehrere Nachmittage zu liefern, und Mrs. Crumm war in der Lage, jede einzelne Speise, die sie im Verlauf mehrerer Tage zu sich genommen hatte, aufzuzählen.

Der monotone Singsang der Stimmen und das warme Sonnenlicht lullten Alice in einen Halbschlaf. Die Buchstaben verschwammen ihr vor den Augen.

Ein paar Stunden früher hatte sie sich vorgenommen, Hattie gegenüber entschieden aufzutreten. Sie konnte kühl und arrogant sein, feindselig sogar. Hattie hatte sich nicht zum erstenmal eine Ungeheuerlichkeit erlaubt. Sie dachte an den Tintenfleck auf ihrer Spitzentischdecke vor vier Monaten und an den verschwundenen Saffianlederband mit Tennyson-Gedichten. Ganz sicher hatte Hattie ihn irgendwo versteckt. Und heute abend würde sie ganz ruhig ihre Sachen packen, knappe, aber sorgfältig gewählte Abschiedsworte für Hattie schreiben und das Hotel verlassen. Sie konnte in ein anderes Hotel in der Nachbarschaft ziehen, über Mrs. Crumm ihre neue Adresse ausrichten lassen und mit Genugtuung erleben, daß Hattie kam und um Verzeihung bat. Der Haken an der Sache war nur, daß sie gar nicht mit Sicherheit annehmen konnte, daß Hattie kommen würde, und diese unangenehme Möglichkeit, vereint mit ihrer charakteristischen Antriebsarmut, hinderte sie daran, einen so drastischen Weg einzuschlagen ... Was wäre, wenn sie ihr restliches Leben allein verbringen müßte? ... Es war einfach bequemer, dort zu bleiben, wo sie war, nachmittags eine nette Partie Rommee zu spielen und Eis und Plätzchen zu essen und es Hattie in kleinen Bosheiten heimzuzahlen. Außerdem, so versuchte sie sich zu trösten, war es entschieden damenhafter. Weiter dachte sie nicht; sie malte sich keine spezifische Situation aus, in der sie etwas sagte oder tat, um Hattie zu verletzen. Die Möglichkeiten würden sich von allein ergeben.

Mrs. Holland stieß sie mit dem Ellbogen an. »Wir gehen jetzt Eis essen. Und danach spielen wir ein bißchen Rommee.«

»Mein Buch war gerade so spannend.« Aber sie erhob sich mit den anderen und war auf dem Weg zum Drugstore kaum weniger gutgelaunt als sie.

Obendrein gewann sie beim Rommee, und das genoß sie. Hattie, die sie den ganzen Tag besorgt beäugt hatte, war sehr erleichtert, als Alice sich wieder dazu herbeiließ, das Wort an sie zu richten.

Dennoch ging Alice die zerstörte Strickjacke nicht aus dem Sinn; sie fand es ungerecht, und das wurmte sie. Sie schämte sich richtiggehend, daß sie die Sache so offenkundig auf die leichte Schulter nehmen konnte. Das mußte Hattie dazu ermutigen, ihr Mütchen an ihr zu kühlen. Sie wünschte, sie wäre zu echten Haßgefühlen fähig.

Um neun Uhr abends saßen sie in ihrem Zimmer und lasen. Jede Spur von Befangenheit oder vorgeblicher Zerknirschung bei Hattie war verschwunden.

»War das nicht ein netter Tag?« wagte sie sich vor.

»Hmm.« Alice hob den Kopf nicht.

»Na ja«, erfolgte die unvermeidliche Bemerkung samt unvermeidlichem Gähnen, »ich glaube, ich gehe jetzt ins Bett.«

Und kurz darauf saßen beide im Bett, vier Kissen im Rükken, und lasen – Hattie die Zeitung, Alice ihren Kriminalroman. Eine Zeitlang herrschte Schweigen, dann ordnete Hattie ihre Kissen und legte sich hin.

»Gute Nacht, Alice.«

»Gute Nacht.«

Bald löschte auch Alice das Licht, und im Raum kehrte völlige Stille ein, die nur das leise Ticken der Uhr und hin und wieder das Summen eines Automobils unterbrach. Die Uhr auf dem Kaminsims surrte und schlug dann zehn.

Alice lag mit offenen Augen im Bett. Den ganzen Tag hatte sie die Tränen zurückgehalten; jetzt begann sie unwillkürlich zu weinen. Sie wischte sich die Nase am Laken ab. Aber es waren keine kindischen Tränen.

Sie stützte sich auf einen Ellbogen. Der dunkle Zopf hob Hatties Hals und Schultern vom weißen Bettzeug ab. Sie fühlte sich sehr stark, so stark, als könnte sie Hattie mit bloßen Händen erwürgen. Doch der Gedanke an einen Mord verschwand so schnell, wie er sich eingestellt hatte. Ihre Rache mußte etwas Dauerhaftes sein, etwas Schmerzliches, etwas, was Hattie zu ertragen hatte und woran sie, Alice, sich weiden konnte.

Dann kam ihr der Einfall, und schon war sie aus dem Bett gesprungen, trat kühn an den Nähtisch, genau wie Hattie vierundzwanzig Stunden früher ... und sie stand am Bett, beugte sich über Hattie, spähte mit kurzsichtigen Augen durch ihre Tränen in Hatties friedliches, unschuldiges Gesicht. Zwei Schnitte, und der Zopf wäre am Haaransatz abgeschnitten.

Doch plötzlich verließ die Kraft ihre Finger; kaum daß sie noch die Schere halten konnten, geschweige denn einen Zopf durchtrennen.

Sie hielt sich am Nachttisch fest ... Hattie, liebe Hattie ... Hattie meinte es nicht böse. Hattie war nur übermütig. Sie legte die Schere auf den Nachttisch und schluchzte laut auf.

Hattie gähnte und blinzelte.

»Ich ... ich wollte gerade ein Glas Wasser holen«, sagte Alice. Sie ging zum Waschbecken.

Hattie gähnte und brummte etwas.

»Willst du auch einen Schluck?«

»Ja, warum nicht?« murmelte Hattie.

Sie brachte ihr ein halbvolles Glas, und Hattie nahm es wortlos entgegen, wie ein Kind. Alice tastete sich am Bett entlang zurück und stieg hinein. Sie lag da und starrte mit wunden, tränengeröteten Augen zur Decke, und nach einer Weile hörte sie, wie Hattie das Glas auf dem Nachttisch absetzte.

Angeles Mastretta

Eines Nachmittags

Eines Nachmittags sah Rosa auf und sah um ihre Schwester einen Glanz, dessen Grund sie sich nicht denken konnte, der aber fast blitzte, so neu und strahlend war er.

Stundenlang horchte sie jedes Wort ihrer Schwester darauf ab, was wohl dahinterstecken mochte. Sie kam nicht darauf. Sie stellte nur fest, daß ihre Schwester an diesem Abend weniger schroff als sonst zu ihr war. Es war, als könne sie endlich darüber hinwegsehen, daß Rosa am liebsten betete und kochte, als wolle sie sie nie mehr wegen ihres unbeirrten Junggesellinnendaseins, ihrer religiösen Vernarrtheit und ihrer ledernen Verehrung für die Maria vom Carmen auslachen.

Darum ging Rosa nach ihrem Rosenkranzgebet und ihren in Kakaomilch getunkten Butterkeksen getröstet zu Bett. Wovon sie in dieser Nacht wohl als erstes träumte? Hätte sie jemand gesehen, pummelig lächelnd in ihrem Leinennachthemd, er hätte sie mit einem noch nicht fünfjährigen kleinen Mädchen verglichen. Durch Rosas Kopf aber schwirrte ein Traum, den sie sich niemals zugetraut hätte.

Ihre Schwester schlich darin auf leisen Sohlen zu einem Kostümball und kam mit großem Getöse inmitten einer fröhlichen Männertruppe wieder nach Hause. Die Männer wurden durch sie angefeuert und lachten und lachten und brauchten dazu nichts anderes zu tun, als sie anzusehen, weil sie aus allen Poren Heiterkeit ausstrahlte. Ihre Schwester, das glückliche Wesen, hatte eine bunte venezianische Maske mit einem Halbmond oben auf der Stirn und einem irre verzerrten Mund auf, die sie in einem fort abnahm und wieder aufsetzte. Mit einem Mal begann sie vor der im größten Sessel des Wohnzimmers sitzenden Rosa zu tanzen, die daraufhin sogar aufhörte, Kekse zu mampfen. So hinreißend war das Wunder, das ihr da ins Haus geschneit war.

Rosas Schwester tanzte und sang Cancan und warf dazu die Beine hoch. Die Männer sangen mit, doch statt der Kniehosen und Spitzenröcke der Cancantänzerinnen hatte Rosas Schwester nur ein winziges Röckchen an, das sie begeistert anhob, so daß ihre strammen Beine und ihre Scham sichtbar wurde. Ihre Scham aber war verrutscht und saß nicht an ihrem normalen Platz. Rosas Schwester hatte sich nämlich oberhalb des Schamhügels ein gelb grün blaues Blätterornament gemalt, das bei jeder ihrer Bewegungen mithüpfte, als beanspruche es für sich allein alle Aufmerksamkeit der Welt. Der glänzende kleine schwarze Pelz darunter aber war über den Schenkel gerutscht. Er nahm sich diese Veränderung einfach heraus und war, wie sie selber war, ungebunden und frei.

Am nächsten Morgen staunte Rosa ihre Schwester an, als sähe sie sie zum ersten Mal.

»Ich glaube, ich verstehe dich jetzt«, sagte sie zu ihr.

»Wie schön«, sagte ihre Schwester, strahlte übers ganze Gesicht und drückte Rosa einen der Küsse auf die Wange, die Verliebte geben müssen, weil es sie sonst zerreißt.

»Wie schön«, sagte auch Rosa und sprang davon, um nun auch ihre eigenen Träume zu erleben.

Scheißegal

Antonia S. Byatt

Pennerin

»Und dann«, sagt Lady Scroop aufgekratzt, »wird uns die Firma Wagen zur Verfügung stellen, mit denen wir zur Good Fortune Shopping Mall fahren. Soweit ich verstanden habe, handelt es sich um eine wahre Schatzhöhle des Aladin, wo wir für alle unsere Lieben die schönsten Mitbringsel und für uns selber ganz reizende Kleinigkeiten finden können, und alles in größtmöglicher Sicherheit, denn der Eingang zu dieser Einkaufspassage steht unter ständiger Überwachung, was in unseren schweren Zeiten zwar bedauerlich, aber unumgänglich ist.«

Daphne Gulver-Robinson läßt den Blick um den Frühstückstisch wandern. Er ist wunderschön gedeckt mit pfirsichrosa Damast, bronzenem Besteck und kleinen Lackschalen mit Gestecken wachsfarbener Blumen, die ihren Duft in Intervallen verströmen. Die Direktoren von Doolittle Wind Quietus sind in einer Versammlung. Ihre Frauen sitzen beim gemeinsamen Frühstück unter der Aufsicht von Lady Scroop, der Gattin des Vorsitzenden. Lord Scroop ermuntert seine Direktoren grundsätzlich dazu, in Begleitung ihrer Frauen zu reisen. Insbesondere in Fernost und insbesondere seit die Aidsstatistiken sein Augenmerk gefunden haben.

Die meisten der Ehefrauen sind elegant, in Seidenkostümen und mit seidigen Beinen und exquisitem Haarschnitt. Sie plaudern leise, tauschen Chutneyrezepte und Schrekkensgeschichten über Kindermädchen, während sie aus der bernsteinfarbenen Glaswand des Precious Jade Hotel auf das gekräuselte Meer blicken. Daphne Gulver-Robinson ist älter als die meisten anderen und hausbackener, obwohl ihr Ehemann Rollo weniger zu sagen hat als die übrigen Direktoren. Sie hat versucht, sich für diesen Ausflug attraktiv zurechtzumachen, hat fünf Kilo abgenommen und ihre Hände maniküren lassen; doch jetzt, beim Anblick der anderen Damen, begreift sie, daß das nicht genügt. Ihr Stil ist gesetzter Tweed, robustes Schuhwerk, widerspenstig abstehendes Haar.

»Du brauchst mich nicht auf dieser Reise«, sagte sie zu Rollo, als sie davon erfuhr. »Ich bleibe lieber hier und kümmere mich wie immer um die Esel und die Gänse und die Pfautauben, und du kannst dich wie immer an diesen exotischen Orten amüsieren.«

»Natürlich brauche ich dich nicht«, sagte Rollo. »Das heißt, natürlich *brauche* ich dich, aber ich weiß, daß du dich bei den Gänsen und Eseln und Schweinen und so fort wohler fühlst. Aber Scroop wäre sehr befremdet, und zwar von mir befremdet, wenn du nicht mitkämst. Er neigt zu fixen Ideen. Das Einkaufen wird dir gefallen; die Damen gehen viel einkaufen, wenn ich mich nicht täusche. Vielleicht kommt du mit den anderen Frauen gut aus«, sagte er wenig hoffnungsvoll.

»Im Internat hat es mir nicht gefallen«, sagte Daphne.

»Ich kann nicht sehen, was das Internat damit zu tun hat«, sagte Rollo. Es gibt eine Menge Dinge, die Rollo nicht sieht. Nicht sehen will und deshalb nicht sieht.

Lady Scroop erklärt ihnen, daß sie in der Einkaufspassage auf eigene Faust herumlaufen können, solange sie wollen, vorausgesetzt, sie finden sich um Punkt zwölf Uhr mittags am Vordereingang ein. »Ich hoffe, daß wir alle unsere Koffer gepackt haben«, sagt sie. »Natürlich habe ich genug Zeit einkalkuliert, daß wir umpacken können, um eventuelle Schnäppchen zu verstauen. Und danach gibt es einen *köstlichen Lunch* im Pink Pearl Café, und Punkt Viertel vor drei fahren wir zum Flughafen, wo es nach Sydney weitergeht.«

Die Damen pferchen sich in die Wagen. Daphne Gulver-Robinson sitzt neben dem Fahrer des Daimlers, ein Platz, der sowohl Trost als auch Isolation bedeutet. Schweigend gleiten sie durch Straßen voller Menschen, mit Panzerglas von Gerüchen und Geräuschen des Orients abgetrennt. Die Einkaufspassage ist riesengroß und nicht schön. Einige der Damen waren in rosa und mintgrünen Einkaufspassagen in San Diego, einige waren in gemütlichen, funkelnden Tunneln unter der Erde im winterlichen Kanada, einige haben in Kristallpalästen in Wüstenlandschaften eingekauft, wo Springbrunnen klingeln und Bächlein plätschern. Die Good Fortune Shopping Mall ähnelt Armeebaracken oder einem Block mit Arrestzellen, und sie beeilen sich hineinzukommen, springend und gluckend wie Hennen, die nach Würmern suchen, denkt Daphne Gulver-Robinson boshaft, auf die keine der anderen gewartet hat.

Sie vergleicht die Zeitangabe ihrer Uhr mit der des Fahrers und geht allein hinein, zwischen den schläfrigen Soldaten mit Maschinengewehren und den uniformierten Polizisten mit ihren Revolvern und Stöckchen hindurch. Weiter weg befinden sich an den Wänden der Einkaufspassage Grüppchen und Banden menschlichen Treibguts und Abschaums, die sich mit ihren Tüten und Flaschen um kleine Feuer aus Kuhdung oder Pappkarton versammelt haben. Zwischen ihnen und der Polizei liegt leergefegtes Niemandsland.

Sie ist sich nicht sicher, ob sie gern einkauft. Sie sieht auf ihre Uhr und fragt sich, wie sie die zwei Stunden bis zum Treffen herumbringen soll. Sie geht ziemlich schnell an Reihen quadratischer Schaufenster vorbei, die vor Gold und Silber glitzern, vor Perlen und Opalen glänzen, vor Lack und Seide schimmern. Puppen und Silhouetten feixen und grimassieren, Papiervögel tanzen an ihren Fäden, Papierdrachen und monströse Goldfische schwingen mit offenem

Maul hin und her. Sie erreicht das Ende des Erdgeschosses oder eines rechteckigen Flügels des Erdgeschosses, steigt eine Treppe hinauf und sieht sich in einem anderen Stockwerk, dem unteren mehr oder weniger gleich bis auf ein paar Schaufenster voller normaler Kleidung, eine Reihe Läden mit T-Shirts im amerikanischen Stil und einen Bereich mit Bonsai-Bäumchen. Sie bleibt stehen, um die Bäume zu betrachten, an ihren Garten erinnert und in Versuchung, einen besonders wohlgeformten Kirschbaum zu kaufen. Aber wie sollte er nach Sydney reisen und von dort nach Norfolk, und würde er überhaupt den Zoll passieren?

Jetzt geht sie langsamer und beginnt sich umzusehen. Sie gelangt an eine Ecke, tritt in einen Aufzug, fährt nach oben, steigt aus, findet sich in einem höheren, sonnigeren, menschenleereren Stockwerk wieder. Hier sind weniger Kunden zu sehen. Sie geht eine ganze »Straße« entlang, in der sie die einzige Kundin ist, und findet Gefallen an seidenen Kissenhüllen in einer Auslage. Sie betritt das Geschäft und mustert an die hundert Hüllen, schnell, schnell, Chrysanthemen, Kraniche, Pfirsichblüten, Blaumeisen, Berggipfel. Sie kauft eine Kissenhülle mit einem Kreis gestickter Fische, rot und golden und kupfern, weil sie die einzige derartige Hülle ist, vielleicht eine Rarität. Als sie in ihre Einkaufstasche schaut, ist von ihrem Photoapparat nichts zu sehen, obwohl sie überzeugt ist, daß er da war, als sie aufbrach. Im nächsten Stockwerk kauft sie ein Ei aus Jade und lackierte Eßstäbchen und eine Maske mit zornigem weißen Gesicht für ihre Tochter, die studiert. Verärgert sieht sie ein ganzes Schaufenster voll der seltenen Fische, besser gearbeitet als die in ihrer Tasche. Sie folgt einem Schild mit der Aufschrift CAFÉ, kann jedoch kein Café ausfindig machen, obwohl sie jetzt schneller läuft. Sie findet eine Damentoilette, deren Zellen so eng sind, daß man sich kaum hineinquetschen kann. Dort kümmert sie sich um ihr

Make-up: Sie sieht erhitzt und aufgelöst aus. Ihr Lippenstift ist in die weichen Fältchen um ihren Mund verlaufen. Ihre Haarnadeln haben sich gelöst. Nase und Lider glänzen fettig. Sie sieht auf die Uhr und hält es für das beste, sich auf den Rückweg zum Eingang zu machen. Die Zeit ist erstaunlich schnell vergangen.

Zeichen mit der Aufschrift AUSGANG sind überall zu sehen und führen zu Treppen, die wie Notausgänge aussehen, und zu Aufzügen, die immer nur in identische Straßen enggedrängter Schaufenster führen. Sie beginnt zu denken, daß sie dazu da sind, einen in der Einkaufspassage festzuhalten, an immer mehr Läden vorbeizuschleusen, während man nach einem verborgenen und absichtlich nicht festzumachenden Ausgang sucht. Sie beginnt zu rennen, läuft immer schneller, müht sich Betonstufen empor, hält ihre Einkäufe umklammert. Auf einer dieser Treppen bricht einem ihrer eleganten Schuhe der Absatz ab. Nach einem Moment zieht sie beide Schuhe aus und steckt sie in ihre Einkaufstasche. Sie humpelt weiter auf dem Betonboden, schwitzend und keuchend. Sie wagt nicht, auf ihre Uhr zu sehen, und tut es dann doch. Der Zeitpunkt des Treffens ist längst vorbei. Sie denkt, daß sie im Hotel anrufen könnte, öffnet ihre Handtasche und stellt fest, daß Brieftasche und Kreditkarten auf mysteriöse Weise verschwunden sind.

Nirgends gibt es eine Sitzgelegenheit: Sie steht in der Einkaufspassage und wühlt noch immer in ihrer Handtasche, als längst zweifelsfrei feststeht, daß die Dinge fort sind. Andere Dinge sind herausgefallen und müssen vom schmutzigen Boden aufgehoben werden. Auch ihr Füllfederhalter ist fort, Rollos Geschenk zum zwanzigsten Hochzeitstag. Sie beginnt schnell zu rennen, und große Löcher bilden sich an den Sohlen ihrer Strümpfe, die zuletzt aufreißen und sich in Falten wie lose Haut von den Füßen aufwärts an ihren Beinen hochrollen. Sie sieht auf ihre Uhr; die Zeit zum Pakken und für den »köstlichen Lunch« ist vorbei: Es ist fast Zeit, zum Flughafen zu fahren. Ihre Blase droht zu bersten, aber sie *muß weiterlaufen*, sie muß *hinunter*, denn der Eingang ist unten.

Auf diese Weise findet sie heraus, daß die Good Fortune Mall sich in die Erde hinein wohl ebenso weit erstreckt wie in den Himmel, ausgegrabene identische Höhlen mit Schaufenstern, Jade, Gold, Silber, Seide, Lack, Uhren, Anzüge, Bonsais und Masken und Puppen. Aufzüge, die nach unten fahren sollen, fahren nur nach oben. Treppenschächte sind fensterlos: Das Erdgeschoß ist nicht zu finden. Das Flugzeug hat inzwischen abgehoben, mit oder ohne die Direktoren und Damen von Doolittle Wind Quietus. Sie ruht sich in einer weiteren Toilettenzelle aus Beton und Edelstahl aus und sieht dann auf die Uhr, deren Zifferblatt zu einem Strudel des Entsetzens geworden ist. Nur daß es jetzt nur mehr ein zusammengedrückter Kreis rosiger Haut ist, die vor Schweiß glänzt. Auch ihre Uhr ist fort. Sie bringt schwache, kleine, leise Klagelaute hervor. Niemand scheint sie zu hören oder zu sehen, weder dahinschlendernde Kunden, taub durch ihre Walkmans oder aus Anstand oder aus Furcht vor dem Fremden, noch Ladeninhaber, die aufmerksam in ihren Zellen lauern.

Dennoch hilft das Schreien. Sie schreit abermals, und dann schreit sie, ohne aufzuhören, in der dichten, geschäftigen Stille. Ein Mann in braunem Overall holt einen Polizisten mit steifer Kappe, mit Waffe und Stöckchen.

»Helfen Sie mir«, sagt Daphne. »Ich bin Engländerin, ich wurde ausgeraubt, ich muß nach Hause zurück.«

»Papiere«, sagt der Polizist.

Sie sieht in der Innentasche ihrer Handtasche nach. Auch ihr Paß ist fort. Es ist nichts mehr da. »Gestohlen. Alles gestohlen«, sagt sie.

»Leute wie Sie«, sagt der Polizist, »hier nicht erlaubt.«

Sie sieht sich selbst mit seinen Augen, eine Pennerin, schmutzig, ungepflegt, mit einer Tasche voller Einkäufe, die ihr nicht gehören, eine zerzauste Legebatteriehenne.

»Mein Mann wird kommen und mich suchen«, erklärt sie dem Polizisten.

Wenn sie wartet, denkt sie, wenn sie in der Einkaufspassage bleibt. Er *muß* kommen. Sie sieht sich bei dem Abschaum und Treibgut draußen jenseits des leeren Niemandslandes sitzen.

»Ich gehe nicht«, sagt sie und setzt sich schwerfällig. Sie muß in der Passage bleiben. Der Polizist stupst sie mit seinem Stöckchen.

»Gehen Sie bitte weiter.«

Im Sitzen ist es bequemer.

»Wenn es sein muß, bleibe ich hier bis in alle Ewigkeit«, sagt sie.

Sie kann sich nicht vorstellen, daß jemand kommt. Sie kann sich nicht vorstellen, die Good Fortune Shopping Mall zu verlassen.

Tuuve Aro

Riitta

Riitta hatte auf keinem Gebiet eine besondere Begabung, kam aber mit Holzarbeiten gut zurecht. Mit dreizehn erhielt sie eine lobende Erwähnung beim Schreibwettbewerb zum Thema »Heimische Vögel«. Sie ging aufs Gymnasium, weil Sanna ging, gehörte zum Klassendurchschnitt und wurde häufig mit ihrer Tischnachbarin Riina verwechselt, die auch blonde Haare und runde Apfelbäckchen hatte.

Riitta brach die Schule ab, und ihre Mutter erlitt einen Nervenzusammenbruch. Riitta dachte, das Leben sei schon die beste Schule. Sie kam an die Kasse im Supermarkt um die Ecke, die Arbeit war langweilig. Riitta schaffte es nicht, sich lange zu konzentrieren, machte Flüchtigkeitsfehler und wurde bei einem beachtlichen Fehlbetrag ertappt. Der Arbeitgeber beschloß, ihr noch eine Chance zu geben. Riitta nutzte das aus, ließ die Essenskasse der Kollegen mitgehen und blieb dem Laden endgültig fern. Man telefonierte ihr hinterher, denn ihre Mutter war Stammkundin und sehr beliebt. Riitta gingen die Anrufe langsam auf die Nerven, und sie gab zu verstehen, der Supermarkt könne sie mal.

Sie zog in eine dunkle Einzimmerwohnung und schleppte eine Matratze und einen großen Fernseher dorthin. Sie gammelte im Stadtzentrum auf der Straße herum, kaute Kaugummi und ähnelte allmählich denen, die ins Abseits geraten waren. Da kam ihr ein Mann im teuren Anzug entgegen, schöne Grübchen, und bat sie zu Werbeaufnahmen ins Studio, denn Riitta hatte natürliches Charisma. Sie überlegte einen Moment. Sie war auf dem Weg in ihr Lieblingscafé, auf einen Tee mit Hefegebäck wie jeden Tag, und Hunger hatte sie auch.

Die Grübchen gaben den Ausschlag, und so saß Riitta den ganzen Tag im Studio. Sie sah in jeder Hinsicht gewöhnlich aus, aber ihr natürliches Charisma hätte ihr bis zum Jahresende Arbeit verschafft. Der Grübchenmann wieselte um sie herum, ging ihr ordentlich auf die Nerven und reichte ihr einen Vertrag zur Unterschrift, doch die Werbewelt kam ihr ermüdend vor, und auch die Bewirtung stimmte einfach nicht. Hungrig und mit ihrer Geduld am Ende machte Riitta die Bürotür hinter sich zu. Ein Rudel hechelnder Werbemänner war ihr auf den Fersen, die sie beim besten Willen nicht verstanden. Schließlich mußte sie einem allzu Eifrigen gegen das Schienbein treten, um ins Café zu gelangen. Anstelle des Hefegebäcks bestellte sie ein saftiges Minutensteak mit Pommes und ließ sich sogar noch eine große Portion Erdbeereis schmecken.

Als Riitta zum Entenfüttern in den Park unterwegs war, kam ihr ein Junge entgegen, der sie noch von der Grundschule kannte, und wollte über alte Zeiten reden. Riitta konnte sich weiß Gott nicht erinnern, was für alte Zeiten sie mit diesem Jungen gemeinsam haben sollte, aber er war hartnäckig und spendierte ihr einen Hamburger. Sie gingen am Meer spazieren, der Junge redete eine Menge, jetzt fiel Riitta auch der Name wieder ein. Timo hatte am Nachbartisch gesessen und ihre Schultasche tragen wollen. Von ihm hatte Riitta bei allen Arbeiten abgeschrieben. Deshalb meinte sie, ihm etwas schuldig zu sein, und ließ sich an der Haustür küssen.

Rund einen Monat lang hatten sie Verabredungen, auf Wunsch von Riitta donnerstags, weil das der einzige Tag war, an dem die Gameshow nicht kam. Sie konnte sich trotzdem nicht auf Timos Geschichten konzentrieren, die sich um seine Familie, Nokia und irgend etwas mit Tontechnik drehten. Timo rief noch lange an und schrieb sogar drei Briefe, in denen von Entscheidungen fürs Leben und

Beschlüssen die Rede war. Riitta begann schrecklich müde zu werden. Sie nahm ein heißes Bad und ging nicht ans Telefon.

Ihre Mutter schickte Broschüren über verschiedene Ausbildungsmöglichkeiten. Riitta lernte schnell, die Post zu sortieren und Unnötiges in den Müll zu werfen. Sie mochte das Mittagsquiz und die Fantasiekreation bei DeinePizza, bei der sie immer Salami, Shrimps und doppelten Käsebelag wählte. Trotzdem nahm Riitta nicht zu: der gute Stoffwechsel, vom Vater geerbt. Zum Glück hörte Timo auf anzurufen, der letzte Brief war wirklich bitter.

Als DeinePizza weiter wegzog, wechselte Riitta zu PizzaTaxi, dessen Lieferant sich bei ihrem Anblick fast verschluckte. Man tauschte Telefonnummern aus, obwohl Riitta nicht verstand, weshalb. Die Salami war bei PizzaTaxi saftiger, aber es gab weniger Käse.

Bei so vielen Gewinnspielen mußte man zwangsläufig mal gewinnen. Riitta bekam es einfach nicht hin, ihre Preise von der Post zu holen, auch die Stereoanlage nahm sie nicht entgegen. Schließlich holte Samppa von PizzaTaxi die Anlage, stellte sie auf und bekam von Riitta zur Belohnung einen Kuß. Samppa war ein guter Küsser und durfte zur Gameshow auf Riittas Sofa bleiben. Beim Küssen vergaßen sie beinahe die Ziehung der Lottozahlen, aber zum Glück kapierte Samppa rechtzeitig: Der Hauptgewinn, Scheiße noch mal!

– Jetzt aber ab in den Süden, ein Boot und eine neue Wohnung, ereiferte sich Samppa, den Riitta kaum kannte, dessen tastenden Pranken sie aber nichts entgegenzusetzen hatte. Das Preisgeld wurde geteilt, Riitta mochte nicht streiten, blieben ihr doch immer noch zweieinhalb Millionen. Der Gedanke an eine derartige Summe raubte ihr jegliche Kraft, aber Mutter und Vater sowie Stiefbruder Marko halfen bei ihrer Aufteilung. Von Marko hatte Riitta noch gar nichts gehört.

Mutter wurde aus dem Sanatorium entlassen, schaffte sich ein Heimsolarium an und einen jüngeren Mann, Jaska. Riittas Freundin vom Gymnasium, Sanna, rief nach langer Zeit wieder einmal an, hatte einen Abschluß in zwei Studienfächern und war das zweite Jahr arbeitslos. Und schwanger, sie brauchte Geld für Kinderkleidung.

Riitta konnte Banken und Bankautomaten nicht ausstehen, und so hob sie von Mal zu Mal größere Summen ab und bewahrte sie im Blumenkasten auf der Fensterbank auf. Einmal hatte sich Riitta ein bißchen zuviel Bier gegönnt. Als sie ein Geldbündel aus dem Kasten kramen wollte, taumelte sie und suchte am Fensterrahmen Halt: Fünftausend Finnmark segelten in Zwanzigmarkscheinen auf die Straße hinunter. Riitta ärgerte sich einen Augenblick, weil sie am nächsten Morgen unweigerlich wieder zur Bank mußte, wenn sie eine Pizza zum Frühstück wollte. Sie spähte aus dem Fenster und zog einen Schmollmund. Unten drehte gerade ein großer Fernsehsender einen Kurzbeitrag über Obdachlose. Als die Scheine auf die Köpfe der Leute regneten, zoomten die Kameras sofort auf Riitta. Viele erkannten in ihr die junge Lottomillionärin.

Sie wurde interviewt, und irgendein Mütterchen mit tränennassem Blick sprach viel von ihrer Großzügigkeit. Riitta gähnte, zuckte mit den Schultern und gähnte wieder. Am Ende ernannte der Redakteur Riitta zur Wohltäterin des Jahres, und am nächsten Tag drohten die Telefonleitungen zu verstopfen. Sie zog das Kabel aus der Wand, aber Nokia-Vertreter wollten der ganzen Familie kostenlose Handys schenken unter der Bedingung, daß Riitta in mindestens einer Werbung als Model posierte. Auf dem Bild machte Riitta mit einer Hand das Victory-Zeichen, mit der anderen schüttelte sie die Hand des Nokia-Chefs. Er hatte einen schlaffen Händedruck und übelriechenden Atem, doch Riitta lächelte während der ganzen Aufnahme tapfer.

Neue kapitalkräftige Verträge wurden ihr angeboten, und Riitta unterschrieb das eine oder andere Papier nur, um endlich nach Hause gehen und schlafen zu können. Als der Redakteur fragte, was die junge Riitta nach der Vermehrung ihrer Millionen nun mit all den vielen neuen Möglichkeiten machen wolle, bemerkte sie: Einen Scheiß werd ich damit machen.

Einfache Freuden

Doris Dörrie

Kaschmir

Früher hat *er* mir neue Kleider gekauft. Einfach so, ohne besonderen Anlaß. Er suchte sie ganz allein aus und hängte sie heimlich in meinen Kleiderschrank. Nie schien er zu bemerken, wie monströs diese Kleider aussahen, Größe 48 – die reinsten Zelte. Sein Lieblingskleid war rot mit schwarzen Punkten, in dem ich mir vorkam wie ein gigantischer Marienkäfer. Es machte ihn glücklich, wenn ich es trug. Nie schien er mich so zu sehen, wie ich wirklich war.

Kaschmir ist wie eine Droge, sagt die Verkäuferin und streicht über den sandfarbenen Kaschmirpullover wie über die Haut eines Geliebten. Sie werden sehen. Einmal Kaschmir am Körper, und Sie wollen nie wieder etwas anderes ...

Ich schüttele den Kopf.

Schlüpfen Sie doch einfach mal rein, lächelt die Verkäuferin, einfach so, fürs Gefühl ...

Als ich mich ausziehe, sehe ich nicht in den Spiegel. Zu oft bin ich früher beim Anblick meines Körpers in Tränen ausgebrochen.

Jetzt bin ich dünn. Schlank. Ich mag den Klang dieses Wortes, es klingt wie das, was es bedeutet. Schlank. Ich bin schlank. Manchmal greife ich voller Angst in meine Hosentaschen, als könnte ich meine Hüftknochen verloren haben wie ein Schlüsselbund; ich atme erst auf, wenn sie sich in meine Handflächen bohren und ich mich an ihnen festhalten kann wie an zwei Haltegriffen.

Der Kaschmirpullover fällt mit sanftem Streicheln über meine jetzt eher kleinen Brüste, er schmeichelt mir, läßt mein Gesicht weicher erscheinen, meine Figur weniger ekkig. Fred nennt mich magersüchtig, um von seinen eigenen Gewichtsproblemen abzulenken. Ich gehe nur mit der Zeit, lacht er: 1970 wog ich siebzig Kilo, 1980 achtzig, jetzt eben dreiundneunzig. Das stimmt nicht, die Hundert-Kilo-Marke hat er schon lang überschritten.

Ich selbst achte auf mein Gewicht wie ein Polizist, rigoros schreibe ich jeden Bissen auf.

Heute habe ich den ganzen Tag erst eine Banane – neunzig Kalorien – einen Joghurt – hundertzwanzig und zwei Knäcke – achtzig Kalorien gegessen. Ich fühle mich leicht, fast ein wenig berauscht durch den leichten Schmerz im Magen, der jetzt zu mir gehört wie mein Name. Wenn ich ihn nicht spüre, werde ich unruhig, fühle mich schlecht, verdorben, dick.

Die Verkäuferin öffnet den Vorhang einen Spalt.

Der sitzt ja wie angegossen, sagt sie, es ist der letzte, den wir haben ... aber lassen Sie sich Zeit.

Sie lächelt süß und verschwindet wieder. Sie weiß, der Pullover wird jetzt selbst zu mir sprechen.

Sieh dich an, sagt er, ich mache eine attraktive Frau aus dir, einen neuen Menschen ...

Ach ja? erwidere ich lakonisch und ziehe den Pullover über meinen Brüsten straff.

Du hast mich verdient, flüstert er und schmiegt sich dichter an meine Haut, ich werde gut zu dir sein, dich lieben, wenn dich sonst niemand liebt ...

Die Verkäuferin erkennt an meinem Lächeln, als ich aus der Kabine komme, wie die Unterhaltung ausgegangen ist.

Ich habe nicht genug Bargeld dabei, Kreditkarten nimmt das Geschäft nicht, und die Schecks liegen daheim. Es ist kurz vor sechs. Ich habe es nicht weit bis nach Haus, in zehn Minuten bin ich wieder da, sage ich und flattere aufgeregt aus der Tür. Meine Müdigkeit vom Tag ist verflogen, mein Kopf ist klar, mein Herz vergnügt.

Von der Straße aus sehe ich, daß kein Licht in unserer Wohnung brennt, Fred also nicht zu Hause ist, was alles sehr viel einfacher macht. Ich brauche nichts zu erklären, nicht zu lügen. Ein Sonderangebot, würde ich ihm sonst erzählen, ein Schnäppchen – obwohl es mein eigenes Geld ist, das ich ausgebe.

Ich laufe durch den Flur und zerre meine Schecks aus der Schublade. Am liebsten würde ich den neuen Pullover gleich im Geschäft anziehen, zu meinem Rock aus Waschleder müßte er gut passen. Ich werfe den Mantel ab, ziehe meine Hose aus, lasse sie am Boden liegen, laufe ins Schlafzimmer, zerre den Lederrock aus dem Schrank, ohne Licht zu machen, ich weiß genau, wo er hängt. Mein Kleiderschrank ist mein Heiligtum. Der Altar meines verschwundenen Fetts. Die monströsen Zelte sind verschwunden, kein Kleidungsstück größer als Größe 38, alles farblich aufeinander abgestimmt, keine Muster – vor allem keine Punkte.

Seine Stimme kommt aus dem Dunkeln und trifft meinen Körper wie ein weicher Ball. Hallo, sagt er. Er liegt auf dem Bett, vollkommen nackt, ein abgegessener Teller steht auf dem Nachttisch. Das weiße Porzellan leuchtet wie ein runder Mond im dunklen Zimmer.

Was hast du gegessen? frage ich ihn.

Er antwortet nicht, steht auf, kommt auf mich zu, drückt mich an seine Brust. Ich spüre, wie sein warmes Fleisch unter mir nachgibt. Sein Atem streift meinen Hals. Hallo, wiederholt er leise. Ich bin stumm, zu erstaunt, um zu reagieren. Ich weiß nicht, wie lange es her ist, daß wir uns so umarmt haben.

Am Anfang war unsere Liebe leidenschaftlich, sie betäubte und verwunderte mich. Das sollte ich sein? Diese völlig enthemmte Masse Fleisch? Jetzt noch spüre ich das ungläubige Lächeln auf meinem Gesicht, wenn wir erschöpft nebeneinander lagen und er seinen Kopf in meinem riesigen Busen vergrub. Wie sehr er meinen dicken Körper mochte, den ich in diesen Momenten – und nur in diesen – vollkommen vergaß. Wenn wir uns liebten, hatte ich auch überhaupt keinen Hunger, ein ganz neuer Zustand für mich.

Aber mit der Zeit ließ die Betäubung während der Liebe nach. Ich begann zuzusehen, wie sein harter, muskulöser Körper meinen Bauch in Speckfalten auf das Laken drückte, meine Pobacken unter mir hervorquollen wie Kuhfladen, wie das Fleisch meiner Schenkel vor Lust zitterte wie Wackelpudding. Ich begann, mich zu schämen.

Als ich klein war, machte meine Mutter zur Freude der Kinder oft Wackelpudding zum Nachtisch, und immer nahm mein Vater die große Schale, rüttelte sie, daß der Wackelpudding nur so tanzte, und fragte: Wer ist das? Und alle Kinder schrien begeistert: Frau Winckel – unsere verhaßte, fette Vermieterin.

Er beißt mir zärtlich in den Nacken, Fred, sage ich, entziehe mich kichernd, um ihn nicht zu verletzen. Ich schiele auf meine Uhr, es ist drei Minuten vor sechs.

Ich habe auf dich gewartet, flüstert er und legt mir von hinten beide Hände auf den Busen.

Wenn ich Statistiken in Frauenzeitschriften lese, erschrekke ich. Zweimal in der Woche bei über achtzig Prozent? Lügen die Befragten, oder sind Fred und ich nicht ganz normal? Keiner weiß, wie es kam. Die Abstände wurden einfach immer größer, bis es keiner von uns mehr zu vermissen schien.

Nein, das ist nicht wahr, und wir wissen es beide.

Komm, sagt er und zieht mich enger an sich.

Der Berg seines Bauchs schiebt sich gegen meine Lendenwirbel. Wenn ich ihn jetzt von mir weise, wird er tagelang stumm durch die Gegend schleichen, ich werde im Wohnzimmer auf der Couch liegen und so tun, als ob ich lese, das leise Klack der Kühlschranktür wird mir sagen, wo er ist, und ohne nachzusehen, werde ich wissen, daß er in der Küche am Tisch sitzt und das Schokoladeneis mit einem Eßlöffel direkt aus der Schachtel in sich hineinfrißt.

Wenn wir uns beeilen, schaffe ich es noch, bis Ladenschluß zurück bei meinem Kaschmirpullover zu sein. Ich nehme ihn an der Hand und führe ihn zurück zum Bett. Er läßt sich auf die Matratze fallen, daß der Rahmen kracht und die Sprungfedern stöhnen.

Im Sitzen liegt sein Bauch auf seinen Oberschenkeln und macht ihn zu einem geschlechtslosen Wesen. Wie gerne ich ihm früher zugesehen habe, wenn er sich abends auszog, nackt herumging, um seinen Anzug aufzuhängen, das Fenster einen Spalt zu öffnen, seine Schuhe wegzustellen.

Seit einiger Zeit trägt er keine Schnürschuhe mehr, sondern nur noch Mokassins. Er behauptet, sie gefielen ihm besser, ich weiß den wahren Grund: weil sein Bauch ihm nicht mehr gestattet, seine Schuhe zuzubinden.

Ich stehe zwischen seinen Beinen, er zieht mich auf seine fleischigen Knie, senkt den Kopf und küßt meine Brüste. Sein Kinn wirft fünf Falten wie ein dickes Tuch. Er schaukelt mich in seinen Armen wie ein Kind, drückt mich, küßt mich, streichelt meinen Rücken. Es ist drei Minuten nach sechs. Ich muß etwas unternehmen, sonst schaffe ich es nie. Warum nur habe ich die Verkäuferin nicht gebeten, mir den Pullover zurückzulegen?

Ich lasse mich von seinen Knien auf den Teppichboden zwischen seine Beine rutschen, lege meine Arme auf seine Schenkel, senke den Kopf und öffne den Mund. Meine Stirn drückt eine tiefe Delle in seinen Bauch. Von weit weg höre ich ihn leise stöhnen. Ich stelle mir einen hohen, spitzen Berg vor, den es zu erklimmen gilt. Wir machen uns auf den Weg, Schritt für Schritt nach oben. Zögernd, unsicher noch folgt er mir. Ich spüre seine Hände in meinen Haaren.

Tiefer drücke ich meinen Kopf in seinen Bauch, wie ein Zipfel Decke fällt sein Speck auf meine Wange.

In Gedanken koche ich mein Abendessen: exakt einhundert Gramm braunen Reis mit einem Stückchen Butter und gehackten Kräutern. Ich esse im Wohnzimmer, er in der Küche. Ich ertrage den Anblick von gegrilltem Wammerl, Kartoffelsalat und fettigen Hühnerbeinen nicht, schon der Geruch bereitet mir Übelkeit.

Ein einziges Mal konnte ich Fred zu einer Diät überreden: Wenn du mich wirklich liebst, wirst du wieder der, den ich einmal kannte.

Er kam sogar mit in die Selbsthilfegruppe, der ich seit über fünf Jahren angehöre. Es ist mit dem Essen wie mit dem Alkoholismus. Einmal süchtig, immer süchtig. In der Gruppe muß derjenige, der von einem Treffen zum nächsten zunimmt, Schweinsohren tragen.

Dreimal kam Fred mit, zweimal trug er die rosa Plastikohren. Beim dritten Mal stand ein dünnes, attraktives Mädchen Anfang Zwanzig auf, das noch vor einem Jahr fast achtzig Kilo gewogen hatte. Mit unsicherer Stimme sagte sie: Seit einem halben Jahr wiege ich achtundfünfzig Kilo. Jeder sollte meinen, ich sei glücklich. Aber ich habe das Gefühl, beraubt worden zu sein. Mein schönster Traum ist mir weggenommen worden. Ich habe gedacht, daß sich mein Leben ändert, wenn ich erst einmal dünn bin. Aber nichts hat sich verändert, außer mein Herz. Es ist klein und kalt geworden. Wie ein Buchhalter rechnet es nur noch Kalorien, kontrolliert mich bei jedem Schritt und verachtet diejenigen, die mehr essen als ich. Ich habe immer gedacht, ich werde liebenswerter, wenn ich dünn bin, und jetzt habe ich das Gefühl, ich habe das einzig Liebenswerte an mir verhungern lassen ... Sie begann zu schluchzen.

Fred nahm die Schweinsohren ab, ging zu dem Mädchen und nahm es in die Arme.

Danach kam er nie wieder mit, seine Diät brach er noch am selben Tag ab.

Ich bewege mich rhythmisch, werde schneller. Meine Knie fangen an zu schmerzen. Mein früheres Gewicht hat die Bänder ruiniert. Ich presse mich heftiger gegen Freds Körper, um den Druck in den Knien abzufangen. Seine Schenkel beginnen zu zittern. Mit beiden Händen umfaßt er meinen Kopf. Unablässig treibe ich ihn den Berg hinauf, spüre, wie er sich anstrengt, um zum Gipfel zu gelangen.

Ich öffne ein Auge, drehe meinen Körper leicht und schiele auf meine Armbanduhr. Zehn nach sechs. Ich erinnere mich an das hauchzarte Streicheln der Kaschmirwolle auf meiner Haut, sehne mich nach diesem Gefühl und der Frau, die ich im Spiegel sah.

Der Therapeut in der Gruppe sagt zu mir: Benennen Sie das Loch in Ihrem Körper.

Sehnsucht, sage ich.

Der Therapeut sagt: Wo ist es?

In meinem Bauch.

Der Therapeut sagt: Welche Farbe hat es?

Blau.

Genauer, sagt der Therapeut.

Aquamarinblaue Sehnsucht nach Ruhe. Erfüllung. Befriedigung. Sehnsucht nach jemandem, der dieses Loch füllt und mich zu jemand anderem macht.

Das war sehr gut, sagt der Therapeut.

Ich sehne mich nie nach dem, was ich schon habe.

Ich bin aus dem Rhythmus gekommen, Fred fällt zurück, will nicht weitergehen, droht umzukehren. Der Gipfel entfernt sich in rasender Geschwindigkeit, wir stürzen ab. Freds Stöhnen verebbt, sein Fleisch zieht sich von mir zurück.

Ich versuche, ihn weiterzulocken, aber kein Trick funktioniert.

Er wird deprimiert sein, mich umarmen wollen, mich nicht gehen lassen.

Er nimmt mich an den Schultern und zieht mich zu sich herauf, bedeckt mein schweißnasses Gesicht mit Küssen.

Es tut mir leid, murmele ich, aber er legt mir die Hand auf den Mund und drückt mich sanft in die Kissen. Seine Arme sind so dick wie meine Schenkel. Als er sich auf mich legt, glaube ich im ersten Moment, ersticken zu müssen.

Er übernimmt jetzt die Führung, wir machen uns erneut auf den Weg. Er gibt das Tempo vor, ich folge ihm. Stetig geht er bergan, ich höre, wie sein Atem schneller wird. Meine Rippen schmerzen, ich kann kaum noch Luft holen, aber ich halte mit ihm Schritt, versuche, ihn zu noch schnellerem Tempo anzutreiben, bis er vor Anstrengung keucht. Verzweifelt versucht er, das eingeschlagene Tempo beizubehalten, sein Fleisch bebt über mir, er klammert sich an mich, meine Hüftknochen bohren sich in seinen Leib. Ich spanne meinen dünnen Körper unter ihm, locke ihn mit meinen Muskeln; als er droht aufzugeben, flüstere ich beschwörend in sein Ohr, komm, komm, bis er endlich weitergeht, sich erneut aufrafft, wieder schneller wird.

Sein Schweiß strömt in kleinen Bächen über mich; der Gipfel schwebt jetzt direkt über uns, aber wir treten auf der Stelle, er kann nicht mehr, er keucht, sein träges Fleisch läßt ihn im Stich, er will aufgeben, da kralle ich mich in seinen Rücken, schiebe ihn mit aller Kraft voran, bis er das Tempo wieder aufnimmt, Schritt für Schritt den Steilhang erklimmt. Noch ein Schritt und noch ein Schritt, sein Atem explodiert in meinem Ohr, nur noch wenige Meter, bitte, bitte, rufe ich, komm! Komm mit, stöhnt er, komm doch mit.

Er umarmt mich fester, begräbt meinen dünnen, harten Körper unter seinem. Er weigert sich, ohne mich weiterzugehen.

Eine Banane – neunzig Kalorien, ein Joghurt – hundertfünfzig, zwei Knäcke – achtzig. Sag die Wahrheit, sagt der Therapeut. Der Schmerz endet und alles andere auch. Denk immer daran: Alles geht verloren, wird gestohlen, kaputtgemacht, zerrissen, zerbrochen. Körper werden schlaff und faltig. Jeder leidet, und jeder stirbt. Eine Stunde Radfahren – zweihundertzwanzig Kalorien. Schlafen – sechzig. Sex – hundertfünfzig.

Ich finde mich wieder, wie ich schweratmend Fred folge, wie mein Körper sich anstrengt, nicht den Anschluß zu verpassen, wie er mich mit sich mitzieht, mir die Hand reicht, als ich stolpere, auf mich wartet. Unser Atem geht jetzt stoßweise im gleichen Rhythmus, ich kann seinen von meinem nicht mehr unterscheiden, kann nicht mehr meinen Schweiß von seinem, mein Fleisch von seinem Fleisch unterscheiden. Angst steigt in mir auf, schnürt mir die Kehle zu, ich will mich trennen, umkehren, allein den Berg hinunterlaufen, so schnell ich kann, will mich losreißen, aber er läßt mich nicht gehen, schiebt mich weiter mit all seiner Kraft. Meine Lungen möchten platzen, mein Kopf zerspringen, sein Atem in meinem Ohr ein Hurrikan.

Gleichzeitig erreichen wir den Gipfel.

Weiß explodiert es vor meinen Augen, mein Körper schmilzt, ich trete aus ihm heraus und fliege durch kristallklare, türkisblaue Luft.

Unter mir sehe ich zwei Menschen auf einem hohen, schneebedeckten Berg stehen. Sie sehen zu mir herauf, die Frau hebt den Arm, um mir zu winken. Sie ist dick und trägt ein rotes Kleid mit schwarzen Punkten.

O Gott, stöhnt Fred und wälzt sich auf die Seite. Das blasse Flurlicht beleuchtet seinen zitternden Körper wie eine riesige Skulptur. Wie früher, flüstert er in mein Ohr, wie früher … Er nennt mich seinen Liebling und will seinen Kopf auf meine Brust legen, aber ich rolle mit einer schnellen Bewegung an den Rand des Bettes, stehe auf, gehe nackt aus dem Zimmer.

Als ich den Laden erreiche, ist es eine Minute nach halb sieben, die Tür schon verschlossen. Ich klopfe an die Scheibe. Die Verkäuferin dreht sich um, einen unwilligen Ausdruck im Gesicht.

Ich wedele mit dem Scheckheft und gestikuliere.

Endlich schließt sie auf. Leicht verwundert mustert sie mich. Sie hat den Pullover bereits verpackt.

Mit fahrigen Bewegungen fülle ich den Scheck aus, nehme den Pullover entgegen und drücke ihn an meine Brust. Das Seidenpapier knistert.

Die Verkäuferin begleitet mich zur Tür. Sie werden sehen, sagt sie, Kaschmir ist wie eine Droge.

Als ich aus der Tür gehe, sehe ich mich kurz im Spiegel: das Haar zerzaust, der Mantelkragen verkrempelt, das Make-up verschmiert.

Ich laufe durch die Dunkelheit nach Hause, aber als ich vor der Tür stehe, drehe ich mich um, setze mich in mein Auto und ziehe dort den Kaschmirpullover an. Wie ein Lufthauch so zart berührt er meinen Körper. Ich fahre mit den Händen in meine Rocktaschen und umfasse meine Hüftknochen, sitze einfach so da im Dunkeln und bewege mich nicht.

Gegenüber im dritten Stock sehe ich unsere Wohnung. Ein riesiger Schatten wandert über die Wand im Schlafzimmer, ein Ungeheuer mit einem winzigen Kopf und einem riesigen Leib. Es streckt die Arme aus, sie wachsen über die Wand bis zur Decke – dann geht das Schlafzimmerlicht an, der dicke Mann ist tot.

Marguerite Duras

Die Uniform M. D.

Madeleine Renaud läßt sich von Yves Saint-Laurent einkleiden, er macht ihr die Kleider, man zieht sie ihr an, und – eins zwei drei – Schon spaziert sie darin herum. Fraglich, ob sie überhaupt weiß, daß das Kleid, das sie trägt, neu ist. Sie weiß jetzt weniger, Madeleine. Wir lieben uns sehr, ich glaube, das weiß sie noch. Oft sage ich mir, daß nur wir beide, Madeleine und ich, nicht gefallsüchtig sind. Doch die Sache ist komplizierter. Ich trage seit nunmehr fünfzehn Jahren eine Uniform, die Uniform M. D., eine Uniform, die anscheinend einen Duras-Look hervorgebracht hat und letztes Jahr von einem Modeschöpfer aufgegriffen wurde: schwarze Strickweste, enger Rock, Rollkragenpullover und Stiefeletten im Winter. Ich habe gesagt: nicht gefallsüchtig, aber das ist falsch. Die Suche nach einer Uniform ist die Suche nach einer Übereinstimmung zwischen Form und Inhalt, zwischen dem, was man darzustellen glaubt, und dem, was man darstellen möchte, zwischen dem, was man zu sein glaubt, und dem, was man indirekt zu zeigen wünscht – durch die Kleider, die man trägt. Man findet sie, ohne sie wirklich zu suchen. Ist sie einmal gefunden, wird sie definitiv. Und definiert einen zu guter Letzt. Das wäre geschafft. Es ist eine Erleichterung. Ich bin sehr klein. Deshalb konnte ich die meisten Kleider, die die große Mehrheit der Frauen trägt, nicht tragen. Mein ganzes Leben war von dieser Schwierigkeit, von diesem Problem geprägt: mich möglichst unauffällig zu kleiden, um nicht die Aufmerksamkeit auf eine sehr kleine Frau zu lenken. Ein Mittel zu finden, daß die Leute sich nicht mehr um meine Körpergröße kümmerten, indem ich immer dieselben Kleider trug. Sie sollten auf die Gleichförmigkeit der Kleidung achten und nicht auf deren auslösendes Moment. Ich trage keine Sackkleider mehr. Mein Leben hat sich dadurch geändert. Doch selbst vor der Strickweste war es in etwa so, in etwas anderer Weise so.

Für mich lohnte es sich nicht, schöne Kleider anzuziehen, weil ich schrieb. Schon vor dem Schreiben war es so. Die Männer lieben schreibende Frauen. Sie sagen es nicht. Ein Schriftsteller ist ein fremdes Land.

Nun wissen Sie alles.

Dorothy Parker

Aus dem Tagebuch einer New Yorker Lady

Tage voller Angst und Schrecken, die die Welt verändern

Montag. Frühstückstablett gegen elf; wollte gar nicht. Der Champagner gestern nacht bei Amorys war eine *Zumutung*; aber was soll man machen? Man kann ja auch nicht bis fünf Uhr morgens mit *gar nichts* da sitzen. Sie hatten diese göttlichen ungarischen Musiker mit den grünen Rökken, und Stewie Hunter hat sich die Schuhe ausgezogen und damit dirigiert, *sowas* von komisch. Er ist doch die drolligste Nummer auf der ganzen Welt; einfach der *Gipfel*. Ollie Martin hat mich nach Hause gebracht, und wir sind beide im Auto eingeschlafen – zum Schreien. Miss Rose kam gegen Mittag wegen der Nägel, buchstäblich randvoll mit dem göttlichsten Klatsch. Die Morris' trennen sich jede Minute, und Freddie Warren hat endgültig Magengeschwür, und Gertie Leonard kriegt ihre Augen einfach nicht von Bill Crawford, obwohl Jack Leonard im selben Raum ist, und das mit Sheila Phillips und Babs Deering stimmt *alles*. *Sowas* von aufregend. Miss Rose ist ja zu herrlich; finde wirklich, oft sind solche Leute viel aufgeweckter als die meisten anderen Leute. Habe erst als sie weg war gemerkt, daß die blöde Ziege mir die Nägel in dieser Zumutung von Orange lackiert hat; *sowas* von wütend. Ein Buch angefangen, aber zu nervös. Telefoniert und doch noch zwei Karten für die Premiere von »Run Like A Rabbit« heute abend bekommen, achtundvierzig Dollar. Die haben *Nerven*, habe ihnen den Marsch geblasen, aber was soll man machen? Glaube, Joe hat etwas von draußen essen gesagt, also habe ich ein paar göttliche junge Herren durchtelefoniert, damit jemand ins Theater mitkommt, aber alle hatten schon was vor. Ollie Martin schließlich konnte. *Sowas* von *graziös*, und was geht es *mich* an, wenn *er* einer ist? Kann mich überhaupt nicht entscheiden, ob ich das Grüne aus Crêpe oder das Rote aus Wolle anziehen soll. Wenn ich auf meine Nägel sehe, könnte ich jedesmal ausspucken. Verdammte Miss Rose.

Dienstag. Joe kam heute morgen in mein Zimmer getorkelt, um sage und schreibe *neun Uhr. Sowas* von empört. Fing Streit an, aber zu kaputt. Weiß nur noch, daß er abends zum Essen nicht zu Hause sein wollte. Unsagbar kalt, den ganzen Tag; konnte mich nicht rühren. Gestern wirklich der Gipfel. Ollie und ich zum Essen in der Achtunddreißigsten East, unsagbare Giftküche, und kein lebendes Wesen da, mit dem man auch nur als Leiche zusammen gesehen werden möchte, und »Run Like A Rabbit« eine Weltpleite. Habe Ollie danach mit zu der Party bei den Barlows genommen, so was von bezaubernd – mehr ausgesprochene Stinktiere auf einem Haufen *gibt's* ja nicht. Sie hatten diese Ungarn mit den grünen Röcken, und Stewie Hunter hat dirigiert, mit einer Gabel – einfach zum Totlachen. Er hatte Kilometer grünes Toilettenpapier um den Hals, wie diese hawaiianischen Blumengirlanden; *sowas* von Glanzleistung. Habe einen wirklich Neuen kennengelernt, sehr groß, zu herrlich; einer wo man sich auch mal ernsthaft mit unterhalten kann. Habe ihm gesagt, das alles hier *ennuyiert* mich manchmal derart, daß ich am liebsten aufjaulen würde und daß ich das Gefühl habe, ich müßte dringend etwas machen wie Schreiben oder Malen. Er sagte, dann sollte ich doch schreiben oder malen. Bin allein nach Hause; Ollie war völlig über den Jordan. Heute dreimal den Neuen angerufen, ob er zu mir zum Essen kommt und hinterher in die Premiere von »Never Say Good Morning« mitgeht, aber erst war er nicht da, und dann hatte er schon was vor, mit seiner Mutter. Ollie Martin schließlich konnte. Versucht, ein Buch anzufangen, konnte aber nicht stillsitzen. Kann mich nicht entscheiden, ob ich das Rote aus Spitze oder das mit der Feder in Rosé anziehen soll. Fühle mich völlig erschöpft, aber was soll man machen?

Mittwoch. In *dieser Minute* ist das Allerschrecklichste passiert. Mir ist ein Nagel *komplett abgebrochen.* Das ist ausgesprochen das Schlimmste, was mir je im Leben passiert ist. Habe Miss Rose angerufen, sie soll sofort rüberkommen und ihn mir zurechtfeilen, aber die ist den ganzen Tag unterwegs. Ich habe aber auch wirklich das größte Pech der Welt. Jetzt muß ich den ganzen Tag und die ganze Nacht so herumlaufen, aber was soll man machen? Verdammte Miss Rose. Gestern Nacht sehr ausgelassen. »Never Say Good Morning« abscheulich, nie so scheußliche Kostüme auf einer Bühne gesehen. Habe Ollie zu der Party bei den Ballards mitgenommen; der Gipfel. Sie hatten diese Ungarn mit den grünen Röcken, und Stewie Hunter hat dirigiert, mit einer Fresie – zum Schreien. Er hatte Peggy Coopers Hermelinmantel und Phyllis Mintons Silberturban an; un*glaub*lich. Habe einen Haufen *göttlicher* Leute für Freitag abend zu mir eingeladen; bekam die Adresse von diesen Ungarn mit den grünen Röcken von Betty Ballard. Sie sagt, man braucht sie bloß bis vier zu engagieren, wenn ihnen dann irgendwer nochmal dreihundert Dollar reicht, bleiben sie auch bis fünf. *Sowas* von preisgünstig. Mit Ollie auf den Heimweg, mußte ihn aber bei sich absetzen; so was von schlecht, wie ihm war. Heute den Neuen angerufen, ob er zum Essen kommt und hinterher in die Premiere von »Everybody Up« mitgeht, aber er hatte schon was vor. Joe wird ausgehen; hatte natürlich nicht die Güte, mir zu sagen wohin. Angefangen, die Zeitungen durchzublättern, aber nichts drin, außer daß Mona Wheatley in Reno auf unzumutbare Grausamkeit klagt. Jim Wheatley angerufen, ob er heute abend schon was vorhat; er hat. Ollie Martin schließlich konnte. Kann mich nicht entscheiden, ob ich das Weiße aus Satin oder das Schwarze aus Chiffon oder das Gelbe aus Borkencrêpe anziehen soll. Dieser Fingernagel geht mir durch Mark und Pfennig. Nicht zum Aushalten. Kenne *niemanden*, dem solche Un*glaub*lichkeiten passieren.

Donnerstag. Klappe buchstäblich im Stehen zusammen. Gestern nacht zu herrlich. »Everybody Up« einfach göttlich, *sowas* von schlüpfrig, und der Neue war auch da, einfach himmlisch, hat mich allerdings nicht gesehen. Hatte Florence Keeler dabei in diesem unsäglichen Schiaparelli-Modell, das nun wirklich schon *jede* kleine Ladenmieze angehabt hat seit der Schöpfung. Der Neue muß ja wahnsinnig sein; die guckt doch *keinen* Mann an. Habe Ollie zu der Party bei den Watsons mitgenommen; *sowas* von Kitzel. Alle ausgesprochen voll. Sie hatten diese Ungarn mit den grünen Röcken, und Stewie Hunter hat dirigiert, mit einer Lampe, und als die Lampe kaputtging, haben er und Tommy Thomas getanzt – *adagio*; einfach wundervoll. Jemand erzählte, daß Tommys Arzt gesagt hat, daß Tommy unbedingt sofort aus der Stadt rausmuß, er hat den kaputtesten Magen der Welt, merkt aber kein Mensch. Allein nach Hause, konnte Ollie nirgends finden. Miss Rose kam mittags zum Feilen, *sowas* von bezaubernd. Sylvia Eaton kann ohne Spritze gar nicht mehr aus dem Haus gehen, und Doris Mason weiß *alles* bis ins *Kleinste* über Douggie Mason und die Kleine oben in Harlem, und kein Mensch kriegt Evelyn North von diesen drei Akrobaten weg, und keiner traut sich, Stuyvie Raymond mal zu stecken, was mit ihm los ist. Kenne niemanden, der ein so bezauberndes Leben führt wie Miss Rose. Habe mir diesen gemeinen orangefarbenen Lack abmachen und dunkelroten auftragen lassen. Habe erst als sie weg war gemerkt, daß er bei elektrischem Licht praktisch schwarz ist; *sowas* von erledigt. Verdammte Miss Rose. Joe hat einen Zettel hinterlassen, daß er heute außerhalb ißt, habe also den Neuen angerufen, ob er zum Essen kommt und hinterher in diesen neuen Film mitgeht, aber er hat nicht abgenommen. Habe ihm drei Telegramme geschickt, daß ich morgen *unbedingt fest* mit ihm rechne. Ollie Martin schließlich kann heute abend. Zeitungen durchgeblättert, aber nichts drin, außer daß Harry Motts und Gattin Sonntag einen Tanztee mit ungarischer Musik geben. Werde wohl den Neuen bitten, mich zu begleiten; sie wollten mich bestimmt einladen. Ein Buch angefangen, aber zu erschöpft. Kann mich nicht entscheiden, ob ich das neue Blaue mit der weißen Jacke anziehen oder ob ich es für morgen aufheben und heute das Elfenbeinfarbene aus Moiré nehmen soll. Mir bricht jedesmal einfach das Herz, wenn ich an meine Nägel denke. *Sowas* von wütend. Könnte Miss Rose umbringen, aber was soll man machen?

Freitag. Liege völlig darnieder; *sowas* von alle. Gestern nacht einfach göttlich, der Film einfach tödlich. Habe Ollie zu der Party bei den Kingslands mitgenommen; einfach un*glaub*lich, alle hackevoll. Sie hatten diese Ungarn mit den grünen Röcken, aber Stewie Hunter war nicht da. Hatte einen *totalen* Nervenzusammenbruch. Und ich krank vor Sorge, daß er bis am Abend nicht wieder auf die Beine kommt; werde ihm niemals verzeihen, wenn er nicht dabei ist. Aufbruch mit Ollie, habe ihn bei sich abgesetzt; hörte gar nicht mehr auf zu heulen. Joe hat den Butler ausrichten lassen, daß er heute nachmittag übers Wochenende aufs Land fährt; hat sich natürlich nicht bequemt zu sagen, auf *welches* Land. Habe haufenweise reizende Herren durchtelefoniert, ob jemand zu mir zum Essen kommt und hinterher in die Premiere von »White Man's Folly« mitgeht und danach noch irgendwo ein bißchen tanzen; ist doch eine Zumutung, auf der eigenen Party die erste zu sein. Alle hatten schon was vor. Ollie Martin schließlich konnte. So was von deprimiert; hätte *niemals* auch nur in die *Nähe* von Champagner und Scotch auf einmal kommen dürfen. Ein Buch angefangen, aber keine Ruhe. Anne Lyman angerufen, wollte mich nach dem neuen Baby erkundigen, konnte mich aber *partout* nicht mehr erinnern, ob es ein Junge oder ein Mädchen war – muß *unbedingt* nächste Woche eine Sekretärin haben. Anne war aber *sowas* von Hilfe; sagte sofort, sie wüßte noch nicht, ob es Patricia oder Gloria heißen sollte, und damit wußte ich auf der Stelle, daß es tatsächlich ein Mädchen ist. Habe Barbara vorgeschlagen; hatte ganz vergessen, daß sie schon eine Barbara hat. Den ganzen Tag wie ein Panther hin und her geschlichen. Könnte *aus*spucken, wenn ich an Stewie Hunter denke. Habe keine Nerven, mich zu entscheiden, ob ich das Blaue mit der weißen Jacke oder das Violette mit den beigen Rosen anziehen soll. Jedesmal, wenn ich auf diese Zumutung von schwarzen Nägeln gucke, möchte ich *nur noch* aufjaulen. Von *allen* Leuten auf der *ganzen* Welt passieren mir wirklich die *aller*scheußlichsten Sachen. Verdammte Miss Rose.

Silvina Ocampo

Der Keller

Dieser Keller, der im Winter über die Maßen kalt ist, wird im Sommer zum Paradies. Oben treten manchmal kurz Leute in den Türeingang, um sich während der schlimmsten Januartage etwas Kühlung zu verschaffen, und machen den Boden schmutzig. Kein Fenster läßt das Licht herein oder die schreckliche Hitze des Tages. Ich habe einen großen Spiegel und ein Sofa oder einen Diwan, den mir ein Kunde geschenkt hat, der Millionär ist, und vier Bettdekken, die ich nach und nach von anderen schamlosen Personen gekauft habe. In Eimern, die mir der Hausmeister des Nachbarhauses leiht, hole ich morgens Wasser, um mir das Gesicht und die Hände zu waschen. Ich bin reinlich. Ich habe eine Kleiderstange, um hinter einem Vorhang meine Sachen wegzuhängen, und ein Bord für den Kerzenleuchter. Es gibt weder elektrisches Licht noch Wasser. Mein Nachttisch ist ein Stuhl, und mein Stuhl ein Kissen aus Samt. Einer meiner Kunden, der allerjüngste, hat mir aus der Wohnung seiner Großmutter alte Gardinenreste mitgebracht, mit denen ich die Wände schmücke und mit Bildchen, die ich aus Zeitschriften ausschneide. Die Dame von oben gibt mir mittags zu essen; das, was ich in meinen Taschen verwahre, und ein paar Bonbons sind mein Frühstück. Daß ich mit Mäusen leben mußte, schien mir zu Anfang der einzige Mangel dieses Kellers, für den ich keine Miete zahle. Nun ist mir klar, daß diese Tiere gar nicht so schrecklich sind: Sie sind diskret. Letzten Endes sind sie den Fliegen vorzuziehen, die es in solchen Mengen in den luxuriösesten Häusern von Buenos Aires gibt, wo ich Essensreste geschenkt bekam, als ich elf Jahre alt war. Während meine Kunden da sind, tauchen sie nicht auf: Sie erkennen den Unterschied zwischen der einen und der anderen Art Stille; sie kommen hervor, sobald ich alleine bin, ganz gleich, wie laut es ist; sie laufen umher, halten einen Moment inne, und blicken mich verstohlen an, so als könnten sie erraten, was ich von ihnen denke. Manchmal essen sie ein Stückchen Käse oder Brot, das auf dem Boden liegengeblieben ist. Sie haben keine Angst vor mir, genausowenig wie ich vor ihnen. Das Dumme ist nur, daß ich keine Vorräte aufbewahren kann, weil sie sie auffressen, bevor ich davon gegessen habe. Es gibt böswillige Menschen, die sich darüber freuen und mich Fermina mit den Mäusen nennen. Ich werde ihnen nicht die Freude machen und von ihnen Fallen ausleihen, um sie auszurotten. Ich lebe mit ihnen. Ich kenne jede einzelne und habe ihnen die Namen von Filmschauspielern gegeben. Eine, die älteste, heißt Charlie Chaplin, eine andere Gregory Peck, noch eine andere Marlon Brando, wieder eine andere Duilio Marzio; dann eine, die sehr verspielt ist, Daniel Gelin, eine weitere Yul Brynner und ein Weibchen Gina Lollobrigida und ein anderes Sofia Loren. Es ist seltsam, wie diese Tierchen von dem Keller Besitz ergriffen haben, in dem sie vielleicht eher gelebt haben als ich. Sogar die Flecken von Feuchtigkeit haben die Umrisse von Mäusen angenommen; alle sind sie dunkel und etwas länglich, mit zwei kleinen Ohren und einem langen, spitzen Schwanz. Wenn mich niemand sieht, hebe ich für sie etwas zu essen auf, in einem der Tellerchen, die mir der Herr aus dem Haus gegenüber geschenkt hat. Ich will nicht, daß sie mich verlassen, und wenn mich mein Nachbar besuchen kommt und sie mit Mausefallen oder mit einer Katze ausrotten will, dann werde ich eine Szene machen, die er sein Lebtag bereuen wird. Man hat den Abriß dieses Hauses angekündigt, aber ich werde von hier nicht weggehen, bis ich sterbe. Oben machen sie Truhen fertig und große Körbe, und pausenlos schnüren sie irgendwelche Bündel. Vor der Haustür stehen Möbelwagen, aber ich gehe an ihnen vorbei, als sähe ich sie nicht. Diese Herrschaften habe ich nie auch nur um einen Pfennig gebeten. Sie bespitzeln mich den ganzen Tag und glauben, ich hätte Kunden bei mir, weil ich mit mir selbst rede, um sie zu ärgern; weil sie mich nicht ausstehen können, haben sie mich eingeschlossen; weil ich sie nicht ausstehen kann, bitte ich sie nicht, mir die Tür zu öffnen. Seit zwei Tagen gehen mit den Mäusen sehr seltsame Dinge vor: Eine hat mir einen Ring gebracht, eine andere ein Armband, und noch eine andere, die schlaueste, eine Halskette. Im ersten Augenblick konnte ich es nicht glauben, und niemand anders wird mir glauben. Ich bin glücklich. Was macht es schon, wenn es nur ein Traum ist! Ich habe Durst: Ich trinke meinen Schweiß. Ich habe Hunger: Ich beiße mir auf die Finger und in mein Haar. Die Polizei wird nicht kommen, um mich zu holen. Sie werden keine Gesundheitsbescheinigung von mir verlangen, auch kein Führungszeugnis. Die Decke ist im Begriff einzustürzen. Kleine Stücke Putz fallen herunter: Das wird der Beginn der Abbrucharbeiten sein. Ich höre Rufe, und keiner birgt meinen Namen. Die Mäuse haben Angst. Die Ärmsten! Sie wissen nichts, sie verstehen nicht, wie die Welt ist. Sie kennen nicht das glückliche Gefühl der Rache. Ich betrachte mich in einem kleinen Spiegel: Seit ich gelernt habe, mich in Spiegeln zu betrachten, habe ich mich noch nie so schön gefunden.

Komm schon rein, Mittelalter

Lily Brett

Chers Mutter

In letzter Zeit habe ich mich häufig im Spiegel betrachtet.

Eigentlich mag ich keine Spiegel. Mein Mann sagt, daß ich jedesmal, wenn ich in einen Spiegel sehe, eine Grimasse ziehe. Er sagt, die Grimasse sei vermutlich Ergebnis meiner Erinnerung an die letzte Fratze im Spiegel. Er sagt, ich könne kaum wissen, wie ich aussehe, weil ich meine Züge immer nur verzerrt wahrnehme.

Ich glaube, so verhalten sich viele Frauen. Sie sehen sich schmollend oder streng oder stirnrunzelnd an, so, als würde das, was wir zu sehen bekommen, unseren Erwartungen nicht gerecht.

Eine Zeitlang habe ich versucht, neutral dreinzusehen, wenn ich mich einem Spiegel näherte, aber es hat nichts genützt. Meine Miene war so steif, als hätte die Totenstarre soeben eingesetzt.

Lieber ging ich Spiegeln aus dem Weg. Bis vor kurzem.

Anlaß meines neuen Verhaltens war ein Erlebnis in Düsseldorf. Dort hielt ich mich im Rahmen einer Lesereise auf. Ich wollte zum Friseur gehen, um die kostspieligen, natürlich aussehenden, kunstvoll verteilten Lichter und Schattierungen meiner Haarfarbe auffrischen zu lassen.

Eine Freundin hatte mir den Friseur empfohlen. Der junge Mann, den man mir zuteilte, wirkte erfahren. Er begann die Kolorierung aufzutragen. Ich begann ein Buch zu lesen, das ich mitgebracht hatte. Fünf Minuten später begegnete ich seinem prüfenden Blick im Spiegel.

»Sie sehen aus wie Chers Mutter«, sagte er ganz aufgeregt. Ich zuckte zusammen. Ich hatte mich zweifellos verhört. Was hatte er gesagt? Ich sähe aus wie Chers Mutter?

»Sie sehen aus wie Chers Mutter«, wiederholte er strahlend. Ich sah ihn an. Lag es vielleicht an seinem Englisch? Wollte er vielleicht sagen: Chers Schwester? »Das haben Ihnen sicher schon viele Leute gesagt«, sagte er zu mir.

Nichts zu machen. Er meinte tatsächlich Chers Mutter. Ich sah mich im Spiegel an. Ich war ein wenig blaß. Aber Chers Mutter? Ich konnte doch nicht im Ernst aussehen wie Chers Mutter. Meine Laune sank in den Keller.

Cher und ich sind gleich alt. Ich sah mich wieder an. Jetzt sah ich noch blasser aus – und älter.

»Hat Ihnen etwa noch nie jemand gesagt, daß Sie wie Chers Mutter aussehen?« fragte der junge Mann verblüfft.

»Nein«, antwortete ich kurz angebunden und senkte den Kopf über mein Buch.

Das beeindruckte ihn nicht. »Findet ihr nicht auch, daß sie aussieht wie Chers Mutter?« fragte er in den Salon, aber zu meinem Glück schien niemand sonst Englisch zu verstehen. Jedenfalls antwortete niemand.

Ähnlichkeit mit Cher war mir früher schon attestiert worden. Aber nur mit Cher.

Cher habe ich vor Jahrzehnten interviewt, als ich eine junge Popjournalistin war. Sie lieh sich meine straßbestäubten falschen Wimpern aus. Sie sah damit umwerfend aus.

Ich versuchte mein Buch zu lesen, aber ich war deprimiert. Und ich schämte mich, weil ich deprimiert war. Ich weiß, daß es Wichtigeres im Leben gibt als die Frage, ob man aussieht wie Cher oder wie Chers Mutter.

Trotzdem verfolgte mich der Gedanke den ganzen Tag. Ich dachte mitten in einem Radiointerview, das ich gab, darüber nach. Ich dachte im Taxi darüber nach. Ich dachte darüber nach, während ich am Rhein entlanglief, um mich zu ertüchtigen.

Ich ärgerte mich über mich selbst, weil ich diesen Gedanken nicht aus meinem Kopf verbannen konnte. Am liebsten wäre ich in den Friseursalon zurückgegangen, um den jungen Mann zu verprügeln. Warum mußte er unbedingt sagen, ich sähe aus wie Chers Mutter?

Als es Abend wurde, war ich übellaunig und erschöpft. Ich ging in mein Hotel. Es war eines jener Hotels, wo die graue, harte Neonzimmerbeleuchtung einem den letzten Frohsinn raubt und die Spiegel im Aufzug einen aussehen lassen wie Graf Dracula, bevor er sich mit Blut auffrischt.

Ich fragte meine Verlegerin, ob ich in ein anderes Hotel ziehen könne. Sie sagte, ich sei in diesem Hotel untergebracht worden, weil alle anderen Hotels wegen irgendwelcher Konferenzen ausgebucht waren.

Als ich ins Bett ging, kam ich mir vor wie Chers Großmutter.

Marguerite Duras

Die Damen der Roches Noires

Hier, im Hôtel des Roches Noires, versammeln sich im Sommer jeden Nachmittag ältere Damen auf der Terrasse zum Gespräch. Man nennt sie die Damen der Roches Noires. Jeden Tag, jeden Nachmittag, während des ganzen Sommers. Man kann ein Leben lang über sein Leben reden, das Leben ist ergiebig. Diese Frauen unterhalten sich auf der Terrasse in der Nähe des Meers, bis es kühl wird, bis es dämmert. Häufig gehen Menschen vorbei und hören zu. Manchmal fordern sie diese auf, sich zu ihnen zu gesellen. Es sind Frauen, welche die Ereignisse ihres eigenen Lebens und die anderer Leben, anderer Existenzen erzählen, auf unvergleichliche Art. Auf den Trümmern des Kriegs stehend, reden sie seit 40 Jahren über Mitteleuropa. Es gibt Menschen, die sich jedes Jahr in diesem großen Hotel am Ärmelkanal zusammenfinden. Um zu reden.

1940 waren sie zwischen zwanzig und fünfunddreißig. Sie leben in Passy in Frankreich, einige von ihnen. Damen, das Wort besagt nichts, wenn man nicht die vom Ärmelkanal kennt.

Im Sommer bauen sie Europa wieder auf, durch das Netz ihrer Freundschaften, Treffen, mondänen und diplomatischen Beziehungen, durch Bälle in Wien, Paris, durch die Toten von Auschwitz, durch das Exil.

Proust weilte gelegentlich in diesem Hotel. Manche von ihnen müssen ihn gekannt haben. Es war das Zimmer 111, mit Blick aufs Meer. Es ist, als ginge Swann durch die Gänge. Als sie blutjunge Mädchen sind, geht Swann vorüber.

Dorothy Parker

Geburtstagsblues

Was war das noch, was ich mir merken sollte gleich beim Aufwachen? Ich weiß genau, da war etwas, etwas ziemlich Schlimmes sogar. Nicht einfach schlimm. Das hier war sehr ätzend schlimm, schlimm mit Rosinen drin. Ach ja, ich hab's. Meinen Geburtstag heute. Das wiegende Fest meiner Geburt, hier kommt es wieder den kosmischen Gürtel entlang. Der Herrgott weiß, ich habe nicht darum ersucht. Ich brauche es so nötig wie ein Loch im Kopf. Ich bin ein Geburtstagskrüppel, so stehen die Dinge.

Nun ja. Das Beste, was man da machen kann, ist das Beste, was man da machen kann. Noch viele glückliche Male, meine Liebe – da hat dich aber das laute Lachen gepackt, nicht wahr? So, das ist schon besser. Was sollen die salzigen Tränen auf deiner Wange an diesem deinem *Jour de fête*? Heute ist Fiesta. Schau, aus dem Brunnen sprudelt Wein, und auf dem Platz ist schon das tanzende Volk am Werk. Komm, los, ein Lied, ein Lied! *Happy birthday to you, happy birthday to you, happy birthday, poor bastard, happy birthday to-o-o you*!

Das ist es nämlich, Schätzchen. Das ist die Wende. Du hast den Dreißigern zum zehnten und letzten Mal Lebwohl gesagt. Jetzt bist du dran, Schätzchen. Jetzt kriegst du's voll in die Fresse, Schätzchen. Gänsefüßchen unten Schätzchen Gänsefüßchen oben.

Feine Vorteile hast du da rausgeschlagen mit deinem Geschummel über dein Alter. Bestenfalls ein paar Jährchen konntest du glaubwürdig wegdrücken, und was zählen schon ein paar ausgespuckte Sandkörner in einem Archipel? Wenn du in eine fremde Stadt gezogen wärst und erzählt hättest, ein entsetzlich tragisches Leben zum größten Teil in den Tropen läge hinter dir, dann hättest du eventuell einen nennenswerten Nachlaß schaffen können.

Nein, das hättest du nicht geschafft. Selbst wenn du bis nach Trebizond gezogen wärst, du hättest genau da irgendeine getroffen, die in deiner Klasse war. Die reisen durch die ganze weite Welt, deine Klassenkameradinnen; Upper Montclair muß völlig entseelt sein. Mach die Augen zu und tipp irgendwo auf den wirbelnden Globus, und wo immer dein Finger draufzeigt, zu Wasser und zu Lande, irgendeine Schulkameradin von dir ist längst da. Es übersteigt jede Glaubwürdigkeit, daß sich vierzehn zottelige kleine Mädchen zu derart flächendeckenden Globetrottern auswachsen.

Nicht einmal zu Hause ist man vor ihnen sicher. Zieh dein schönstes Kleid an, geh aus dem Haus in sanftes Scheinwerferlicht, alles ist bereit, damit du »hochachtungsvoll – Katherine Hepburn« in erwartungsvoll dargereichte Bücher schreibst, und schon taucht etwas auf und will dich gerade anspringen, das in Jackson Whites Akademie für Überhöhte Töchter, die du in deiner Jugend offenbar besucht hast, neben dir gesessen hat. Du erkennst deine Mitschülerinnen schon einen Häuserblock weit an ihrem Gang; es ist genau wie bei Leuten, die neben einem Gefängniswärter ihre letzte Meile abschreiten. Weitere untrügliche Merkmale sind Haare, die aussehen wie durch die Gegend gepustete Asche, Münder wie Hufeisen, aus denen das Glück nur so tropft, und diese ganze Art, egal wie herrlich das Wetter ist, grundsätzlich für schwere Regenfälle gerüstet zu sein. Oh, oh Gott. Womöglich siehst du genauso aus für sie. Nein, nein, natürlich nicht. Hör auf. Tust du nicht, tust du nicht, tust du nicht.

Du weißt genau, sie sehen so aus, weil sie so sind und weil sie immer so gewesen sind; Jahre spielen da keine Rolle. Jahre sind nur Kleider, und entweder trägst du sie dein Leben lang mit Stil, oder du gehst eben als Schlampe ins Grab. Und dies hier sind die schönsten Jahre, die stehen dir am besten, diese Jahre, die dir demnächst geschenkt werden. Geht dir das denn nicht in den Kopf, du armes Hühnchen? Oh – mit welch tiefem Dank wirst du an diesen Tag zurückdenken! Als zierlichen Torbogen wirst du ihn sehen, durch den du in den Zaubergarten geschritten bist. Sicher wirst du das. Weißt du, was heute los ist? Heut' kommt des Lebens Jubeltag, wie Miss Rossetti wissen will, und nähmst du bloß ein Fünkchen Grips und gäbst dir einen Stoß, dein Herz würd' zwitschern wie der Vogel da, des Nest erbaut im Wasserschoß. (Liebe Christina Rossetti, wir nehmen gerade englische Dichter durch, und ich habe Sie als Aufsatzthema gewählt. Bitte, schreiben Sie mir alle interessanten Sachen über sich, die Ihnen noch einfallen, auch wie Sie dazu gekommen sind, Gedichte zu schreiben, und was ist zum Teufel ein Wasserschoß.)

Sehr schön. Dann lauf eben *nicht* den ganzen Tag herum wie ein patschnasser Vogel, wenn du das so siehst. Aber du könntest wenigstens höflich sein und ein bißchen Begeisterung zeigen. Klar, du hast doch die Welt am Schwanz gepackt. Alles wird gut für dich von jetzt an. Du wirst all das haben, was du nie gehabt hast – Ruhe und Würde und Anerkennung. Du wirst nützlich sein und die wahre Zeit deines Lebens verbringen. Oh, es wird dir gefallen. Ehrlich, wird es. Ehrlich.

Also gut, Mittelalter. Du hast jetzt zehn Jahre hier rumgelungert. Jetzt nimm schon deinen Fuß von der Schwelle und komm rein ... Nein – bitte, warte eine Minute ... Bitte, bitte, nur noch eine Minute ... Ich kann noch nicht ...

Es ist dieses Wort »Mitte«. Jedes Wort, mit dem es zusammenstößt, bekommt so eine altjüngferliche Aura. Mitte – Mittelmaß, Mittelschicht, Mitte-links, Mittelalter. Ach, könntest du doch bloß diese öden Dekaden überspringen und erst in den höheren Zahlen wieder runtergehen! Siebzig hat einen gewissen Chic, Achtzig Eleganz.

Die Leute sollten eins von beiden sein – jung oder alt. Nein, wozu sich zum Narren halten? Die Leute sollten eins von beiden sein – jung oder tot.

Tja. Nimm's wie ein tapferer kleiner Soldat, was? Aber was um Himmelswillen gibt es da eigentlich zu nehmen? Hättest du gestern abend nicht sämtliche nächsten Seiten aus dem Kalender gerissen, du hättest den Unterschied nie gemerkt.

Wahrscheinlich siehst du gar nicht einmal mehr als vierundzwanzig Stunden älter aus als gestern. Es ist nur dein persönliches Stück Pech, daß du heute bist, was du bist, auch wenn du dich innerlich nie kregler gefühlt hast.

Innerlich bist du genau dieselbe wie vor fünfzehn Jahren, oder zwanzig. Möchte irgendein Kavalier vielleicht auf dreißig erhöhen? Die einzigen spürbaren Unterschiede sind dein Hang, deine Freunde für etliche Jahre älter zu halten, als sie zugeben, und die Bereitwilligkeit, mit der du Sechzig für das Tor zur Mündigkeit hältst. Du könntest allerdings gewisse äußerliche Veränderungen vornehmen, wenn dir danach ist. Zum Beispiel könntest du diesen Apfelblütenhut weggeben; irgendeine kleine Krätze kann ihn bestimmt gut gebrauchen, für die Sonntagsschule. Wird auch Zeit, daß du das Handtuch wirfst und endlich aufhörst, Kleider immer eine Nummer größer machen zu lassen, weil du ja noch reinwachsen könntest.

Nimm's leicht – mehr brauchst du nicht zu tun. Kämpf nicht dagegen an. Du bist die einzige, die sich leidenschaftlich für dein Alter interessiert; andere Leute haben selber Sorgen. Es wird vermutlich nie Thema werden, außer du selbst bringst es aufs Tapet. Und wie oft kommt denn schon wirklich das Gespräch auf Abiturfeiern?

Feines Benehmen. Die besten Jahre deines Lebens liegen vor dir, offen wie ein bunter Fächer, und du sitzt hier rum und schmollst. Schau dir all die Frauen an, die erst lange nachdem sie – sagen wir: voll erblüht waren, berühmt geworden sind. Schau dir Ninon de Lenclos an. Nein, du sollst jetzt nicht über all die armen Seelen grübeln, die sich immer mit Blick auf Ninon de Lenclos aufzumöbeln versuchen. Behalt du nur Ninon de Lenclos im Auge, dann kannst du gar nichts falsch machen; was eine Frau geschafft hat, kann eine Frau schaffen. Und halt dich bei deinen Gedanken an das, was vor dir liegt. Es wird Freunde geben und Arbeit und Geselligkeit und Gelächter. Es könnten sogar sehr gut ein paar gediegene kleine Abenteuer dabei rauskommen. Es ist gar nicht gesagt, daß du nicht auch zum Tanz gebeten wirst. Um Gotteswillen, es muß doch irgendwo irgendwen geben, der Benjamin Franklins Brief an einen jungen Mann zur Kenntnis genommen hat!

Dein Weg liegt so eben und so anmutig vor dir. Du brauchst überhaupt nie mehr einen Narren aus dir zu machen – du hast die komplette Kollektion beisammen. Nie wieder Fehler – du hast sie alle gemacht. Für dich gibt es nur noch Erfüllung und Leichtigkeit und Zärtlichkeit. Und du brauchst sie dir nicht einmal zu erarbeiten. Sie werden dir geschenkt, als Gaben zu diesem deinem glücklichsten Geburtstag.

Na, komm schon rein, Mittelalter, komm rein, komm rein! Komm ganz nah, gib mir deine Hand, laß dir ins Gesicht schauen ... Oh ... Siehst du wirklich so aus? ... Oh, Gott hilf mir ... hilf mir ...

Quellennachweise

Isabel Allende. 1942
Verdorbenes Kind
Zwei Worte
In: Isabel Allende. Geschichten der Eva Luna. Aus dem Spanischen von Lieselotte Kolanoske. S. 26-45, S. 13-26

Tuuve Aro. 1973
Riitta
In: Tuuve Aro. Ärger mit der Heizung. Erzählungen. Aus dem Finnischen von Elina Kritzokat. S. 24-28

Ingeborg Bachmann. 1926-1973
Im Himmel und auf Erden
In: Ingeborg Bachmann. Werke. Herausgegeben von Christine Koschel, Inge von Weidenbaum, Clemens Münster. Zweiter Band: Erzählungen. S. 15-18

Kay Boyle. 1902-1992
Hochzeitstag
In: Kay Boyle. Eisbären und andere. Erzählungen. Aus dem Amerikanischen von Hannah Harders. S. 7-17

Lily Brett. 1946
Chers Mutter
In: Lily Brett. New York. Aus dem Englischen von Melanie Walz. S. 22-24

Antonia S. Byatt. 1936
Pennerin
In: Antonia S. Byatt. Geschichten von Feuer und Eis. Aus dem Englischen von Melanie Walz. S. 130-136

Doris Dörrie. 1955
Kaschmir
In: Doris Dörrie. Bin ich schön? Erzählungen. S. 161-172

Marguerite Duras. 1914-1996
Die Uniform M. D.
Die Damen der Roches Noires
In: Marguerite Duras. Das tägliche Leben. Aus dem Französischen von Ilma Rakusa. S. 77-78, S. 12-13

Susanne Fischer. 1960
Zuckerwatte und Gesang
Originalbeitrag

Anna Gavalda. 1970
Epilog
In: Anna Gavalda. Ich wünsche mir, daß irgendwo jemand auf mich wartet. Erzählungen. Aus dem Französischen von Ina Kronenberger. S. 150-168

Undine Gruenter. 1952-2002
Übungsstunde
In: Undine Gruenter. Sommergäste in Trouville. Erzählungen. S. 7-17

Marie Hermanson. 1956
Die Tochter des Zauberers
(Trollkarlens dotter. In: Marie Hermanson. Det finns ett hål i verkligheten. Bonniers Förlag 1986). Aus dem Schwedischen von Christel Hildebrandt

Patricia Highsmith. 1921-1995
Stille Nacht
In: Patricia Highsmith. Die stille Mitte der Welt. Stories 1938-1949.

Aus dem Amerikanischen von Melanie Walz. Mit einem Nachwort von Paul Ingendaay. S. 344-352

Fattaneh Haj Seyed Javadi. 1945
Das Kaninchen
In: Fattaneh Haj Seyed Javadi. In der Abgeschiedenheit des Schlafs. Erzählungen. Aus dem Persischen von Susanne Baghestani. S. 196-213

Elena Lappin. 1954
Noa und Noah
In: Elena Lappin. Fremde Bräute. Erzählungen. Übersetzt von Frank Heibert. S. 13-28

Clarice Lispector. 1920-1977
Mysterium in Sankt Christoban
In: Clarice Lispector. Die Nachahmung der Rose. Übertragung aus dem Brasilianischen und Nachwort von Curt Meyer-Clason

Angeles Mastretta. 1949
Christina Martínez
Eines Nachmittags
In: Angeles Mastretta. Frauen mit großen Augen. Aus dem Spanischen von Monika López. S. 31-36, S. 63-64

Marie NDiaye. 1967
Offenbarung
In: Marie Ndiaye. Alle meine Freunde. Erzählungen. Aus dem Französischen von Claudia Kalscheuer. S. 136-142

Silvina Ocampo. 1903-1993
Die Hochzeit
Vertrauliche Briefe
Der Keller

In: Silvina Ocampo. Die Furie und andere Geschichten. Aus dem Spanischen übersetzt und mit einem Nachwort versehen von René Strien. S. 91-95, S. 144-153, S. 53-55

Dorothy Parker.
Aus dem Tagebuch einer New Yorker Lady
In: Dorothy Parker. New Yorker Geschichten. Übersetzt von Pieke Biermann und Ursula-Maria Mössner. S. 55-61

Geburtstagsblues
In: Der Rabe. Magazin für jede Art von Literatur. Herausgegeben von Gerd Haffmanns

Lisa St Aubin de Téran. 1953
Ich hasse Kino
In: Lisa St Aubin de Téran. Der Marmorberg und andere Geschichten. Aus dem Englischen von Ebba D. Drolshagen. S. 110-117

Ljudmila Ulitzkaja. 1943
Ende der Geschichte
In: Ljudmila Ulitzkaja. Die Lügen der Frauen. Aus dem Russischen von Ganna-Maria Braungardt. S. 55-65

Spômaï Zariâb. 1949
Das Lied von der Unabhängigkeit
In: Spômaï Zariâb. Wenn Katzen Menschen werden. Erzählungen. Aus dem Dari übersetzt von Jutta Himmelreich. S. 65-80

»Frauenwelten« im suhrkamp taschenbuch

Autorinnen aus aller Frauen Länder laden ein zu einer spannenden Reise durch die Welt der Frauen.

Isabel Allende. Porträt in Sepia. Aus dem Spanischen von Lieselotte Kolanoske. st 3954. 464 Seiten

Lily Brett. Ein unmögliches Angebot. Aus dem Amerikanischen von Brigitte Heinrich und Melanie Walz. st 3955. 325 Seiten

Louise Erdrich. Der Club der singenden Metzger. Aus dem Amerikanischen von Renate Orth-Guttmann. st 3956. 503 Seiten

Marie Hermanson. Saubere Verhältnisse. Aus dem Schwedischen von Regine Elsässer. st 3957. 242 Seiten

Fattaneh Haj Seyed Javadi. Der Morgen der Trunkenheit. Aus dem Persischen von Susanne Baghestani. st 3958. 416 Seiten

Gita Mehta. Die Maharani. Aus dem Englischen von Margarete Längsfeld. st 3959. 595 Seiten

Frauenwelten. Ein Lesebuch. Herausgegeben von Susanne Gretter. st 3960. 250 Seiten

NF 634/1/7.07